厚生利群：
香港保險史 (1841-2008)

目錄

序一

香港保險業發展已經超過一百年，由開埠初期主要從事航運貨物保險，演變成今日多元化、國際化的保險體系，本港的保險業經過不少風浪與變革，這些發展的軌跡，見證著本港經濟的起伏，是香港歷史重要的一頁，亦是保險業重要印記。

不過，基於種種原因，本港沒有一套完整的史料，記載保險業百年的發展實錄。如果不及早尋找有關的資料，有不少寶貴的史實將隨著歲月的轉移而逐漸散失。

香港保險業聯會為了將保險業發展的史實完整地記錄下來，特地邀請馮邦彥教授及饒美蛟教授，合作撰寫《厚生利群：香港保險史（1841-2008）》一書。在缺乏完整的歷史資料下，作者要走訪數十位業界的前輩及保險公司的負責人，收集第一手的資料，然後以嚴謹的學術態度，對資料作出研究及印證。書中對保險業百多年來發展的史實，有詳細及完整的記載，對發展過程的緣起及影響，也有中肯的評述，本書可謂香港保險業的重要文獻。

本書在總結部分，梳理出本港保險業今後兩大發展路向，我深感認同。本港醫療體制將進行改革，並會引入新的融資方案，建議中的六個方案，有一半涉及醫療保險的元素。無論最終選擇甚麼方案，市民都會越來越重視醫療上的保障，醫療保險將會是保險業的重點發展項目。

另外，本港保險業正尋求北上發展的機會，根據《內地與香港關於建立更緊密經貿關係的安排》（CEPA）的規定，保險業可按市場進入的申請條件，進入內地市場，而國家發展和改革委員會發表的《珠江三角洲地區改革發展規劃綱要2008-2020》，更勾劃出粵港未來的合作大綱。相信當時機成熟，本港的保險公司將會大舉進軍內地市場。

讀完本書後，大家都會認同，保險是相當專業的業務。我一直都認為，保險要走向專業化的道路，只有為客戶提供優質及專業的服務，保險業才能發揚光大。我舉一個簡單的例子，人壽保險的服務早期集中於提供保障，但為了切合客戶的需要，逐步擴大至全面的個人理財服務，一方面為客戶提供專業服務，同時令產品多元化，業務得以壯大。

本書成功出版，得來並不容易，我作為立法會保險業界的代表，在此衷心感謝香港保險業聯會、兩位教授及其他資料提供者所作的貢獻。

立法會保險界議員\
陳健波

序二

香港自開埠以後，秉持著「知難而進、逆境自強」的信念，成功從漁村港口型基本經濟模式步向由製造活動及貨物轉運牽引的高速經濟增長期；順應著祖國落實改革開放政策，香港在20世紀後期更成功轉型為一個服務業樞紐和國際金融中心，對亞洲地區整體發展提供強大的支援作用。

在這蛻變過程中，保險就維持香港社會、民生、經濟穩定上擔當著不十分顯眼但卻非常重要的角色，但可惜有關資料儲存得相當分散，缺乏有系統的收集整理。難得馮邦彥教授和饒美蛟教授走訪各方賢達，搜羅了許多業界前輩口述的第一手回憶，再參考各不同機構所提供的珍貴檔案及記錄，編寫成這本《厚生利群：香港保險史（1841-2008）》，讓我們可以充分體會本地保險業茁壯成長所渡過的不同階段。全書行文流暢，以簡單但詳盡的方式演繹各項歷史典故，必定令讀者覺得饒有趣味。

九七回歸後香港經歷了不少困難時刻及嚴峻挑戰，例如亞洲金融風暴、禽流感、非典疫症，以至近期由次按問題所引發的環球金融海嘯。我們憑著堅毅不屈的精神和靈活善變的本能，不斷從危機中創造機遇。讓大家透過閱讀馮教授和饒教授這本《厚生利群：香港保險史（1841-2008）》回顧過去、策劃未來，為保持保險業繼續平穩發展，在自己的崗位上獻出一份努力。

保險業監理專員
張雲正

序三

《厚生利群：香港保險史（1841-2008）》由醞釀、籌備、資料搜集到出版，經歷了數個年頭。作為今屆香港保險業聯會主席，見證《厚生利群：香港保險史（1841-2008）》的誕生，我特別感到榮幸與高興。

這的確是一本不可多得且極具意義的書籍，當中不只彙集了許多文字史料，更多是口述資料，透過人物訪問所得的資料和鮮為人知的有趣故事，穿插於歷史史實之中，輔以不少珍貴的圖片，將保險業紮根香港至今的演變及發展活現眼前。可以說《厚生利群：香港保險史（1841-2008）》史事與人性兼備，不僅是一部具學術價值的史料，也是趣味盎然、值得一讀再讀的作品。

本著作得以順利出版，彙集多方意見和史料，使之成為一本到目前為止，較為完整的本地保險歷史著作，必須多謝以下各參與單位的努力和協助。

首先，全賴香港保險業聯會《厚生利群：香港保險史（1841-2008）》工作小組成員群策群力，敲定出版內容的方向，並提供意見。此外，也得感謝數十名資深保險從業員或行政人員的參與，抽空接受訪問，口述過往的歷史見聞，並分享一些情深點滴，令本著作內容更加豐富。本人有幸成為其中一位被訪者，參與其中，在訪問過程中，不單勾起了不少曾埋藏心底的記憶，更高興是能夠在提供史料方面，略盡綿力。

負責執筆的暨南大學經濟學院馮邦彥教授和嶺南大學前副校長饒美蛟教授，耗費兩年工夫進行資料搜集和採訪，並加以整理，將既多且雜的史料彙集成書，透過洋洋十多萬字，把香港保險業的發展有條不紊地展現讀者眼前，實在功不可沒。

本著作獲香港著名的三聯書店支持出版，在設計、編輯、後期製作等方面，都一絲不苟，令《厚生利群：香港保險史（1841-2008）》變得更賞心悅目。最後，感謝保聯秘書處參與出版本書的同事給予配合。

希望各位讀者閱讀這本著作之後，對保險業在香港的演變及發展，有更深入的了解。

2009 / 2010年度香港保險業聯會主席
王建國

序四

年前，當我在任香港保險業聯會主席時，知道保聯正籌備出版一部記載香港保險業百多年來發展的書籍，並組織工作小組負責統籌等工作，由我擔任工作小組主席，我萬分欣然接受這份職銜，因為帶領和驅動這個計劃，確是饒富意義。

在此，首先感謝工作小組的各位委員，包括：鄭國屏先生、鄭文光先生、程偉成先生、高贗先生、林文德先生、劉漢強先生、李錦雰女士、邵衛國先生、王熹浙先生、王覺豪先生和甄健沛先生，他們都是資深的保險從業員和現職或退休的保險公司行政人員，在業內極具代表性和影響力，承蒙他們的參與和提供意見，令本著作在編採史料、圖片方面，給予了極大的幫助和更見順利。

再者，不得不感謝兩位作者——馮邦彥教授和饒美蛟教授，初次見面，已感覺到馮教授和饒教授工作態度認真、實事求是。當我拜讀這本著作之後，感覺文辭簡潔、史料豐富，且鋪排得宜，讓讀者仿如親歷不同時代的保險發展，這都是作者的功力。

當然不得不感謝一眾被訪者，因為在這著作出版之前，沒有太多明確的文字記錄保險業的發展沿革，必須靠資深的保險人提供口述資料。感謝數十位被訪者在百忙之中跟馮邦彥教授會面，分享他們的第一手故事，他們更非常熱心，翻箱倒篋為本書找尋舊資料、圖片，甚至文物，令本書真正做到圖文並茂。

最後，感謝三聯書店的大力支持、旗下編輯部精英投入的心血，以及有份參與編採本著作的保聯職員，令本著作以如此優美的狀態面世。

香港保險史工作小組主席
管胡金愛

序五

這本書能夠面世主要源於一個意念，加上一點機緣。

大約在五年前，當我加入香港保險業聯會時，香港保險業聯會給我的其中一項工作重點，是盡量提升保險業的整體形象，藉以鼓勵更多專業人士和年輕人投身這個行業，並增加市民對保險的支持及信任。

我相信要做到這點，不可單靠宣傳或口號，更有效的方法可能是透過生動有趣的故事，讓更多人認識、了解保險是怎樣的一個行業，它對香港的社會、民生、經濟發展有甚麼貢獻。

有了這個想法，我開始構思策劃出版一本記錄香港保險業百多年來發展的書籍，以研究為基礎，勾劃一個真實、全方位的面貌。

當時保聯管治委員會對我的構思表示大力支持，令我感到十分鼓舞；但同時，我也意識到這項工程甚為艱巨。要成功完成，必須具備多項條件，包括："地利"及"人和"，缺一不可。

在起初的大半年，我對於開展這項計劃，毫無頭緒。於2006年初的某天早上，我到香港大學圖書館，希望找一些相關的資料，為日後探討這課題作準備。猶清楚記得走到圖書館一樓的孔安道圖書館（Hong Kong Collection）時，在書架上看到一本由嶺南大學前副校長饒美蛟教授撰寫關於香港華人銀行業發展史的著作，登時會心微笑了，一股特別的感覺湧上心頭，是莫名其妙的興奮，因為正是機緣巧合，讓我找到了適合的人選，可以協助我們完成這個夢想。

翌日隨即寫了一封信給饒教授，道出我的想法，希望教授考慮接納我們的邀請，為香港保險業發展的歷史沿革，作詳盡而細緻的研究，並出版成書，為本港保險業的發展歷史作一次完整而有系統的記錄，以供業界內外的朋友參閱。饒教授很快便來電回覆，表示會積極考慮建議，更相約會面詳談。

後來經饒教授的介紹，我們認識了當時任職暨南大學經濟學院院長的馮邦彥教授，馮教授為人快人快語，經過一、兩次面談後，便答應撥出時間參與這項計劃，負責撰寫大部分章節。回望整個過程，不僅讓我感受到"謀事在人、成事在天"的道理；而且兩位教授的專業精神和處事一絲不苟的態度，也教人留下深刻的印象。

這本書的誕生，標誌著香港保險業發展的重要里程，也充分體現業界團結一致、一呼百應的精神。事實上，除了馮教授和饒教授的努力和投入之外，我們也深深感受到業界前輩和精英，對整項計劃積極支持，他們不僅抽空接受訪問，更提供了不少重要和珍貴的材料。對於各位熱心的參與、付出的時間及作出的貢獻，我謹致以最誠懇的謝意！

香港保險業聯會行政總監
譚仲豪

"在自由的國際貿易中，沒有其他任何商業活動能夠像保險業那樣如此清楚地反映出貿易狀況；也沒有其他任何一種生意能夠像保險業那樣發展得如此興盛。"

—— 威廉 · 申頓爵士（*Sir William Shenton*），見於1935年慶祝於仁保險100周年紀念。

保險業是香港經濟中最古老的行業之一，長期以來在香港經濟中佔有重要地位。一般來說，保險業隨整體經濟的演變而演變，實際上是整體經濟發展的縮影。香港保險業的歷史，最早可追溯到19世紀初諫當保險公司（Canton Insurance Office Ltd.）和於仁保險公司（Union Insurance Society of Canton）的創辦。諫當保險公司當時稱諫當保安行，由參與創辦的兩家洋行，顛地洋行（寶順洋行的前身）和馬尼亞克洋行（怡和洋行的前身）輪流負責經營。1835年，寶順洋行從諫當保安行撤出，在廣州成立於仁洋面保安行，即於仁保險公司。翌年，怡和洋行在諫當保安行的基礎上成立諫當保險公司。1841年英軍佔領香港後，諫當保險公司、於仁保險公司遷往香港，並在香港註冊，成為香港最早的保險公司。從1841年開埠以來，香港保險業的發展大致經歷了五個歷史時期：

第一個時期從1841年香港開埠到1941年日軍佔領香港，為保險業的起步發展時期。1860年代，香港作為新開闢的自由貿易商港，憑藉著得天獨厚的地理位置，因而發展迅速。由於大批洋行聚集，香港對外貿易和航運業得以萌芽冒起，整體經濟呈現出初步的繁榮。這一時期，"保險業、銀行業如同航運業一樣，已發展成為這家洋行的至關重要的職能部門"。在這種背景下，香港各大洋行掀起了第一輪投資、經營保險業的熱潮。到1940年代初，香港的保險公司及其辦事處已發展至約一百家。當時，香港的保險業，基本由英資洋行主導，它們在經營貿易及航運的同時，附帶做保險代理，因此險種較單一，以代理業務為主，主要從事有關航運和貨物保險，服務的對象也主要針對外國商人。

第二個時期從1945年英國恢復對香港的管治到1960年代末，為保險業的轉型發展時期。20世紀五六十年代，香港從一個傳統的貿易轉口港迅速演變成為遠東地區的輕紡工業中心。隨著香港經濟的轉型，香港保險業也發生轉變：水險業務雖然有了進一步的發展，但是競爭更趨激烈；與經營日見困難的水險業務相比，火險業務發展蓬勃。此外，意外保險業務，特別是"汽車險"和"勞工保險"也開始發展。戰後，香港保險業營運商開始趨向多元化，但是，直至1960年代後期，保險行業仍然由英資保險公司主導，此外，是由外資洋行的保險代理機構、少數在香港本地註冊的保險業股份有限公司，以及眾多的外國保險公司的分支機構等三大集團主導市場。

第三個時期從1960年代末至1980年代初期，為保險業國際化、多元化時期。70年代以來，隨著經濟的蓬勃發展、股市的崛起，以及大批跨國金融機構的湧入，香港迅速崛起為亞太區的國際金融中心。這種宏觀經濟背景，為香港保險業的發展創造了極為良好的商業環境。當時，各種保險公司如雨後春筍般湧現，外資保險公司紛紛在港成立分公司，一些貿易商行和地產公司也兼營保險業務，許多銀行和財務公司亦附設保險公司。這一時期，香港的保險市場結構開始呈現多元化的發展態勢：傳統的保險代理機構紛紛與其國外的保險業夥伴合作組建在香港註冊營運的保險公司；大批國際經紀行進入香港；本地中小型保險公司大量湧現，業務競爭日趨激烈。"香港已經在相當大的程度上成為一個保險中心"。

第四個時期從1980年代初至1997年香港回歸中國，為保險業規範化、制度化時期。70年代中期以後，香港政府為推動香港成為一個國際性的保險中心，同時也為了保障投資者的利益，逐步加強了對保險業的立法和管制。1983年6月30日，香港政府正式頒佈實施《保險公司條例》（Insurance Companies Ordinance）。為配合形勢的發展，1988年8月8日，香港保險業聯會（The Hong Kong Federation of Insurers，簡稱保聯或 HKFI）宣告成立。踏入1990年代，面對社會公眾關注和政府立法監管的壓力，香港保險業聯會積極推動業內自律行動，包括業內中介人的管理。連串的法律措施，使香港保險業逐漸走上規範化、制度化的軌道。這一時期，香港製造業大規模向中國內地北移，與廣東珠江三角洲地區形成"前店後廠"的分工格局。隨著香港經濟的轉型，保險業市場也發生重要變化，火險、勞工保險等工業類別的保險市場增長放緩；而人壽保險業務的發展則超過了一般保險業務。保險業加強了對人壽保險市場的開發，特別是通過保險創新，包括開發新的保險險種和擴大保險服務範圍，通過向保戶提供全方位的保險保障服務來滿足消費者日漸提高的整體服務素質要求。

第五個時期從1997年香港回歸中國到現在，為人壽保險業務和銀行保險業務迅速發展時期。1997年香港回歸時，香港領有保險牌照的公司數目，按人口密度計排在世界前列位置。當時，香港的人壽保險業務儘管已取得較快發展，但相對仍然滯後，業內收益和盈利增長潛力巨大，為新舊保險商和覬覦香港保險市場的海外跨國公司提供了潛在的拓展空間。亞洲金融風暴後，大部分大中型銀行憑藉其龐大的客戶網絡和專業服務，透過本身直屬的保險公司或透過聯盟的合作形式，大舉進軍香港保險市場，香港的人壽保險業務獲得了強勁的增長。此時，保險計劃作為銀行的非利息收入業務，已發展成為銀行銷售的重要產品之一。銀行保險的發展使保險市場出現一系列重要的變化，包括投資聯結產品的比重大幅上升，保險中介人的角色從單純的核保員轉變為理財顧問，人壽保險業的競爭更趨白熱化，人壽保險市場也發展到"優勝劣汰"的階段。

經過160多年的發展，香港保險業逐步形成了多元化、國際化、監管規範、制度完善的保險市場體系。據統計，截至2008年底，香港共有175家獲授權保險公司，其中110家經營一般業務，46家經營人壽業務，其餘19家經營綜合業務。香港已成為亞洲區內，乃至全球市場最開放及保險公司密度最高的地區之一。以保費收入計算，香港保險市場是全球第二十五大市場。香港的保險市場參與者，既有跨國保險集團的分公司和附屬機構，也有中資、華資保險機構，當地銀行所屬保險公司，健康險公司，信用險公司，按揭擔保公司，以及承保代理公司。香港的保險公司有半數在海外註冊，註冊地遍佈全球20多個國家，以美國、英國和百慕達相對較多。

目前，保險業已成為香港經濟舉足輕重的行業。在過去十年，香港保險業平均每年都有兩位數的強勁增長。2007年，香港的毛保費總收入達到1,973億港元，比1997年的520億港元增長了2.79倍。毛保費總收入佔香港本地生產總值（GDP）的比重也從1997年的3.9%大幅上升到12.2%。目前，香港的保險密度（Insurance Density，保費佔人口總數的百分比，即人均保險費）和保險滲透率（Insurance Penetration，保費佔本地生產總值的百分比）都居世界前列。2007年，香港的保險密度為3,373.2美元，僅次於愛爾蘭（7,171.5）、英國（7,113.7）、荷蘭（6,262.9）、瑞士（5,740.8）、丹麥（5,103.1）、法國（4,147.6）、比利時（4,131.5）、美國（4,086.4）、芬蘭（3,905.8）、挪威（3,770.2）、瑞典（3,705.1）、盧森堡（3,423.5），而居全球第十三位，亞洲第一位；保險滲透率為11.2%，僅次於臺灣地區（16.2%）、英國（15.7%）、南非（15.3%）、荷蘭（12.9%）、韓國（11.8%），而居全世界第六位，亞洲第三位。在香港經濟中，保險業充分發揮了經濟的補償功能。1997到2007年，香港保險業務累計賠付約1,000億港元，在抗擊"非典"和颱風等一系列重大事件中，為香港的繁榮穩定作出了貢獻。隨著保險業與銀行業的融合、醫療保險越來越受重視，以及投資相連產品的興盛，保險業已成為金融業越來越重要的環節，對香港國際金融中心地位的鞏固作出了越來越重要貢獻。

展望未來，香港保險業具有深厚的發展潛力。目前，香港已經成為國際保險公司進入內地市場的最重要的橋樑和樞紐。由於內地保險業發展仍未成熟，國際保險公司一般都選擇在香港設立地區總部，為內地的保險業務提供技術和人才支援。隨著《內地與香港關於建立更緊密經貿關係的安排》（CEPA）的實施和逐步深化，香港保險業的發展潛力更是不容忽視。誠然，由美國次貸危機引發的全球金融海嘯，對世界包括香港的保險業也造成了嚴重的衝擊。2008年前三季，香港的一般保險業務整體承保利潤按年就劇降54.3%。保險業正面臨嚴峻的挑戰。

在這種背景下，2007年初，作為香港保險業界組織的香港保險業聯會決定在聯會成立20周年之際，舉辦一系列慶祝活動，包括籌備出版一部即現在被定名為《厚生利群：香港保險史（1841-2008）》的學術專著。為此，香港保險業聯會行政總監譚仲豪先生找到筆者。經過長達數月的深入交換意見、制定工作方案，我們在2007年底啓動了這一計劃。在此過程中，香港保險業聯會2008/2009年度主席管胡金愛女士、行政總監譚仲豪先生、外務傳訊高級經理劉佩玲女士等，對該計劃的高度重視、全力支持以及其專業精神，使筆者深受感動。

《厚生利群：香港保險史（1841-2008）》一書由香港保險業聯會策劃，由馮邦彥列出全書的寫作大綱，經過與饒美蛟、工作小組成員譚仲豪等的多次討論、修訂、確認後，正式展開。其中，除了前言及結束語由馮邦彥及饒美蛟共同撰寫外，第一、三、四、五、六、七章由馮邦彥撰寫，第二章由饒美蛟撰寫。書中的業界訪問乃根據馮邦彥之專訪錄音整理，由饒美蛟撮要及修訂，最後再經被訪者過目而成。全書有約15萬字、超過180幅珍貴的歷史圖片，由馮邦彥統一撰寫圖片說明。

本書在寫作過程中遇到的最大困難，就是歷史資料的缺乏。為解決這一難題，香港保險業聯會安排了馮邦彥展開龐大的走訪計劃，先後走訪了香港數十位資深的保險界前輩和從業人員，以及香港保險業監理處等相關機構。沒有他們的戮力襄助、一絲不苟的專業精神，從百忙中抽出寶貴時間接受採訪，介紹重要的研究線索，提供有價值的歷史資料、珍貴圖片，以及各種方便，本書實無法完成。在本書即將出版之際，我們首先要衷心感謝所有為本書寫作提供支持、幫助的保險界前輩。他們是（按走訪的先後順序排列）：

香港保險業聯會2008 / 2009年度主席管胡金愛女士；
香港保險業聯會行政總監譚仲豪先生；
民安（控股）有限公司獨立非執行董事王熹浙先生；
程偉成先生；
民豐控股有限公司主席兼執行董事楊梵城先生；
ING 集團前亞太區香港及澳門地區總經理鄭文光先生；
香港民安保險有限公司副董事長兼行政總裁鄭國屏先生；
民安（控股）有限公司董事康錦祥先生；
恒泰保險控股有限公司主席梁安福先生；
尚乘風險管理有限公司總經理辜信傑先生；
永明金融（香港）有限公司前總裁劉鼎言先生；
恒生財險（香港）有限公司總經理及承保業務主管周耀明先生；
安盛保險（香港）有限公司獨立非執行董事劉漢強先生；
香港保險業聯會前會務部經理蔡金聲先生；
創興保險有限公司執行董事甄健沛先生；
維亨有限公司董事長畢禹徵先生；
MSIG Insurance（Hong Kong）Limited 保險代理業務主管馬愛華女士；
MSIG Insurance（Hong Kong）Limited 公司保險業務個人代理屈熾昌先生；
MSIG Insurance（Hong Kong）Limited 代理業務發展經理張光偉先生；
新昌豐保險代理總經理林建文先生；
基安保險代理有限公司執行董事吳肇基先生；
達信風險管理及保險服務（香港）有限公司總裁郭振華先生；
鷹暉保險顧問有限公司總經理高膺先生；

美國友邦保險（百慕達）有限公司香港及澳門主席林文德先生；

宏利人壽保險（國際）有限公司資深保險行政顧問孫永祚先生；

亞洲保險有限公司執行董事兼行政總裁王覺豪先生；

香港特別行政區政府保險業監理處保險業監理專員張雲正先生；

大新人壽保險有限公司行政總裁王建國先生；

恒生保險有限公司行政總裁李哲恒先生；

美國萬通保險亞洲有限公司營運部副總裁李少川先生；

AXA 前區域法律總監郭超和先生；

香港保險中介人商會1996/1997年度會長李鎮成先生；

MI Insurance Brokers Limited 董事總經理龍達明先生；

中銀集團人壽保險有限公司執行總裁蔡中虎先生；

美國友邦保險有限公司名譽主席謝仕榮先生；

蘇黎世保險一般保險業董事余健南先生；

蘇黎世保險集團（香港）大中華及東南亞區行政總裁陳志宏先生。

我們還要衷心感謝為本書寫作提供各種支持、幫助和便利的人士及相關機構，他們包括（以中文筆劃順序排列）：

MSIG Insurance（Hong Kong）Limited；

大新人壽保險公司；

中保國際控股有限公司；

中國國際再保險有限公司；

中銀集團人壽保險有限公司；

民安（控股）有限公司；

全美人壽（百慕達）；

宏利人壽保險（國際）有限公司；

林楊滔先生；

恒生保險有限公司；

保險索償投訴局；

保險從業員華員會；

盈科保險集團有限公司；

美國友邦保險有限公司；

美國友邦保險（百慕達）有限公司；

英國保誠保險有限公司；

香港一般保險代理協會；

香港人壽保險從業員協會；

香港人壽保險經理協會；

香港大學圖書館；

香港民安保險有限公司；

香港出口信用保險局；

香港永明金融有限公司；

香港汽車保險局；

香港保險中介人商會；

香港保險師公會；

香港保險協會；

香港保險業總工會；

香港保險業聯會；

香港保險學會；

香港保險顧問聯會；

香港特別行政區立法會議員陳健波先生；

香港特別行政區保險業監理處；

香港財務策劃師學會；

香港專業保險經紀協會；

香港華商保險公會；

香港精算學會；

香港壽險管理學會；

前隆德保險主席及行政總裁沈茂輝先生（Michael Somerville）；

秦鈺池先生；

陳智思先生；

國衞保險（百慕達）有限公司；

僱員補償聯保計劃管理有限公司；

滙豐保險（亞洲）有限公司；

慕尼黑再保險公司香港分公司；

蘇黎世保險集團（香港）。

此外，本書在資料整理過程中，還得到了暨南大學經濟學院的博士及碩士在讀研究生們積極協助。他們主要是：博士研究生譚裕華、李媛媛、段晉苑；碩士研究生任郁芳、彭蘭、焦張義、程新華、周東坡等。對他們的辛勤勞動，也在此一併表示衷心的感謝。

我們還要特別要衷心感謝香港保險業聯會行政總監譚仲豪先生、外務傳訊高級經理劉佩玲女士、外務傳訊經理譚燕瑜女士。他們為走訪安排和資料搜集作了精心的準備，並付出了大量的辛勞。我們還要衷心感謝香港三聯書店副總編輯李安女士、責任編輯許麗卡女士、設計總監 S. K. Lam 先生、設計黃沛盈女士及排版郭思敏女士，本書的高質量出版，如期付梓，是與他們的專業精神和辛勤努力分不開的。

最後，要特別感謝下列五位專業人士為本書撰寫序言：陳健波議員、張雲正專員、王建國主席、管胡金愛主席及譚仲豪總監，以及特為本書撰寫推薦語的下列專家學者：劉遵義校長、陳坤耀教授、陳智思先生及曹仁超先生。

由於保險業歷史資料的缺乏及水平所限，本書必定存在不少疵誤和錯漏之處，懇請識者批評、指正。

馮邦彥、饒美蛟謹識

第一章

開埠初期的保險業：諫當與於仁

"大約在50年前，在於仁洋面保險行的年度大會上，一位發言人指出：'沒有其他任何商業活動能夠像保險業那樣如此清楚地反映出貿易狀況。

"正如我們今日所了解的，這位發言人那時已認識到，貿易並不是簡單的事情，只要雙方滿意，商品或服務的交換就能實現。交換條件和合約價格還要受到貿易以外的各種因素的影響。

"這些外部因素的發展構成了歷史。可以這樣說，像於仁保險公司這樣的商家，其發展史即反映了當時的歷史及其所在地的歷史。"

—— Alan Chalkley, *Adventure and Perils: The First Hundred and Fifty Years of Union Insurance Society of Canton, Ltd.* , Hong Kong : Ogilvy & Mather Public Relations （Asia） Ltd., 1985.

保險業的起源與發展

保險業是現代經濟中最古老的行業之一，其歷史可追溯到公元十三四世紀。當時，地中海一帶的城市，特別是意大利的巴勒摩（Palermo）和熱那亞（Genoa），萌發現代保險業的雛形。1347年10月23日，意大利熱那亞 "聖·克勒拉號" 商船的主人與商人喬治·勒克維倫（Georgius Lecavellum）簽訂了一張承擔商船從熱那亞至馬喬卡的航程風險的合約。這是目前世界上所發現的最古老的一張保險單，如今被保存在熱那亞國立圖書館內。15世紀以後，隨著國際貿易的發展，保險業遂由意大利經葡萄牙、西班牙逐漸傳入荷蘭、英國、德國，並擴展至世界各國。

保險業中，最早發展起來的是海上保險。海上保險又稱 "水險"，通常是為那些損失或部分損毀的船舶或貨物提供財政保護，它與航運業、對外貿易密切相關。可以說，海上保險是航海業和對外貿易的主要組成部分，它既對航海業和對外貿易產生巨大影響，又受到後者變化的制約。英國最早的海上保險業，是由倫敦商人以及協助其經營的商業經紀人（Broker）共同經營的。1540年代，隨著海外貿易的迅猛拓展，英國的海上保險已有相當程度的發展，海上保險單甚至成為計算平均無形海運費的根據。[1]當時，倫敦泰晤士河畔的倫巴德街（The Lombard Street），[2]因經營保險業的意大利倫巴德商人聚居此地，而成為了遠近聞名的海上保險活動中心。1720年，英國的兩家海上保險公司—— 英國皇家交易保險公司（The Royal Exchange Assurance Corporation）和倫敦保險公司（London Assurance Corporation），獲得了經營海上保險的英國皇家特許證書，曾一度壟斷了英國海上保險市場。

不過，英國皇家交易保險公司和倫敦保險公司的壟斷經營，並未抑制水險市場個人承保商（Individual Underwriter）的崛起。事實上，自1690年代以來，在倫敦倫巴德街開設的愛德華·勞埃德咖啡館（Edward Lloyd Coffee House），逐漸成為了海陸貿易商人、船主、航運經紀人、個人保險商等彼此交流商業信息的場所，即由私人保險商組成勞埃德保險社（現譯為勞合社）的前身。1871年，英國議會通過《勞合社法》後，勞合社（The Corporation of Lloyd's）即向政府註冊，取得法人資格，並發展成為英國海上保險中心。

18世紀以後，保險業在英國迅速發展，它以倫敦為中心，保險機構遍佈全國各個港口。18世紀末，英國完成了工業革命，開始對外擴張，以配合其經濟、貿易發展的需要。英國保險業的市場網絡，也由此從倫敦拓展至其全球各地，包括香港、中國大陸等廣大遠東地區。

1830年代倫敦泰晤士河畔的倫巴德街（Lombard Street）街景。區內因經營保險業的意大利倫巴德商人聚居而成為遠近聞名的海上保險中心。

19世紀保險業在中國的發展

19世紀初葉，英國完成工業革命後，雖然已成為當時世界上最強大的國家，但是在對華貿易上卻長期處於逆差地位。1781至1793年間，英國輸往中國的商品中，包括毛織品、洋布、洋紗、金屬品等工業品，總值僅1,687.16萬銀元，只及同期中國輸往英國的茶葉總值的六分之一。[3]以英國為首的西方列強急於打開中國大門，於是展開大規模的鴉片貿易。19世紀上半葉，以英國東印度公司為首的大批英美商人，以廣州為據點，對中國進行了大規模的鴉片貿易和猖獗的鴉片走私活動。據統計，從道光元年（1821年）至道光十八年（1839年），輸入中國的鴉片由四千餘箱迅速增加到40,200箱（每箱鴉片從100-120斤不等）。

成立於1600年的英國東印度公司在倫敦的總公司。

鴉片戰爭前，由於清政府實行閉關自守政策和對外貿易專營制度，廣州實際上成為了當時對外貿易的唯一通道。"位於廣州新城外西南隅約半英里之地，面臨珠江北岸，背後接近懷遠驛，包括十三行街的全部地區，為西歐夷商船來華通市、驗貨、納稅之所。"[4]當時，外國商人在對華貿易中，為了應付海盜、戰爭和變幻莫測的海上風險，對風險保障的需求日益增加。正如有分析指出："當西方商人來到中國從事商業經營時，保障它們開展經營活動的一些必備服務也隨之而來，保險正是其中一種。"[5]1801年，一些外國商人在廣州聯合組織了一個臨時保險協會，對每艘船所載貨物提供保險，承保限額為1.2萬銀元。[6]這是外商在華經營海上保險業務的開始。隨後，一些印度加爾各答的保險機構也在廣州設立代理處。

鴉片戰爭前，由於清政府實行閉關自守政策和外貿專營制度，廣州實際上成為當時中國對外貿易的唯一通道。圖為1837年的廣州。

英商在中國開設的第一家保險機構是諫當保安行（Canton Insurance Society）。1805年，由東印度公司鴉片部經理大衛森（W. S. Davidson）發起，在廣州創辦諫當保安行。參與其組織的有兩家英資洋行：顛地洋行（Davidson-Dent House，寶順洋行的前身）和馬尼亞克洋行（Magniac & Company，怡和洋行的前身）。1835年，寶順洋行退出諫當保安行，另組建於仁洋面保安行（Union Insurance Society of Canton）。諫當保安行和於仁洋面保安行是鴉片戰爭前外商在華開設的僅有兩家保險企業。

1840年代以前，外商保險公司在華業務，更多是委託洋行代理。當時，外國保險公司很難處理遠隔重洋、周折需時的中國保險業務，因此，它們委託有往來的在華洋行代理保險。根據1829年2月《廣州紀事報》的報導：馬尼亞克洋行就充當了不少於六家保險公司的代理行，顛地洋行也充當了四家保險公司的代理行。[7] 1836年，諫當保險公司由怡和洋行獨家經營後，儘管它"仍然是怡和洋行的主要利益和最大投資所在，但作為一家代理商，怡和洋行在保險業方面的代理客戶仍有八家之多。"[8]

1842年中英簽訂《南京條約》，中國清政府將香港割讓給英國，並開放廣州、廈門、福州、寧波、上海五口通商。"五口"中以上海發展最快。到1840年代末，上海已逐漸取代廣州成為全國對外貿易中心，而在廣州的外資洋行也紛紛到上海發展。到19世紀中期，上海的外資洋行已達到160多家。隨著貿易的迅速增長，當地貿易越來越頻繁地受到戰亂、海盜搶劫乃至船舶遇難和船上失火的威脅，保險業的重要性日益凸顯。1864年英國《泰晤士報》刊文指出："我們英國商人正在闖進中國，好像進入一個未開發的處女地帶。首批到達這裡的人都大發其財。據說，在過去五年中，他們撈到的錢財比東印度公司整個壟斷時期撈到的還要多。…… '能夠保險嗎？'中國託運商很快就提出這個迫切的詢問了。因此，為三分之一人類的貿易開辦保險業務，也擺在這些新來的冒險家的面前了。" [9]

1850年代末至1860年代，外資洋行紛紛在上海及各通商口岸投資創辦保險公司。1859年，美國商人在上海成立上海瓊記洋行（Augustine Heard and Company），附設保險代理處，委託怡和洋行及寶順洋行代辦保險業務。瓊記洋行與紐約三家保險公司合作，兩年後開始大規模代理美商在華保險業務，由此揭開了英美爭奪中國航運保險市場的序幕。1862年，美資旗昌洋行（Russell and Company）籌資100萬兩，在上海設立第一家外商專業輪船公司——其昌輪船公司（Shanghai Steam Navigation Company）。該公司附設揚子保險公司（Yangtze Insurance Association），注資20萬兩，主要經營貨運險，目的是要壟斷長江貨運險市場。

1863年，祥泰、履泰、太平、沙遜、匯隆等五家洋行在上海聯合創辦保家行保險公司（North China Insurance Company Limited）。1875年來自上海的《商業報告》指出："15年前當地只有一家保險公司，即諫當公司。它的故事十分成功，致使十年內步它之後又成立了另外六家。這幾家的資金合起來共有57萬英鎊（按當時匯價折算，約合白銀200萬兩）。" [10] 這些公司包括：諫當、於仁、揚子、保家行、華商（China Traders' Insurance Company）、中國（Chinese Traders' Insurance Company）和中日水險公司（China and Japan Marine Insurance Company）。

與世界保險業發展一脈相承，外商保險業在中國的發展，幾乎都是從水險開始的。直到

1842年中英簽訂《南京條約》，開放上海等"五口"通商，上海逐漸取代廣州成為中國對外貿易中心。圖為1850年代的上海。

約1850年的廣州沿岸，仍可見不少外資洋行的矗立。

1866年，怡和洋行才創立了中國第一家火險公司——香港火燭保險公司（Hong Kong Fire Insurance Company），其生意相當興隆，最初幾年年均盈利高達50%，股票飆升400%。到19世紀末，上海火險業中只有保宏一家較為著名，於仁及保家行也兼營火險業務，其他大多是代理行。火險業務僅限於公共租界內的商店住戶。保險公司在住戶門楣上懸掛一種銅質或鐵質火標，既便於警察查視，又提醒救火人員奮力搶救。一般保戶以懸掛保險商標為榮，因為非股實商店住戶，外商不會貿然承保。[11]

英商保家水火保險有限公司在上海的總部。

創辦於1897年的英商永年人壽保險公司在上海的總部。

人壽保險在中國的起步，大約比水險晚了三四十年。1846年，英國永福人壽保險公司（Standard Life Assurance Company）在中國南方城市開辦保險業務，但被保者幾乎都是外國人，業務規模很小。1853年，永福人壽授予托馬斯·蒙克里夫（Thomas Moncreiff）為駐上海保險代辦處首席代理人。1889年，永福人壽制訂了"1846－1900年中國人死亡經驗表"。1897年，英商永年人壽保險公司（The China Mutual Life Assurance Company）在上海成立，資本50萬両，發5,000股，每股100両。1924年，該公司與加拿大永明人壽保險公司合併。[12]

外商保險企業在中國的發展，在中國沿海各通商口岸引起了廣泛關注。1805年諫當保安行在廣州開業時，在當地已引起不少轟動。有華商見保險有利可圖，也就起而仿效。據記載，1824年，一廣東富商在廣州城內開設張寶順行，兼營保險業務，主張承辦貨物保險，"其人於貿易一道，甚有智慧，故創一保險公司，以保他人之貨物，免貨主被險而虧本。"這是華商經營保險的最早記載。不過，時至今天人們對張寶順行的保險經營情況一概不知，因而還未能把它當作中國第一家民族保險企業。¹³

據現有歷史資料，一般認為中國最早創辦的華商保險企業，是由當時閩粵著名的華商"德盛號"創辦於1865年5月25日的上海義和公司保險行。義和公司保險行規模較小，並未開展船舶保險業務，只經營船貨保險。該行在創辦伊始，為便利華商投保，即在保單上採用一面漢字，一面英文，開創了保險業的先例。義和公司保險行是中國早期自辦的保險機構，其創辦打破了外商保險公司壟斷中國保險市場的局面。

但真正成為中國民族保險業里程碑的，卻是以李鴻章為首的洋務派創辦的保險招商局及其後的仁濟和保險公司。1872年，輪船招商局在上海成立。招商局開辦後，先後向英國購買"伊頓輪"、"代勃來開輪"、"其潑利克輪"等船隻。但輪船招商局的成立，立即招致了洋商的排擠。"伊頓輪"在向上海某外商保險公司投保時，遭到拒絕，隨後轉向怡和、保安兩洋行投保，各保1.5萬兩，但保險期只有15天，保費昂貴。外商保險公司的"冷待"，使招商局意識到"華商自立公司，自建行棧，自籌保險"的重要性。1875年2月，李鴻章委託輪船招商局總辦唐廷樞和會辦徐潤籌辦中國首家船舶保險

洋務派首領李鴻章。

輪船招商局局旗。

公司——保險招商局。12月28日，保險招商局正式成立，華商投資踴躍，由於"投股逾額"，原訂股額15萬両擴大至20萬両，承保能力也有提高。

然而，保險招商局仍然是財力有限，只能承保船值一萬両及貨值三萬両的貨船，而當時每艘船的價值約為十餘萬両，逾額部分還須外商保險公司投保。但外商公司只限保六成，剩餘部分仍需保險招商局承擔，風險較大。為此，唐廷樞和徐潤等人又集資25萬両，於1876年7月創辦仁和水險公司。保險業務及帳目均由招商局負責。1878年4月，輪船招商局再招股20萬両，成立濟和船棧保險局，不久增資為50萬両，擴辦為濟和水火險公司。[14] 1886年，仁和與濟和兩家保險公司合併成仁濟和水火險公司，資本為100萬両。

除招商局保險系統外，早期的華商保險公司還有安泰保險公司（1877年）、常安保險公司（1880年）、上海火燭保險公司（1882年）、萬安保險公司（1882年）和福安水火人壽（1894年）等。這幾家保險公司雖然成立較早，但除萬安、福安外，其餘均因經營不善，先後停業。而且，當時的華商的再保險業務都依賴洋商，英商公裕太陽保險公司（Sun Fire Insurance Office Limited）包攬了整個再保險業務。至20世紀初辛亥革命前夜，中國已有華商保險公司約35家，其中水火險公司27家，壽險公司8家。從公司數目看，華商保險公司已有一定規模，但這些公司業務規模都不大，其市場份額不足10%。[15]

早期，國人曾將外資保險公司（Insurance Company）譯稱"擔保會"或"燕梳公司"，保險公會則稱"燕梳行"。如最早將保險思想傳入中國的魏源，他在代表作《海國圖志》中就將 Insurance 譯作"擔保"，將Insurance Company 譯作"擔保會"，Marine Company 譯作"船擔保"，Life Insurance 譯作"命擔保"，Fire Insurance 譯作"宅擔保"。[16] 1866年，洛布沙伊德（R. W. Lobscheid）編撰的《英華字典》在上海出版並在香港印行，該詞典的英文單詞譯音有廣東話和北京話對照，英文"保險"（Insurance）被譯為"燕梳"或"煙蘇"。有上海洋場竹枝詞為證："保險洋行號燕梳，行中股實有盈餘。紛紛傳派燕梳紙，歲底年年送曆書。"

香港最早的保險公司：諫當保險

1830年代末，由東印度公司及其後的英國"自由商人"所發動的對華鴉片貿易和猖獗的鴉片走私，在中國已引發了嚴重的社會危機。1838年12月，在全國的禁煙呼聲日漸高漲的情況下，清政府決定派遣湖廣總督林則徐為欽差大臣，到廣州查禁鴉片。林則徐要求在廣東經商的所有外國人作出書面保證，不再從事鴉片貿易，否則，一經抓獲，貨物和船舶將被沒收，違禁者將被處死。當時，所有非英國籍的外國商人都同意作出擔保，但英國駐華商務總監義律（Sir Charles Elliot）卻拒不同意。翌年5月，他命令在廣州的所有英國商人撤退至澳門。1839年6月，林則徐在虎門親自主持銷煙，令外國鴉片販子大為震懾。

伶仃洋是鴉片戰爭前洋商走私鴉片的中轉站，圖左的小艇是將鴉片從三桅船偷運至陸上的駁艇。

1840年6月，為維護英商人的鴉片貿易利益，英國政府決定發動對華侵略戰爭，任命海軍少將懿律（George Elliot）和駐華商務總監義律為正副全權代表，率領東方遠征軍從印度前往中國。1841年1月25日，義律率領英國東方遠征軍強行侵佔香港島。同年6月7日，義律代表香港殖民當局宣佈將香港開闢為自由港，允許船隻自由進出，香港自此開埠。至1842年8月29日，中英兩國簽訂《南京條約》，清政府正式將香港割讓給英國。香港開埠後，在英軍堅船利炮的保護下，廣州、澳門一批與鴉片走私密切相關的英資洋行，包括怡和洋行、寶順洋行等相繼進入香港。與此同時，由怡和洋行、寶順洋行經營的諫當、

英國政府為維護英商的鴉片貿易利益，發動鴉片戰爭。圖為1841年5月24日英軍攻打廣州城的情景。

1857年的香港中區，當時香港經濟已顯露出初步的繁榮，保險業與對外貿易、航運業漸漸成為香港經濟的重要組成部分。

於仁兩家保險公司亦先後從廣州、澳門遷往香港，成為最早將公司總部設在香港的保險公司。

香港保險業中，歷史最悠久的當數1805年在廣州創辦的諫當保安行，又稱廣州保險行、廣州保險協會、諫當保險行或諫當水險行。該行的股份由其廣州經理人和駐印度加爾各答和孟買的聯絡人所擁有，並由參與創辦的兩家洋行——顛地洋行和馬尼亞克洋行輪流負責經營，每三年（另一說是每五年）結算一次並改組換屆。後來，顛地洋行在廣州改組為寶順洋行（Dent and Company），而英商渣甸（William Jardine）和麥地遜（James Matheson）則在馬尼亞克洋行的基礎上於1832年在廣州創辦怡和洋行（Jardine, Matheson and Company）。因此，1832年後，諫當保險改由寶順洋行和怡和洋行輪流擔任經理，直到1835年這兩家洋行結束這一協定為止。

怡和洋行創辦人威廉‧渣甸（William Jardine）。　怡和洋行創辦人詹姆斯‧麥地遜（James Matheson）。

諫當保安行主要為外資洋行在對中國貿易（其中以鴉片貿易為最大宗）中的遠洋運輸貨物提供保險服務，其客戶就包括了它們的股東。該行的設立使保險商能夠在中國簽發保單和支付損失賠償，為英商的鴉片貿易和鴉片走私提供保障。例如，1834年春，怡和洋行第一次派船載貨從廣州運往倫敦，488噸的"薩拉號"（Sarah）裝載價值超過400萬銀元的絲、絲織品、桂皮、大黃、中國根菜和雜貨，保單就是由諫當保安行在廣州簽發的。

1835年，寶順洋行從諫當保安行撤出，諫當保安行解體。翌年，怡和洋行在諫當保安行的基礎上成立諫當保險公司（Canton Insurance Office Limited）。1830年代諫當保險開展海上保險業務時，中國與印度的貿易風險之高是今天人們難以想像的，尤其當時海盜非常猖獗。1836年，怡和洋行購買並裝配起它自己的快速戰船——351噸的方形帆三舵戰船"獵鷹號"，就像20挺機槍的巡洋艦一樣。該船還參加了著名的納瓦里諾海戰（Battle of Navarino）。[17]該船上的一名指揮官回憶說"獵鷹號"有效阻嚇和防禦海盜艦群。怡和洋行還購買並裝備了許多比郵政船的航速還快的快船，為公司傳遞中國與印度重要、及時的信息，使公司在貿易和保險業方面極具競爭力。

諫當保險曾不止一次嘉獎其海上艦隊船長們，表彰他們英勇抗擊海盜的行為。"格蘭女士號"的威廉船長就曾經獲頒銀質獎盤，以表彰其與馬來海盜作戰保衛艦船與貨物的英勇行為，該艦上運載的是該公司初次承保的貨物，在1836年2月2日經過馬六甲海峽。這個銀質獎盤後來遺失了，最後從倫敦拍賣行購回，現陳列在倫敦倫巴德大街三號的隆德公司展廳內。[18]

1841年英軍佔領香港後，諫當保險公司即從澳門遷往香港，並於1842年在香港註冊，成為香港最早的保險公司之一。根據《怡和洋行史略（1832-1932）》的記載，早期，諫當保險公司"似乎是由一些保險商組成的私人團體……香港的所有知名洋行，每家都在裡面擁有一份或數份股份，而保險業務由怡和洋行經營。每年保險公司都向股東們提交一份有關這一年經營結果的書面報告，而且看起來總是有相當可觀的紅利可分。事實上，當時收到的保費將使今天任何一位保險商垂涎三尺。"[19]當時，印度的代理商在爭取貨運時，就是"利用怡和的海運和保險服務來招徠他們各自範圍內的鴉片出口商"。諫當保險在怡和的經營下，保險範圍逐漸擴展到倫敦、印度和世界各地。

1842年諫當將總部遷入香港後，並沒有放棄其在中國大陸的業務。當時，中國被迫開放"五口"通商，西方各國開始在各開放口岸設立租界，引入現代貿易制度和現代化基礎設施。當

諫當保險是香港保險業的先驅。圖為諫當保險公司單據。

時保險業發展迅猛，諫當保險率先投入到這一輪發展高潮中。1848年，諫當保險在上海設立辦事處，承保範圍逐漸擴大到福州、上海、天津、汕頭等地區。直到1860年，該公司仍是中國唯一的一家保險公司，當時它還在莫斯科設有代理點，為使用跨西伯利亞鐵路的客戶承保。到1890年，諫當保險公司已在中國大陸十多個城市設有辦事處或者代理點，其中包括廈門、廣州、煙台、福州、漢口、九江、寧波、上海、汕頭和天津。[20]

19世紀後半葉，諫當保險公司一直由一個顧問委員會控制，該委員會包括許多香港經濟界著名人物，如創辦香港置地公司的保羅·遮打（Sir Paul Chater）和大買辦何東爵士（Sir Robert Ho Tung）。[21]對於英國及其殖民地的公司立法而言，1860年代是關鍵性的時期。通過這時期的立法，公司的永久繼承權和有限責任制被確立下來，這種確立方式比現今的其他方式都更簡易與便利。因此在1872年，諫當保險公司成為正式法人公司，取代了以往的一系列合夥制關係。1881年，諫當保險根據第一部公司法正式改組為一家有限責任公司，總股本250萬美元，股份共計10,000股，每股250美元，已具備相當規模。幾年後該公司更成為倫敦保險承保人協會（又稱倫敦保險人協會，Institute of London Underwriters）的創始會員。

香港早期的保險公司：於仁保險

1835年，寶順洋行退出諫當保險公司，在廣州成立於仁洋面保安行，獨立經營。據有關文獻記載，寶順洋行創辦的於仁保險，其原始實收股本為5萬美元，原始股東除了寶順洋行以外，還有英資的怡和洋行、特納洋行（Turner and Company）以及美資的旗昌洋行等。於仁洋面保安行在創辦之初就允許華商入股。

於仁保險創辦的初衷，是要讓各創辦人共同分擔各自向英國及世界各地運輸貨物的風險，各股東每三年向公司清償所欠的保費。這一做法自公司創辦時便開始採用，並且一直沿用至1874年。這反映於仁保險從一開始就是廣州"自由商人"相互保險的組織，公司的股東同時又是公司的客戶，他們自籌互助金，共同運作，彼此受益。[22] 於仁保險創辦初期，即在英國倫敦、印度加爾各答及孟買、新加坡、菲律賓馬尼拉等城市設立代理行。[23] 資料顯示，在最初的五年，該公司的經營十分成功。1841年香港開埠後，於仁保安行即從澳門遷往香港，並於當年在香港註冊，成為最早將公司總部設在香港的保險公司。

香港開埠初期，保險業由怡和旗下的諫當保險和寶順洋行旗下的於仁保險主導。圖為1870年代寶靈碼頭及畢打街，左為寶順洋行及其私人碼頭，右為怡和洋行第一代總部。

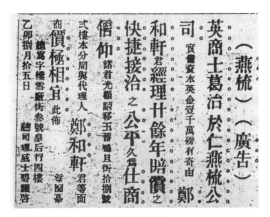

19世紀末於仁保險公司業務廣告。

1860年代，對於仁保安行的發展產生深遠影響的重大事件，是寶順洋行的破產。1866年，印度發生棉業工潮，不少洋行和銀行因而破產、倒閉。其中，顯赫一時的寶順洋行亦在工潮中倒閉，成為當時香港經濟中的重大事件。受到寶順洋行破產的影響，於仁保險的公司管理權發生了重要的轉變。1862年，威廉斯（G. D. Williams）取代陷於破產的寶順洋行的顛地（Lancelot Dent），出任公司主管。1868年，羅伯特·沃特莫爾（Robert Watmore）再接替威廉斯，擔任公司主管這一職務，直至1871年。儘管受到連串內部管理層變動的影響，但期間香港的對外貿易蓬勃發展，公司的業務仍然發展順利。1868年，於仁保險在上海設立分支機構，並委派塞繆爾·布朗（Samuel Brown）擔任公司駐上海的首席代表。這是於仁保險成立30多年來首次在香港以外的業務拓展。1868至1870年期間，於仁保險的資產已達到125萬美元，共分為250股，每股5,000美元，每股實繳1,000美元。[24] 這一時期，於仁保險的主要股東和公司董事包括：怡和、仁記、沙遜、祥泰、華記、義記、禪臣等香港七大洋行。[25]

1871年，對於仁保險的發展產生深遠影響的伊德家族首次進入公司。該年，納撒尼爾·伊德（Nathaniel Ede）出任公司主管，直到1897年，時間長達26年。他上任初期，即著手對公司的管理模式進行改革，制定了新的《公司章程》，放棄了傳統的每三年一次結算的原則，將公司從早期的共同分擔風險的臨時性商人互助組織，改組為一家永久性的無限責任制公司。不過，公司仍保留著一些舊式合夥制的特徵。如新《公司章程》就規定：對於不

怡和洋行為於仁保險股東之一，圖為位於上海的怡和洋行。

向公司提供支持的股東，公司董事會可撤銷其股份，重新分配給能為公司帶來業務的其他人。1882年10月24日，於仁保險根據1865至1881年的《香港公司法》進行註冊，最終改組為一家股份有限責任制公司，額定資本為125萬美元，分為500股，每股2,500美元。

有評論指出：〝從合夥制的短期互助組織到永久性公司的轉變，不僅意味著法律形式的變化，而且也預示著管理方式的根本改變。在公司制下，股東、董事會及董事長可能經常變動，但管理人員隊伍則是長期穩定的。從於仁保險公司的變革我們可以看到'管理革命'的一個早期例證，這種理論至今仍然影響著公司的機制。商人的互助協會變更成為一個有自身生命力的公司，而管理它的人就是後來人們所說的'專家經理'。〞 **26**

制度創新給公司發展注入新的動力，於仁保險展開了新一輪的業務擴張。1874年1月，於仁在英國倫敦建立了分支機構，與英國倫敦眾多歷史悠久、實力雄厚的保險公司展開競爭；1883年，於仁在澳洲的墨爾本設立分公司，積極拓展大洋洲地區的業務。進入20世紀，於仁保險更展開連串的收購活動，以擴大業務。1904年，於仁收購了 Russell & Sturgis，該公司代表於仁在菲律賓馬尼拉展開業務，其前身就是公司創辦者之一的旗昌洋行。其後，於仁還先後收購了前身為中外保險公司的華商保險公司（China Trades' Insurance Company, 1906）、中國火災保險公司（China Fire Insurance Company, 1916）和揚子保險公司（Yangtze Insurance Association, 1925）等。

19世紀下半葉的香港保險業

香港開埠初期，由於受到上海等"五口通商"的影響，香港的地位一度衰落。這一時期，香港儘管已有諫當、於仁兩家保險公司，但是，保險業務主要仍由外國保險公司委託各大洋行代理。其中，怡和洋行和寶順洋行成為香港保險市場中兩家最大的保險代理行。當時，連許多外資洋行也不得不依賴怡和、寶順為它們的貨物進行投保。據統計，1844年，香港及上海等各通商口岸共有保險公司的代理行25家，而怡和、寶順就佔了11家。1860年代，怡和洋行就代理了諫當保險公司、於仁洋面保安行、孟買保險社、孟格拉保險社、特里頓保險公司、孟買海運保險公司等八家保險公司的業務。當時，洋行在內部構置上，以貿易為主，兼設碼頭、貨倉、船舶修理、銀行和保險等業務機構。"所有規模巨大的洋行都分為六個部門"，其中包括從事保險代理業務的"運輸保險部（不言而喻，它是有利可圖的企業）"。[27]

1860年代以後，新開闢的自由貿易港發展迅速。圖為1870年代的香港。

1860年代，香港作為新開闢的自由貿易商港，憑藉著得天獨厚的地理位置，獲得了迅速的發展。大批洋行聚集香港，對外貿易和航運業蓬勃發展，整體經濟呈現出初步的繁榮。據統計，1867年，來自香港的進口額佔中國進口貿易總額的19.8%，出口到香港的貿易額也佔全國出口總額的14%；短短十年後的1877年，這兩個比例分別上升到36.3%和22.6%。假如從整個晚清時期來看，香港佔中國直接對外貿易總額的比重大約一直維持在30%以上。[28] 有評論指出：正是由於 "歐美諸國在我國的商業日盛，保險業務也隨之繁榮。我國通商口岸的外國保險公司與代理人，遂如雨後春筍般蓬勃一時。"[29]

這一時期，在中國創辦的銀行與保險公司開始與外資大行的附屬機構展開競爭，減少了大行在銀行、保險業務所積累的利潤。在中國創辦的銀行和保險公司的幫助下，許多小洋行也開展對華貿易。而在過去，銀行和保險業務本來是外資大行給小洋行代辦的兩項輔助業務。大行的優勢開始消失。[30] 更值得重視的是，隨著1860年代輪船時代的到來、1869年蘇伊士運河的通航，以及1871年倫敦至遠東電報線的架通等等所帶來的匯兌、航運及通訊等方面的便利，香港乃至整個遠東地區對外貿易的經營方式都發生了重大變化，過去那種大一統的洋行經營體制逐步解體，洋行對那些 "對外貿易的‘外圍經

香港開埠初期，保險業的主要業務為水險。圖為1874年在香港仔擱淺的 "亞拉斯加號"，是典型的遠洋輪船。

濟部門'，如航運、保險、條約口岸設施以及銀行業的關切，超過了對貨物買賣的關切"，[31] 他們深刻地認識到了"保險業、銀行業如同航運業一樣，已發展成為這家洋行的至關重要的職能部門"。[32]

正是在這種特定的歷史背景下，19世紀六七十年代，香港各大洋行掀起了第一輪投資、經營保險業的熱潮。1861年，美資瓊記洋行開始展開大規模的保險業務。在此之前，這家洋行只索取保險佣金，並不擔任保險代理人。當年夏天，它成為美國三家大保險公司的代理行。瓊記在保險業務的發展，讓同為美資的旗昌洋行感到惱火，因為它注意到瓊記洋行"充當紐約三家保險公司的代理，……敢於承擔大風險……適用於本地，適用於英國，也適用於印度。這說明紐約的公司在政策方面已有所改變，因為它們不久前還曾拒絕指定代理人為貨主保險"。[33]

1862年，旗昌洋行展開比瓊記洋行更進取的投資策略，它在上海創辦揚子保險公司，該公司總部設於上海，在香港註冊，實收資本417,880銀元，並在香港、倫敦、紐約、新加坡開設分公司，在中國各口岸建立代理處30多家。旗昌洋行擔任該公司的經理人，專營旗昌洋行旗下的船貨保險，特別是旗昌輪船公司所承保的長江航道的船貨保險，幾乎壟

1862年在上海設立的美商揚子保險公司。

斷了長江的運輸險業務。1891年旗昌洋行倒閉，揚子保險改制為一家英商獨立公司，資本金為120萬両，實收72萬両，成為當時外商在香港及上海早期保險業中頗具實力的公司之一。1941年太平洋戰爭爆發，揚子保險被日軍勒令停業。

1865年，瓊記洋行在香港創辦保寧保險公司（British Traders' Insurance Company Limited）。該公司又稱中外眾國保險公司，由瓊記洋行投資，並吸收華股，資本為220萬銀元，實收60萬銀元，經營水火及意外險業務。保寧保險公司業務發展很快，其分公司相繼擴展至上海、漢口、天津、廣州、福州、北京等城市，其後更"散佈在中國及太平洋沿岸各重要港口"。1906年，保寧保險被於仁保險公司接管。1870年，瓊記洋行與旗昌、沙遜、也者士、法銀行、密士波克等六家外資洋行聯合投資創辦香港維多利亞保險公司（Victoria Insurance Company），資本額為150萬銀元，由瓊記洋行承辦該公司保險業務。

這一時期，英資洋行也展開對保險業的大規模投資。1857年，怡和所屬的諫當保險公司率先在上海開設分支機構。開業初期，因應當時華人商行迅速發展的趨勢，諫當保險上海"分行的業務十分興旺。在幾個月之內接受的客戶數目表明，在中國商人當中售出保單比在西方商人中售出的數量要多得多"。[34] 為了進一步開拓諫當保險公司上海分公司的業務，該公司積極向其華商航運客戶招股。1868年12月，上海怡和洋行經理 F‧B‧詹森致函諫當保險公司的 W‧凱錫說："我以前曾提請你注意，給規模較小的航運公司及中國商號分配更多一點股份。這是解決這種令人不滿意的局面的唯一有效方法。我們若不加緊籠絡我們這裡的主顧們，恐怕我們在這裡要站不住腳。唐景星（怡和洋行駐華買辦，又名唐廷樞）看來已在做最大的努力來拉攏華商。因此我股切希望您能考慮把他為我們公司賺來的利潤，分一部分給他以及其他有影響的華商。"[35]

1866年，由於公司承保的險種範圍擴大，怡和洋行在香港創辦香港火燭保險公司。該公司又稱香港火災公司，資本額為200萬港元，實收40萬港元。該公司"按其原來的目的，顧名思義，是為了承保火險"。這是第一家在香港本地經營運作的火險公司，並擁有香港殖民地第一輛消防車。如歐洲早期火險公司一樣，香港火燭保險公司自建並培訓自己的消防隊。[36] 根據管理隆德公司倫敦檔案處的 Alan 的回憶，1878年聖誕節香港發生一場

1866年上環的一場大火，注意當時尚沒有消防車。

嚴重火災，當時乘著強勁的東北風，火勢蔓延迅速，消防隊不得不拆除大量建築物來防止火勢擴散。也有許多人使用濕毛毯和濕地毯來阻隔建築物的火勢，從而得以倖存。其後用於存放過年煙火的爆竹倉庫發生了大爆炸，許多人都看到了香港山邊冒起大火球的壯觀景象。

當時，Philip 作為查察並為投保財物估價的職員，對於為中藥材商店估價印象深刻。他回憶道：巡查這些藥材商行真是件可怕的工作，你必須和經紀人一起進入那些小巷，那裡用瓶子泡著各種可怕的東西，如烏龜頭和色彩斑斕的蛇，這些都能讓我們嘔吐得一塌糊塗。還有磨成粉狀的犀牛角、被風乾的老虎的不知名器官，看起來如同醃製的洋蔥一樣，但卻能賣到很高的價錢。所以從保險的角度看，你必須清楚了解並牢記這些"秘方"的實際價值，從而才能準確判斷出應承保的價格。

香港火燭保險公司總行設在香港，分公司則迅速擴展至上海、廈門、廣州、漢口、北京、汕頭、青島、重慶等中國大陸城市。如今，在上海市歷史博物館裡尚收藏有一份1924年6月12日簽發的保單，當時香港火燭保險公司在保單上的中文名稱為香港火燭燕梳

約1880年代的香港，前景是怡和洋行的倉庫。

公司。該公司業務發展迅速，獲利豐厚，每年所獲盈利相當於股本的50%，股票增值曾達到過400%。當時甚少有能與其匹敵的保險公司。香港火燭保險公司後來更發展成為香港最具聲譽的一家保險公司。

香港火燭保險公司還積極拓展海外市場，包括日本市場。1868至1870年間，香港火燭保險公司在日本開始做市場推廣，1897年英文《日本時報》頭版刊登了該公司的廣告。但是早期這種對於日本風險的承保讓公司損失慘重，因為1866年在橫濱港發生大火災，1892年東京也發生了大火災，而且當時日本地震災害頻繁。但是當時公司在日本與英國及香港間的聯繫還是很順暢的，一直到第二次世界大戰爆發。

根據不完全統計，1860年代以後，在香港創辦的保險公司除了香港保寧保險公司、香港維多利亞保險公司、香港火燭保險公司之外，還有：

——香港水險公司（Hong Kong Marine Insurance Company），估計於1862年以前由英資廣隆洋行（Lindsay and Company）創辦，成立不久即在上海設立分支機構，經營保險業務。

——泰安保險公司（The China Fire Insurance Company），創辦於1864年。

——中華火險保險公司（The China Fire Insurance Company Limited），創辦於1870年，實收資本200萬港元，經營水火及意外保險業務，由仁記洋行代理。中英文名稱均為"中華"，實為英商保險公司。總公司和註冊地均在香港，分公司設於倫敦、新加坡、孟買等地，並在上海、廣州、廈門、福州、漢口、天津、北平、汕頭等地設有經理處，由於中華保險和泰安保險兩家公司的英文名稱看起來非常相似，有學者懷疑"極有可能實為一家而已"。[37]太平洋戰爭爆發後，該公司被日軍勒令停業。

——華商保安公司（Chinese Insurance Company），創辦於1871年，亦稱華商保險公司、中國保險公司。由中國一些買辦發起組織，資本150萬銀元，實收30萬銀元，華商佔其大半，因而被誤為華商公司，實乃中外合資性質。由美商同孚洋行為總經理，香港註冊，首先在香港、上海開業，其他口岸則分別由寶順、亨利、英茂等洋行代理，經營船貨海險業務。

——怡和保險公司，創辦於1873年。這是怡和洋行創辦的第三家保險公司，但其知名度則遠不及前兩家。

——萬安保險公司，創辦於1891年，總公司設於香港。

——其昌保險公司（China Underwriters Limited），創辦於1909年，在香港註冊，同時在上海開展業務。

19世紀下半葉，香港保險業發展的第一次熱潮中，有幾個值得一提的特徵：

（1）外資各大洋行相繼投資創辦了一批保險公司。這些保險公司以香港為總部，積極拓展中國大陸的保險業務，在其後的數十年間逐漸形成了一個以香港為重心、覆蓋中國主要城市的經營網絡。如於仁保險，1870年代初已在汕頭、廈門、福州、寧波、上海、鎮江、漢口、煙台、天津、牛莊以及臺灣等地設立代理機構，到1874年"已經發展為其活動範圍遍及全球的一家大型專業保險公司"。[38]其他公司也大體如此（見表1.1）。

表1.1　早期香港外資保險公司的分支機構

公司名稱	總公司所在地	分公司所在地
於仁保險公司	香港	倫敦、加爾各答、新加坡、馬尼拉、橫濱、東京、神戶、泗水、巴達維亞、孟買、上海、天津、廣州、北京、漢口等
諫當保險公司	香港	上海、廈門、長沙、煙台、重慶、南京、漢口、倫敦等
保寧保險公司	香港	上海、漢口、天津、廈門、廣州、福州、北京、倫敦等
香港火燭保險公司	香港	上海、廈門、廣州、漢口、北京、汕頭、青島、重慶、九江、倫敦、日本等
中華保險公司	香港	上海、廈門、廣州、天津、漢口、北京、倫敦等

資料來源：趙蘭亮：《近代上海保險市場研究（1843－1937）》，復旦大學出版社，2003年，頁62。

1870年代初，於仁保險的經營網絡，已遍及汕頭、廈門、福州等大陸各主要城市。圖為1870年的福州。

（2）各大洋行代理保險業務的經營方式仍然繼續發展。這一時期，儘管各大洋行創辦了一批專業保險公司，但是，絕大多數的外資保險公司出於人力、財力以及貿易環境的考慮，仍然廣泛採用洋行代理的形式參與香港及對華保險業務的競爭。甚至那些由洋行投資創辦的保險公司，雖然在"名義上是獨立的企業"，但實際上其業務絕大多數仍然由投資洋行兼理。[39] 當時，"為了有效掌握那些將其業務委託給怡和洋行代理的著名保險公司的權益"，怡和洋行"在其他各地重要的辦事處或分行都安插了一名能力強和閱歷深的保險業務員"。[40] 這一時期，洋行代理的經營形態還有相當大的發展。如1867年在上海成立的太古洋行，在1875年就取得了英國三家大保險公司的代理權。到1900年，太古洋行掌握的在華保險代理權已超過了其他大洋行，[41] 甚至與怡和洋行旗鼓相當。

圖為1900年廣州的太古洋行旗下的輪船。1900年，太古洋行掌握的在華保險代理權已超過其他大洋行。

1920年代初位於中區的太古洋行（最左）。

（3）當時，香港保險業的發展仍主要與外資洋行從事的對華貿易密切相關，主要應用於保障船舶貨物及財產。大部分保險公司仍以經營水險業務為主，但火險業務亦逐漸發展為保險業經營的主要業務之一。1866年怡和創辦香港火燭保險公司就是一重要標誌。然而，人壽保險的發展仍遠落後於一般保險，第一張壽險保單始見於1898年。[42]

（4）香港保險業的公會組織開始建立。最早成立的公會組織是組建於1895年的香港火險公會（The Fire Insurance Association of Hong Kong，簡稱 FIA），當時為代理機構。1903年，香港火險公會改組為公司，它成立的目的是聯合香港、九龍和新界的各個保險公司（通過聯合公司管理者、分公司管理者、主要代理商和其他代表）的火險交易活動，保證每次的聯合行動都能影響到協會中各公司的利益，制訂香港各地區火險交易的規則並監督各公司執行。協會的組成成員規定必須是在香港、九龍和新界擁有火災保險業務的保險公司。[43]比火險公會稍晚，香港洋面保險公會（The Marine Insurance Association of Hong Kong，簡稱 MIA）成立於1906年，由於早期紀錄在戰爭期間已經遺失，人們已無從了解該協會早期活動的具體細節。不過，有一點倒是頗為確定的，就是兩家公會的關係密切，因為1903年出任火險公會秘書的 A. R. Lowe是洋面保險公會的第一任秘書，並且在1906年上任。[44] 1987年，火險公會和洋面保險公會的會員分別為140名和127名。

20世紀上半葉的香港保險業

踏入20世紀，香港保險業面對一個空前的低潮。1911年，中國爆發辛亥革命，清皇朝瓦解，整個大陸處於戰亂和分裂之中；世界海運災難也接踵而來，僅在四個月的時間內就有41艘輪船失蹤或沉沒，其中包括著名的"泰坦尼克號"。1912年4月14日下沉的"泰坦尼克號"，造成逾1,500人命傷亡。於仁保險為沉沒的"泰坦尼克號"支付了4.2萬英鎊；而戰後進入香港的英國保誠保險有限公司（Prudential Assurance Company Limited），也為此賠償了1.4萬英鎊。[45] 第一次世界大戰期間，受到戰亂的影響，於仁保險支付的戰爭險賠償不下2,000萬美元，超過了公司1914年底的總資產。[46]

1919年7月18日香港中區慶祝第一次世界大戰結束，右邊建築物為永年人壽保險公司所在地。

不過，直到1915年，於仁保險公司在年度報告說它仍然運作良好，並表示要給股東發放紅利。一次大戰結束後，公司的實力不僅沒有被削弱，反而增強了，甚至能支付每股30英鎊的股息和20%的紅利。一戰期間，公司的年保費收入也從110萬英鎊增加到300多萬英鎊。這一時期，於仁保險長期奉行的一項基本原則——保持高準備金以防範未來風險的原則，發揮了決定性作用。"正是憑藉這種穩健謹慎的經營哲學，公司才得以在危難時刻不僅包括戰爭、動亂、暴風、洪水、火災和滅失，而且也包括貨幣和金銀市場的動蕩、法律的變動和政權的更迭。"[47] 這一時期，於仁保險儘管從未間斷過發放紅利，但它還是提留了大量的準備金。公司總裁霍約克（P. H. Holyoak）表示："時局反覆無常，未來充滿著不確定性。"

第一次世界大戰後，於仁保險公司的分支機構網絡已擴大到全球各地：亞洲有九個，包括日本橫濱、新加坡，以及中國大陸的上海、漢口、北京、天津和廣州等地；大洋洲有八個，包括澳洲悉尼、墨爾本等；加拿大有兩個，包括多倫多；美洲有四個，包括舊金山、西雅圖；非洲有兩個，包括開羅、約翰內斯堡。於仁保險已發展成為一家"公司代理機構遍及全世界"的著名的跨國保險公司。[48]

於仁保險的註冊資本和總資產也在迅速增加。1882年12月，於仁召開股東大會決議，將公司股票的每股面值從2,500美元提高到5,000美元，因而使公司的定額資本增加到250萬美元，但實繳股本仍為25萬美元。1916年公司收購中國火災保險公司後，定額資本更增加到400萬美元。從資產方面看，1892年，於仁保險的資產約為200多萬美元，到19世紀末增加到300萬美元。1906年，於仁在收購中商保險之前，公司資產超過850萬美元，到1908年底達到1,000萬美元，1914年更達到1,700萬美元。

1935年，在慶祝於仁保險100周年誕辰時，該公司董事局主席多德韋爾（S. H. Dodwell）自豪地指出："從一個由一群商人在廣州創辦的互助組織，發展成為一個由全球居民持股的跨國公司，需要的是遠見和創造力。我們今天的地位證明我們的先輩並不缺乏這種精神。……我們先輩展示的非凡的才華、出色的業績以及他們所建立的健全的財務體系，都為我們公司在倫敦保險界贏得了一席之地，所有為此作出貢獻的人都有理由感到自豪。"

在回應董事局主席的講話時，威廉·申頓爵士（Sir William Shenton）表示："在自由的國際貿易中，沒有其他任何商業活動能夠像保險業那樣如此清楚地反映出貿易狀況；也沒有其他任何一種生意能夠像保險業那樣發展得如此興盛。因此，儘管存在著戰爭和謠言，出現了商品價格普遍低彌、資本收益率極低、貨幣動蕩不定、外匯激烈波動、配額制、關稅提高以及各種各樣的貿易壁壘等現象，但我們高興地看到，呈現在我們眼前的業績仍然是如此的令人滿意。"[49] 這番話可以說是香港早期保險業的寫照。

20世紀初葉，外資人壽保險公司開始進入香港發展，其中的佼佼者是加拿大資本的宏利人壽保險公司（The Manufacturers Life Insurance Company）。其實，早在1897年，宏利保險已開始在上海及香港經營業務。1898年，宏利保險在香港成立代理公司——布蘭得利公司（Bradley and Company）。同年12月23日，布蘭得利公司的艾利斯（A. H. Ellis）在華南地區售出宏利保險的第一張人壽保單，該份保單是一份15年的承兌保險，編號為25042，投保者是一位31歲的中國男性，保險金額為2,000港元，年金為151.61港元。[50]

早在1897年，宏利保險已開始在香港經營業務，圖為1935年宏利保險在香港的辦事處。

當時，由於缺乏對遠東地區生活經驗的了解，宏利保險董事局對來自中國的業務仍然疑慮重重，在1900年6月27日的會議上，甚至聲稱："沒有董事局的批准，不准接受來自中國的業務。"不過，他們又覺得這個市場很大並且值得開發，於是多倫多總部又對該地區風險等級的評定做了深入的調查。其後，宏利保險陸續通過其在香港的布蘭得利公司簽發保單，公司最初位於皇后大道中，第一次世界大戰後遷至太子大廈。1931年5月，宏利保險在香港開設南中國分公司，辦事處遷進香港會所大廈。分公司經理米切爾以其獨特的活力推動了壽險業務的發展，1932年，分公司贏得了主席獎。[51]其後，宏利保險南中國分公司先後在汕頭，廈門、福州以及澳門等地設立辦事處，並進軍團體退休金市場，成為當時香港及南中國最著名的人壽保險公司。戰前就來香港的外資人壽保險公司還有永明人壽。永明人壽與宏利保險一樣，都是加拿大保險公司，戰前已在上海及香港等地設有辦事處。

據統計，到1940年代初，香港的保險公司及其辦事處已發展至約有100家（見表1.2）。當時，外資保險公司實力雄厚，但在香港所設基本為分支機構，而華商保險公司則多將總部設在香港，"唯其中多屬數十萬或百餘萬資本者"。香港的保險業，基本由英資洋行主導，這些洋行只是在經營貿易及航運的同時，附帶做保險代理，因此險種較單一，以代理業務為主，主要從事有關航運和貨物保險，服務的對象也主要針對外國商人。

表1.2　1940年香港保險公司名錄

名稱	地址	名稱	地址
士葛治於仁梳燕公司	香港德輔道中10號	金孖素於仁燕梳公司	香港皇后行
大東方人壽保險公司	香港英國行	金孖素於仁燕梳公司分局	香港皇后大道中304號
中央信託局保險部	香港德輔道中6號	金孖素於仁燕梳公司分局	香港永樂西街
中國仁濟和水火保險公司	香港干諾道西15號	南華公司	香港皇后街20號
中國保險公司	香港國民銀行（香港德輔道中8號A）	保太燕梳總公司	香港華人行
中國保險股份公司	香港廣東銀行（香港德輔道中6號）	保太燕梳總公司分局	香港乍畏街71號

名稱	地址	名稱	地址
中華公司	香港高陞街84號	保慎燕梳公司	香港德輔道中4號A
中華火險燕梳有限公司分局	香港永樂西街	信記	香港高陞街54號
公益保險行	香港太子行	美亞水火保險公司	香港皇后大道中14號
友邦人壽保險公司	香港皇后大道中14號	美亞水火保險公司華人辦事處	香港干諾道西5號
太古洋面火燭保險分局	香港德輔道中127號	美國安康保險公司	香港華人行
太古洋行保險分局	香港乍畏街*125號	美國保險公會	香港德輔道中10號
太平公司	香港永樂西街204號	美國舊金山人壽保險公司	香港荷蘭行
太平洋行	香港皇后大道西17號	香安保險公司	香港國民銀行
太平保險公司	香港德輔道中8號A	拿平燕梳分局	香港乍畏街71號
太陽日球保險公司	香港英國行	修附畢喏燕梳公司	香港太子行
世界保險公司	香港東亞銀行（香港德輔道中10號）	修附畢喏燕梳公司分局	香港德輔道西16號
北美洲保險公司	香港德輔道中10號	祝平公司	香港德輔道中171號
北美洲保險公司分局	香港德輔道中74號	康年水火保險公司	香港德輔道中168號
北美洲保險公司分局	香港皇后大道中249號	泰山保險股份有限公司	香港皇后大道中14號
北美洲保險公司分局	香港永樂西街209號	康年人壽保險公司	香港德輔道中168號
北美洲保險公司分局	香港永樂西街120號	梨高公司	香港廣東銀行（香港德輔道中6號）
四海保險公司	香港皇后大道中14號	陸海通人壽保險總公司	香港德輔道中297號
四海保險公司分局	香港干諾道西17號	陸海通人壽保險總公司分公司	九龍彌敦道374號
四海保險公司分局	香港德輔道中283號	烏思倫保險總公司	香港德輔道中10號
四海保險公司華人辦事處	香港干諾道西5號	烏思倫保險總公司分局	香港德輔道西6號
四海通保險公司	香港南北行街36號	烏思倫保險總公司分局	香港文咸東街44號
平瀾保險公司	香港德輔道中4號A	普安保險公司	香港德輔道中288號
永安燕梳公司	香港德輔道中225號	渣甸燕梳公司	香港永樂東街171號
永安人壽保險有限公司	香港德輔道中26號	渣甸燕梳公司分局	香港皇后大道西7號
永明人壽燕梳公司	香港告羅士打行16號		

名稱	地址	名稱	地址
永樂公司	香港干諾道西29號	華安合業保壽爾廣分公司	香港娛樂行
先施人壽保險有限公司	香港德輔道中173號	華僑保險公司	香港德輔道中10號
先施保險置業公司	香港德輔道中先施公司5樓	新印度燕梳公司	香港干諾道中皇帝行
先施燕梳公司分局	九龍上海街489號	意迪氏保險公司	香港太子行
全安公司	香港皇后大道西8號	愛業人壽保險有限公司	香港德輔道中63號
合眾人壽保險公司	香港德輔道中10號	裕彰公司	香港德輔道西61號
同安公司	香港皇后大道西15號	誠興公司	香港文咸東街54號
安平公司	香港永樂西街120號	萬安公司	香港皇后大道西4號
安泰保險公司華南分行	香港東亞銀行（香港德輔道中10號）	其昌保險有限公司	香港德輔道中4號A
伯安公司	香港文咸東街98號	福華保險公司	香港文咸東街43號
利華公司	香港永樂街92號	澳洲國民人壽保險均益會	香港德輔道中6號
冷架西燕梳公司	香港遮打道沃行	環球公司	香港皇后大道西73號
均安燕梳公司	香港干諾道西29號	聯安保險公司	香港永樂東街89號
宏利人壽保險公司	香港皇后大道中亞細亞行	聯保水火保險公司	香港德輔道中269號
免那日球燕梳分局	香港永樂街50號	聯邦人壽保險公司	香港皇后大道中14號
宜安保險公司	香港文咸西街26號	聯益燕梳公司	香港德輔道中313號
於仁燕梳公司	香港畢打街於仁行	聯泰火險洋面燕梳有限公司	香港德輔道中272號
東泰公司	香港南北行街43號	禮記公司	香港德輔道西29號
東興隆	香港德輔道西25號	寶興保險公司	香港皇后大道中6號
明發公司	香港乍畏街71號	顯發有限公司	香港干諾道中17號
和發	香港永樂西街209號		
和祥	香港德輔道西8號		

資料來源：《香港工商通訊錄》，龍文書店，1940年6月。
*乍畏街，現稱蘇杭街（Jervois Street），香港島中西區的一條街道。

1. H. A. L. Cockerell, Edwin Green 著，邵秋芬、顏鵬飛譯：《英國保險史》（*The British Insurance Business: History and Archives*），武漢大學出版社，1988年，頁3。

2. Lombard 又有另一譯名為隆德，因有 Lombard Insurance 的中文譯名為隆德保險。為免混淆，本書若有街道一律以倫巴德為準，若是涉及專有名詞如隆德保險，則一律保持不變。

3. 高鴻志等：《中國近代史》，黃山書社，1989年，頁7。

4. 吳越主編：《中國保險史》上篇，中國金融出版社，1998年，頁17。

5. G. C. Allen, Avdrey G. Donnithorne, *Western Enterprise in Far Eastern Economic Development*, London: Allen & Unwin, 1954, P.119.

6. M. Greenberg著，康成譯：《鴉片戰爭前中英通商史》（*British Trade & the Opening of China 1800-1842*）；轉引自吳越主編：《中國保險史》上篇，中國金融出版社，1998年，頁18。

7. 同上註，頁18。

8. E. Le Fevour, *Western Enterprise in Late Ching China: A Selective Survey of Jardine, Matheson and Company's Operations 1842-1895*, Cambridge, Mass.: Eastern Asian Research Centre, Harvard University, 1968, PP.136-137；轉引自聶寶璋編：《中國近代航運史資料》第一輯（上冊），上海人民出版社，1983年，頁607。

9. N. C. H.，1864年11月26日，頁191；轉引自聶寶璋編：《中國近代航運史資料》第一輯（上冊），上海人民出版社，1983年，頁602-603。

10. Commercial Reports, 1875, 上海，頁34；轉引自聶寶璋編：《中國近代航運史資料》第一輯（上冊），上海人民出版社，1983年，頁605-606。

11. 中國保險學會、中國保險報編著：《中國保險業200年（1805-2005）》，當代世界出版社，2005年，頁21。

12. 同上註，頁23。

13. 吳申元：《中國保險史話》，經濟管理出版社，1993年，頁35。

14. 同註11，頁16。

15. 同註11，頁25。

16. 同註11，頁6。

17. 1827年希臘及其英法盟軍在 Navarino 與土耳其埃及艦隊的海戰的勝利，最終使得希臘成為了獨立國家。

18. Lombard Insurance Group, *Lombard Insurance Group, 1836-1986*, Hong Kong: the Group, 1986, P.15.

19. *Jardine, Matheson and Company*, 1832-1932, PP.36-37, 轉引自聶寶璋編：《中國近代航運史資料》第一輯（上冊），上海人民出版社，1983，頁608-609。

20. 同註22，頁5。

21. 同上註。

22. Alan Chalkley, *Adventures and Perils: The First Hundred and Fifty Years of Union Insurance Society of Canton Ltd.*, Hong Kong：Ogilvy & Mather Public Relations（Asia）Ltd., 1985, P.11.

23. 1836年7月1日，於仁洋面保安行公佈通告，公佈了該公司在倫敦、加爾各答、孟買、新加坡、馬尼拉的代理行。參見吳越主編：《中國保險史》上篇，中國金融出版社，1998年，頁23。

24. 同註22，頁12-13。

25. 《彙報》，1874年7月4日，頁5；轉引自聶寶璋編：《中國近代航運史資料》第一輯（上冊），上海人民出版社，1983年，頁611。

26. 同註22， 頁14。

27. 趙蘭亮：《近代上海保險市場研究（1843-1937）》，復旦大學出版社，2003年，頁26。

28. 同上註，頁31。

29. 同上註，頁29。

30. S. C. Lockwood, *Augustine Heard and Company, 1858-1862: American Merchants in China*, Cambridge, Mass.: Eastern Asian Research Centre, Harvard University, 1971, PP.106-108；轉引自聶寶璋編：《中國近代航運史資料》第一輯（上冊），上海人民出版社，1983年，頁613。

31. 同註27，頁29。

32. 同註8，頁607。

33. 同註30，頁613。

34. 同註8，頁607。

35. 劉廣京：〈唐廷樞之買辦時代〉，載《清華學報》，新2卷第2期，1961年6月，頁156；轉引自聶寶璋編：《中國近代航運史資料》第一輯（上冊），上海人民出版社，1983年，頁603-604。

36. 香港火燭保險公司的體制，沿襲的是英國保險公司體制。早年英國的消防隊是隸屬於保險公司的。後來，消防隊從保險公司分離出來，而歸併於警察系統，保險公司依然同消防隊保持著密切的合作關係，經常出資捐助消防車或編印消防宣傳材料，免費向民眾散發，藉以提高民眾防火意識，預防火災。

37. 同註27，頁33。

38. G. C. Allen, Avdrey G. Donnithorne, *Western Enterprise in Far Eastern Economic Development*, London: Allen and Unwin, 1954, P.120；轉引自聶寶璋編：《中國近代航運史資料》第一輯（上冊），上海人民出版社，1983年，頁611。

39. 同註27，頁38。

40. 怡和洋行：《怡和洋行的復興》，參見陳寧生、張學仁編譯：《香港與怡和洋行》，武漢大學出版社，1986年，頁114。

41. 張仲禮等：《太古集團在中國》，上海人民出版社，1991年，頁39。

42. 香港保險業聯會：《十年歲月1988-1998》，1998年，頁13。

43. "Fire Insurance Association of Hong Kong"，1987年7月31日，資料從缺。

44. "Lowe, Bingham & Matthews Notes on the History of the Firm as Secretaries of the Insurance Associations"，1962年8月，資料從缺。

45. 參見《"智"勝之道—— 保誠智者營業總處十二先鋒真誠分享》，星島出版有限公司，2006年，頁10。

46. 同註22，頁21。

47. 同註22，頁14。

48. 同註22，頁21。

49. 同註22，頁28。

50. *The Manufacturers Insurance Company, South China Hong Kong and Macau 1898-1976* 小冊子，資料從缺，P.1。

51. 同上註。

第二章

早期華商保險業的創立與發展

"初時本港的保險業，可說是外國的產品，整個市場，卻給外商佔盡優勢，同時一般人士崇外思想，又是那麼濃厚，故華商同業，只有幾家，寥寥可數，同業中有識之士，認為苟不團結起來，就不能與外商爭一日之短長，因此就進行兩項工作：其一是組織同業公會，互助聯繫，以增強力量，其次爭取社會人士對華商有更深之認識，如是者數十年來，雖歷盡艱辛，仍抱着不折不撓的精神，努力邁進，時至今日，已達成一個組織完善，信譽卓著之華商團體。"

—— 羅大堯〈八十週年之回顧與前瞻〉，載《香港華商保險公會八十週年紀念（1903-1983)》。

香港華商保險業的創立與發展

清朝末年，外國在華創設的企業，均有華商附股的形式和活動。所謂華商附股，是指華商的入股投資僅有資本收益權和剩餘索取權，並不享有投票權、經營權或監督權。換言之，這種華商附股投資並不是完整的中外合資經營，只能說是合資企業的雛形。華商附股企業，最早見於1830年代英商寶順洋行在澳門設立的於仁洋面保安行，有人甚至說該洋行是"廣東省城商人聯合西商糾合本銀"共同創設的。[1]在上海，不少外商企業（包括保險公司）均有華商增股。1836年英商怡和洋行成為諫當保險行的唯一控股公司。於1868年，怡和又成立一家新保險行，名為香港火燭保險公司，它是按照香港嶄新的公司條例而成立的一家有限公司，並招收華人新股，[2]香港著名的華商買辦何東爵士成為這兩家保險公司"顧問委員會"（Consulting Committee）的華人成員。至於華商直接控管的保險行，根據現有記錄的記載，1865年創立的上海義和公司保險行是最早由中國人自己創辦的華商保險行，主要承保貨物運輸險，尚未開辦其他各種保險業務，至於其資本額等資料則無從考察。義和公司保險行由當時著名的"德盛號"設立，而"德盛號"則與怡和洋行有密切關係。華商保險公司的顧客全為華人企業，這對歷史悠久的外商保險公司而言，確是起了一點競爭作用。

19世紀末至抗日戰爭開始（1937年）是香港華商保險公司的發展期，並取得了長足的發展（見表 2.1），茲分述如下：

表2.1　早期香港主要的華資保險公司一覽表

公司名稱	總公司所在地	創立年份	資本額（港元）	經營險種	附註
華商保險公司	上海	1871	150萬銀元	水火險	中外合資
安泰保險公司	香港	1877	40萬	火險	不詳
萬安水火保險公司	香港	1891	不詳	水火險	不詳
福安水火人壽保險公司	香港	1894	不詳	水火、人壽	上海設分公司
義安水火保險公司	香港	1899	100萬	水火險	上海設分公司

香港福安水火人壽保險公司是香港華商保險業的先驅之一。圖為1919年印有福安水火人壽保險兼貨倉有限公司字樣的月份牌。

公司名稱	總公司所在地	創立年份	資本額（港元）	經營險種	附註
福安洋面火燭保險兼貨倉公司	香港	1900	100萬	水火險	上海設分公司
協安保險公司	香港	1901	不詳	水火險	上海設分公司
利華洋面火險公司	香港	1904	不詳	水火險	上海設分公司
源安洋面火燭保險公司	香港	1904	100萬銀元	水火險	上海設分公司
中國合眾水火保險公司	香港	1905	不詳	水火險	上海設分公司
同益保險公司	香港	1905	不詳	水火險	上海設分公司
源盛保險公司*	香港	1906	200萬銀元	水火險	上海設分公司
華安水火保險公司	上海	1906	30萬両銀元	水火及船艙險	香港註冊
恒安保險公司	香港	1908	不詳	水火險	上海設分公司
上海永寧人壽保險公司	上海	1909	不詳	人壽	香港註冊，中外合資
香港水火保險公司	香港	1914	不詳	水火險	上海設分公司
香安保險公司	香港	1914	100萬	水火險及按揭置業	設上海代理處
廣恒水火保險公司	香港	1915	不詳	水火險	滬局
上海聯保水火保險公司	香港	1915	100萬（1923年增至300萬）	水火險	不詳
先施保險置業公司	香港	1915	50萬	水火險	上海等地設分公司
永安水火保險公司	香港	1915	75萬	水火險	上海等地設分公司
聯泰水火保險公司	香港	1915	150萬	水火險	不詳
金星水火保險公司	上海	1916	國幣120萬元	水火險	不詳
大新保險銀業有限公司	香港	1918	不詳	水火險	廣州、上海設分公司
先施人壽保險公司	香港	1922	200萬	人壽	上海等地設分公司
均安水火保險公司	香港	1924	50萬	水火險	不詳
永安人壽保險公司	香港	1925	150萬	人壽	上海等地設分公司
陸海通人壽保險公司	香港	1927	50萬	人壽	不詳

公司名稱	總公司所在地	創立年份	資本額（港元）	經營險種	附註
愛群人壽保險公司	香港	1928	54萬	人壽	不詳
太平水火保險公司	上海	1929	國幣100萬元	水火險	香港及東南亞有分支
寶豐保險公司	上海	1931	實收國銀50萬元	水火、汽車及各意外險	設香港分公司，中英合資
中國保險有限公司	上海	1931	國幣500萬元	財產及人壽	設香港分公司（1938）
宏利人壽保險公司	香港	1931	不詳	不詳	不詳
太平洋人壽保險公司	上海	1935	不詳	人壽	設香港分公司（1939）
中國人壽保險有限公司	上海	1937	國幣100萬元	人壽	設香港分公司
香港民安保險有限公司	香港	1939	不詳	不詳	不詳

資料來源：
（1）《中國近代保險發展史》，http://hemiao.blog.hexun.com/1239850/d.html。
（2）《上海金融志》第六章第一節。
（3）《華字日報》廣告，轉引自張曉輝：《香港近代經濟史（1840-1949）》，廣東人民出版社，2001年，頁260-261。
（4）張曉輝：《香港華商史》，香港：明報出版社有限公司，1998年，頁34-37。
＊又名香港小呂宋源盛匯理營業水火保險有限公司

（1）19世紀末至民國成立（1911年）前創立的華商保險公司

19世紀末（清末）是華商保險的發展期。第一家在香港由華人經營的保險行名為華商保險公司，公司成立於1871年，它是一家以上海為總部的香港分公司，股本為150萬銀元。除香港外，該公司在中國各城市均設有分公司或辦事處。華商保險公司主要經營水火險，它的創辦宗旨是：「把華商自己貿易的厚利收歸己有，在公司股份之中，務欲華人居其大半。」[3]

1877年，香港金山莊和興號東主李陞、買辦何亞美等華人和香港富商集資創辦了另一家具有影響力的安泰保險公司，股本40萬港元，承保往來香港與澳洲、美國、東南亞與中國內

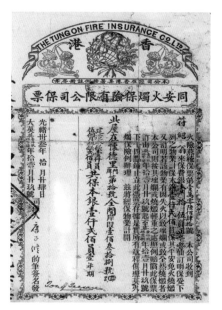

安泰保險是香港早期具影響力的華商保
險公司之一，創辦於1877年。圖為安泰
保險的保單。

華商同安火燭保險有限公司保單。

地等地的船隻。該公司按照西方的經營方式管理公司，挑戰由外商壟斷的保險金融業務。
值得特別指出的是，該公司於1881年加入香港總商會，成為該商會的第一家華人企業。
總商會的會員過去全屬英美等外商，一直以來，香港社會稱該商會為"西商會"。時至今
日，已有大量華商加入香港總商會為會員，總商會為今日香港的四大商會之一。[4]

除了上述兩家華商保險公司之外，其他知名的華商保險公司還有萬安水火保險公司
（1891年），義安水火保險公司（1899年），福安洋面火燭保險兼貨倉公司（1900年）
等。此外，這一時期在報刊經常出現的華商保險公司有宜安，全安，濟安，同安，普
安，仁安，恒安等眾多的企業，業務以水火險及匯兌業為主。[5]

此時期，不少香港華商保險公司均在全國最大的經濟中心上海、各大城市或通商口岸以及南
洋主要商埠設立分公司，經營有關保險業務。由於各保險公司的資料有限，僅略述一二。

據《上海金融志》，1865至1911年，上海先後有華商保險公司33家，總公司在香港並在上海設立分公司的共有九家，佔27%，包括安泰保險公司上海分公司（1877年），福安水火人壽保險公司（1894年）、義安水火保險上海公司（1899年）、協安保險公司上海分公司（1901年）、源安洋面火燭保險上海分公司（1904年）、中國合眾水火保險上海分公司（1905年）、同益保險上海分公司（1905年）、源盛保險公司上海分公司（1906年），以及恒安保險公司上海分公司（1908年）。

福安水火人壽保險上海公司創於光緒二十年（1894年），原名福安保壽公司，初期專營人壽保險業務，後擴大業務範圍，更名為福安水火人壽保險公司，經營洋面火燭兼貨倉業務，中國內地有分公司經理處50餘處。1920年代，南方一些政要人物如譚延闓、胡漢民、林森等曾任福安保險公司廣州分公司名譽董事。福安於1928年停業。義安保險公司

1890年代上環一景，當時華商的整體實力已比英商強。

約1890年的廣州街道，當時外國人的出現已不是非常稀有的事情。

成立於1899年，資本100萬港元，其業務除在香港外，亦在上海、新加坡、馬六甲、檳城、澳洲、美國、菲律賓及日本等地設立了分公司。中國合眾水火保險公司上海分公司於1905年成立，1914年改組為華僑合資保險公司，1917年又改組為中華保險公司，同年12月宣告停業。

此外，在香港註冊而總公司在上海則有華安水火保險公司。華安成立於1906年，由朱葆三等人發起組建，資本額為30萬兩銀元，經營水險、火險、船舶險等業務。華安除在上海業務外，還在哈爾濱、青島、天津、漢口、寧波、溫州、南京、常州、蘇州等30個多個內地城市設立了分支代理機構。[6]

（2）1912至1941年創立的華商保險公司

據《上海金融志》，民國元年至二十六年（1912-1937年），上海共有華商保險公司87家，總公司在香港並設上海分公司的有九家，佔10.3%。這九家保險公司分別為香港水火保險公司上海分公司（1914年）、聯泰水火保險公司上海分公司（1915年）、廣恒水火保險公司滬局（1915年）、先施保險置業公司上海分公司（1915年）、上海聯保水火保險公司上海分公司（1915年）、永安水火保險上海分公司（1915年）、先施人壽保險上海分公司（1920年）、均安水火保險公司（1924年），以及永安人壽保險滬局（1925年）。[7]

香安保險公司是一家總公司設在香港，且在上海等地設有分公司或代理處的保險公司，創立於1914年。它是由兩家著名的香港百貨公司，即先施百貨公司的蔡興、馬祖容和永安百貨公司的郭泉等發起，資本額為100萬港元，經營火險、水險、按揭置業等業務，其上海代理處則委由先施百貨公司代理。

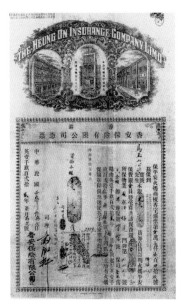

華商香安保險公司於1914年在香港創辦，並在上海設有代理處。

太平保險公司於1929年在上海創辦。
圖為該公司創辦人之一的周作民。

蔡元培、林森為太平保險的壽險部開業題詞。

太平保險公司（1929年）的總公司設在上海，但在香港及東南亞各地，包括新加坡、印尼、菲律賓、馬尼拉、西貢等成立了分支機構，資本額國幣100萬元，由公司創導人李自重擔任董事長及總經理。公司初名為太平水火保險公司，經營水火險業務，以"太平保險，保險太平"為宣傳口號。太平保險公司依靠金城銀行代理業務，後成為最大的華商保險公司。1933年公司增資國幣500萬元，擴大營業範圍，兼營人壽等業務，取消"水火"兩字，改名為太平保險公司。太平保險公司後兼併了安平保險公司、豐盛保險公司、天一保險公司，成立"太平、安平、豐盛、天一保險公司總經理處"，採用統一管理、各自經營的經商模式。

寶豐保險公司成立於1931年，總行在上海，在香港及內地各大城市均設立分公司。該公司由上海商業儲蓄銀行與英商太古洋行合資經營，實收國銀50萬元，上海商業銀行佔51%，並出任董事長及總經理等主要管理職位，而太古洋行則派出一人擔任副經理，另一副經理則由前者委任。1949年解放後，因有外方資本，寶豐保險公司未能參加公私合營，1952年申請停辦。至於香港的分公司，則由合資雙方進行改組，另行註冊為香港寶豐保險有限公司繼續經營。

1930年代初的上海一景，圖中可見永安（左）、新新（中）及先施（右）三大百貨公司大樓。

中國保險公司成立於1931年，總行設在上海，在香港、澳門及東南亞各主要城市如新加坡、吉隆坡、檳城、巴達維亞（今名雅加達）、泗水、馬尼拉、曼谷、西貢等城市設有分公司，中國內地城市則不設分行。中國保險公司由中國銀行獨家投資，資本額為500萬港元，實收資本250萬港元，經營業務則以各種產物保險和人壽保險為主。1937年中國銀行另組建中國人壽保險公司，而中國保險公司則於1944年更名為中國產物保險有限公司。上海解放後，中國產物保險和中國人壽兩公司被接管。中國人民保險公司成立後，中國保險公司成立新的董事會，其後停辦各內地分公司業務，目前只在香港、澳門、新加坡、倫敦設有分公司，經營當地保險業務。

中國人壽保險公司成立於1937年，原是中國保險公司人壽部，為發展人壽保險業務，因此在人壽部的基礎上改組成立中國人壽保險公司，資本額為100萬港元，實收50萬港元，總部設在上海，事實上是兩塊牌子，一處辦公。中國人壽保險公司在中國內地不設分公司，另在香港、新加坡等地設立分行。1951年，隨中國保險公司總管理處由上海遷往北

20世紀二三十年代，香港經濟日益繁榮，保險業也獲得較快發展，圖為1920年代的香港干諾道海旁。

京，由總管理處直接管理香港等地的海外分公司。

20世紀初至1930年代，香港的華資與外資保險公司共有數十家之多，外商的經濟實力遠比華商雄厚，而這些外商均為海外母公司在香港的分公司或分局。值得一提的是，1903年成立的香港華商燕梳行，比1895年成立的第一個外商保險公會——香港火險公會，足足晚了八年。

外資與華商保險公司在業務上既有競爭亦有合作，但外商的經濟實力大，長期壟斷了保險業，因此華商保險公司的經濟利益有外溢至外商的現象。這個時期，華商保險公司數目少，大多數公司的資本額在數十萬至百萬餘之間，不能與外商抗衡。曾有報導，"每有貴重物業，擬欲購數百萬之保險，華商保險公司則不能承受，或接納一部分，欲購保險者，轉與外國保險公司訂購（其所訂價格，較華商公司，幾廉半數），利權外溢，此為華商保險事業不能振作之一原因。"[8] 事實上，上海的華商保險公司亦面對相同情況，

1906年干諾道沿岸被颱風侵襲的情景。

1926年1月香港大酒店大火，損失慘重。

其再保險的問題也一直依賴外商保險公司解決，因此華商有籌建分保集團之議。[9]上海的華商保險公司創議與香港華商保險公司合作，香港的華商反應積極。上海方面於是派員赴香港聯絡，與先施、永安兩間保險公司討論合作事宜。[10]

整體而言，香港的保險業以1920至1930年代期間較為活躍。1937年中國進入八年抗戰時期，內地的保險業因經濟不景而轉趨淡靜，香港的保險業則反而有所發展。據統計，1930年代末，全港包括華資在內的保險公司共有50多家，其中外資20多家，其餘為華資，年營業額達2,000至3,000萬港元，實力頗為雄厚。[11]

1941年12月，日本侵佔香港，香港進入三年零八個月的日據時期，百業蕭條，華商經營的保險業亦遭遇了噩運。

1930年代，華商保險發展蓬勃，圖為1930年的上環一景。

華資家族保險公司：先施與永安

在早期華資保險公司的歷史上，先施與永安兩家華資家族企業有舉足輕重的影響。先施與永安的創辦人均屬澳洲華僑，而且先後在香港經營百貨業與保險等行業，業務多元化，並取得了巨大成功。[12]

先施公司的創辦人馬應彪（1864-1944），祖籍廣東中山，19歲隨叔伯兄弟赴澳洲悉尼謀生，初為煤礦工人。1892年與同鄉蔡興、馬永燦、郭標等人創辦永生公司，經營各埠土特產以及中國雜貨生意，業績良好。其後，馬應彪自行移居香港，創辦華信莊及永昌泰號金山莊，經營轉口貿易。

在澳洲期間，馬應彪對西方百貨公司的"不二價"經營手法印象深刻，決心引入香港。他的設想得到澳洲華僑蔡興、馬永燦、郭標、歐彬、司徒伯長、馬祖容等人的支持和香港同鄉的協助，總共籌集了2.5萬港元，於1900年在香港創辦先施公司。"先施"為英

在早期華商保險公司發展歷史中，先施與永安都有舉足輕重的影響，其創辦人馬氏及郭氏均為澳洲華僑。圖為1910年代澳洲悉尼碼頭。

文"Sincere"一字的中文譯音，即誠實之意。先施公司其後改組為股份有限公司，並發展成為一家具有一定規模的百貨公司。當時香港地方小，該公司於是在人口較多的廣州以及上海設立聯號公司，三家一體，以香港為總部，馬應彪親任董事長。其後先施公司規模不斷擴大，業務蒸蒸日上，並在國內外各通商口岸遍設分行。

約1910年先施廣告。

先施於1917-1968年在德輔道中的大樓。

先施公司除經營百貨業外，更把業務多元化，1915年創設了先施保險置業有限公司，資本定額120萬港元，實收資本60萬港元，專營水火保險及置業按揭業務。公司開業後，業務欣欣向榮，其後增設廣州、上海、石岐、江門、梧州、福州、天津、漢口等分公司，亦在新加坡、泰國、越南等地設分行，業務鼎盛。該公司於1925年增資，實收資本增至120萬港元。

先施人壽保險公司創立於1922年，由先施有限公司發起組建，資本額200萬港元。創辦後，該公司經歷了1925年香港工潮、中國八年抗戰（1937-1945）、1941年太平洋戰事爆發以及香港淪陷（1941-1945）的多番打擊。太平洋戰爭爆發後，兩家先施保險公司在新加坡與中國內地分公司的業務相繼被迫停止，僅香港繼續經營，但卻面對許多困難。1945年第二次世界大戰結束後，先施公司在新加坡與上海的業務恢復。迄至1948年，新加坡的分公司因業務不

先施保險是香港早期最具影響力的華商保險公司之一，圖為創辦人馬應彪1940年代家族照。

振而停業。1949年中國政局改變，上海的分公司業務亦於1952年結束，僅剩香港總公司。戰後先施公司在香港的保險業務發展穩定，並兼營房地產投資。1968年，中環先施保險大廈落成，標誌該公司進入多元業務發展的一個新里程。

先施人壽保險公司創立之初，由於人壽保險屬於新興的金融服務行業，一般市民認識不深，生意招徠有困難。但另一方面，由於華人崇尚儲蓄，該公司遂以儲蓄保險為號召，再加以精心經營，業務得以漸入佳境。

香港的人壽保險業，外資公司佔了主要份額，先施人壽保險公司創立以後，另四家華資人壽保險公司相繼成立，競爭漸趨劇烈。

隨先施保險公司之後，另一家早年成立的華資保險集團為永安保險公司。香港永安公司先在港創辦百貨公司，是繼先施公司後成立的第二家大型的家族百貨公司，創辦人為郭樂（1874-1956）與郭泉（1879-1966）兩兄弟。郭氏昆仲祖籍廣東中山，兄弟兩人早年先後移居澳洲悉尼，創辦永安果欄，並兼營雜貨。公司取名"永安"，寓取"永享安寧"之意。

先施保險置業有限公司是華商最早期的上市公司之一，圖為
1925年先施保險置業發行的股票。股票上的建築物是該公司位於
德輔道西一號的大樓。

1949年先施人壽保險有限公司發行的股票。

Mr. Gocklock
創辦人郭樂先生

Mr. Gockchin
創辦人郭泉先生

永安公司創辦人郭樂（左）及郭泉（右）。

永安是香港早期著名的華商家族企業，圖為約1910年永安的廣告。

郭樂見同鄉馬應彪在香港經營百貨業成功，於是集資16萬港元，於1907年派胞弟郭泉回港創辦永安百貨公司，兼辦金山莊出入口生意，並在公司內附設銀業部，吸收社會上的游資。1909年郭樂親赴香港，把公司改組為股份有限公司。永安公司向以"交易公平"而享譽商界。1921年，郭氏兄弟於上海設立永安紗廠，其後又創辦百貨公司，永安業務不斷擴展，遍及保險、外匯金融、酒店等行業，成為一個多元化的企業集團。1925年，永安在香港設立總公司外，又在上海、廣州、福州、杭州、揚州及澳門各地開設分公司及辦事處。郭氏兄弟兩人通力合作，經營有方，把永安發展為一家遠近知名的家族企業，富甲一方。

早期位於德輔道中之永安公司外貌。

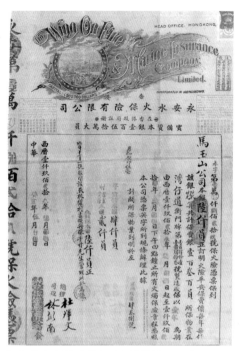

永安水火保險有限公司創辦於1915年，圖為1923年永安水火保險公司發出的保單。

1923年永安水火保險公司發出的保費收據。

多年來，由於永安的顧客深感該公司信譽昭著，值得信賴，因而樂於將積蓄存儲於該公司，賺取利息，而永安亦在顧客有需求時向其告貸，一如銀行。1915年，郭氏兄弟在港組建永安水火保險有限公司，資本額為75萬港元業務包括火險與水險。開業後，業務蒸蒸日上，其後不少客戶更要求該公司增設人壽保險服務。1925年，郭氏兄弟向海外僑胞及香港各界人士集資150萬港元，組成永安人壽保險公司。當時，香港已是遠東一個知名的商業重鎮，與內地有密切的商業往來，金融活動頻密，儼然成為區內的一個金融活動中心。香港的優越地理位置，有利於該公司業務的拓展。同時，人壽保險的優點亦逐漸為國人所認識，它除了具有儲蓄的價值之外，投保人如萬一遭逢意外，也有適當的財務保障。此外，投保人士亦可分享公司經營所得之利潤。人壽保險在當時而言，是一種較新穎的投資方式。華人在認知上的轉變，有助於華資保險公司（包括永安等）業務的拓展，因為一般華人較為信任信譽良好的華商。

早期開設於上海的永安公司。

1937年7月7日，日本發動侵華戰爭，中國展開了艱苦的八年抗戰。由於受到戰亂以及通貨膨脹的影響，永安設在內地的保險業務遭受到了重創。1941年，日本又發動太平洋戰爭。在日本侵華前一年（即1936年），創辦人郭樂正在美國拓展公司的業務。1941年之後，由於郭樂未能返回香港，香港的各項業務（包括永安水火保險，永安人壽保險，永安公司，永安銀行，永安貨倉等）概由其胞弟郭泉主持。

香港在日本侵佔的三年零八個月期間，民不聊生，百業凋零，保險業更不能倖免。永安人壽在此時期的經營倍感困難，這段時期，公司忍辱負重，繼續營業，為客戶提供投保等服務。

1945年8月15日，日本戰敗，香港重光，郭泉及其三子郭琳褒返回香港（後者於1944年底離港避難），重整家族業務，在歷盡半世紀後，永安進入了另一個新紀元。戰後，在郭泉父子領導下，永安保險公司已成為香港最大的一家華資保險公司。1949年，中國大陸政權更替，該公司在上海及中國內地其他的分公司或辦事處業務被迫停頓，後來更結束內地所有業務，而香港及東南亞的業務則繼續發展。

香港華商燕梳行的成立[13]

外資保險公司在香港保險業佔統領位置，華商保險則力量薄弱，難與外商相比。為了加強彼此的聯繫和同業的團結，華商保險公司於1903年成立了一個名為香港華商燕梳行（The Chinese Insurance Association of Hong Kong）的團體，會員以公司作單位。最早加入公會的華商保險公司共有12家，包括普安、萬安、同安、全安、仁安、協安、德安、恒安、福安、宜安、同益及源安。1903至1941年，公會的會務簡單，主要是聯絡同業，發展華商的保險業務，同時也致力於社會慈善公益活動。早期較重要的同業活動包括討論會員的火險價目、釐訂廣州火險費率以及向廣州及澳門政府呈交關於保險業務條例的意見等。

1941年太平洋戰爭爆發，香港淪陷，保險公司的業務被迫停頓。翌年，華商保險公司復

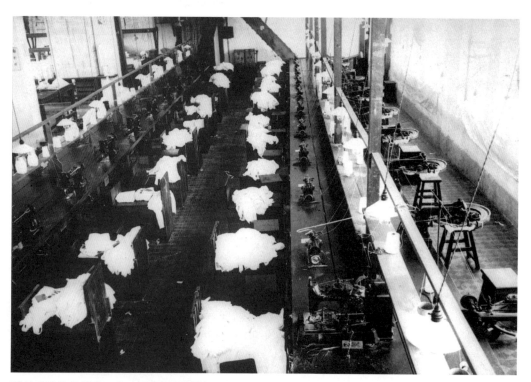

戰前香港的紡織廠一角，圖中可見規模不小。

業，並成立了香港華商燕梳行火險聯合分保小組，辦理同業的火險分保業務。1942年5月，香港華商燕梳行更名為香港華商保險公會。由燕梳行時代算起，公會創辦迄今已有100多年的歷史，為香港歷史最悠久的工商團體之一。

香港華商保險公會由1903至1923年的公司會員名錄，見表2.2。公會於1903至1918年期間不設主席一職，1919年，第一次設立主席。1942年又增設副主席的職位。主席職位基本上是由會員遞年輪任，公會各年度的主席及副主席名錄，見表2.3。

表2.2　1903-1923年香港華商保險公會公司會員名錄

年份	會員數目	公司會員名稱
1903	12	普安、萬安、同安、全安、仁安、協安、恒安、德安、福安、宜安、同益、源安。
1904	11	普安、萬安、同安、全安、仁安、協安、恒安、德安、福安、宜安、源安。
1905	12	普安、萬安、同安、全安、仁安、協安、恒安、德安、福安、宜安、源安、源盛。
1906	12	普安、萬安、同安、全安、仁安、協安、恒安、德安、福安、宜安、源安、源盛。
1907	11	普安、萬安、同安、全安、仁安、協安、恒安、福安、宜安、源安、源盛。
1908	11	普安、萬安、同安、全安、仁安、協安、恒安、福安、宜安、源安、源盛。
1909	11	普安、萬安、同安、全安、仁安、協安、恒安、福安、宜安、源安、源盛。
1910	10	普安、萬安、同安、全安、仁安、恒安、福安、宜安、源安、普華。
1911	11	普安、萬安、同安、全安、仁安、恒安、福安、宜安、源安、普華、聯益。
1912	9	普安、萬安、同安、全安、仁安、福安、宜安、普華、聯益。
1913	9	普安、萬安、同安、全安、仁安、福安、宜安、普華、聯益。
1914	9	普安、萬安、同安、全安、仁安、福安、宜安、聯益、福華。
1915	10	普安、萬安、同安、全安、仁安、福安、宜安、聯益、福華、香安。
1916	20	普安、萬安、同安、全安、仁安、福安、宜安、聯益、福華、香安，鴻發、平安、永安、上海聯保、聯安、先施、聯泰、廣恒、南洋、羊城。
1917	20	普安、萬安、同安、全安、仁安、福安、宜安、聯益，福華，香安、鴻發、平安、永安、上海聯保、聯安、先施、聯泰、廣恒、羊城、金星。

年份	會員數目	公司會員名稱
1918	15	聯益、永安、羊城、普安、聯泰、上海聯保、福安、同安、聯安、全安、萬安、香安、福華、先施、金星。
1919	15	聯泰（主席）、聯益、永安、羊城、普安、上海聯保、福安、同安、聯安、全安、萬安、香安、福華、先施、康年。
1920	14	上海聯保（主席）、聯益、永安、羊城、普安、聯泰、福安、同安、聯安、全安、萬安、香安、先施、康年。
1921	14	康年（主席）、聯益、永安、羊城、普安、聯泰、上海聯保、福安，同安、聯安、全安、萬安、香安、先施。
1922	14	康年（主席）、聯益、永安、羊城、普安、聯泰、上海聯保、福安、同安、聯安、全安、萬安、香安、先施。
1923	14	同安（主席）、聯益、永安、羊城、普安、聯泰、上海聯保、福安、聯安、全安、萬安、香安、先施、康年。

資料來源：《香港華商保險公會百週年紀念，1903-2003》特刊，頁23。

約1930年代位於般咸道與卑利士道交界的馬應彪府第門前的祝壽牌坊，當時華僑對於壽險多不接受，認為"不吉利"。

表2.3 1919-1952年香港華商保險公會會員數目及正副主席名錄

年份	會員數目	主席	副主席*	年份	會員數目	主席	副主席
1919	15	聯泰	-	1936	11	同安	-
1920	14	上海聯保	-	1937	11	永安	-
1921	14	康年	-	1938	10	聯安	-
1922	14	康年	-	1939	10	全安	-
1923	14	同安	-	1940	10	聯益	-
1924	14	永安	-	1941	11	萬安	-
1925	14	全安	-	1942	20	聯泰	中國
1926	14	全安	-	1943	18	聯泰	中國
1927	14	普安	-	1944	18	永安	先施
1928	13	聯益	-	1945	18	上海聯保	先施
1929	13	全安	-	1946	17	上海聯保	先施
1930	13	香安	-	1947	23	上海聯保	先施
1931	13	聯泰	-	1948	24	先施	南華
1932	13	先施	-	1949	25	先施	南華
1933	13	上海聯保	-	1950	27	永安	寶豐
1934	12	羊城	-	1951	27	永安	寶豐
1935	11	康年	-	1952	26	寶豐	南華

資料來源：《香港華商保險公會百週年紀念，1903-2003》特刊，頁23-25。
*香港華商保險公會自1903成立至1918年，不設主席一職，1919年才開設公會主席職位，但不設副主席，1942年才增設副主席職位。

自成立以來，香港華商保險公會的宗旨大致不變，除聯絡會員和促進會務外，公會特別強調"保障及維護會員權益"宗旨（見《香港華商保險公會有限公司章程》第三條"宗旨"部分）。此外，公會亦注重業界從業員的專業水平，對香港整個保險業質素的提高起了積極的作用。

香港日據時期

1941年12月8日，日本攻擊香港，隨後香港進入了三年零八個月的日據時期。1945年8月15日，日本向盟軍投降，8月30日，英軍正式接管香港。在香港淪陷時期，百業蕭條，華商經營的保險公司亦遭遇了惡運。

在日軍未佔領香港前，外資保險公司已紛紛作撤退香港或部署停業的準備，如於仁保險公司及其員工在日本攻佔香港前已撤退至澳洲悉尼，諫當保險公司的員工在日據時期亦撤退至悉尼，這兩家公司在香港及遠東的業務及其聯繫則由倫敦總行方面負責。日本佔

日本佔領香港前，香港已發展成遠東繁榮的商埠。圖為1940年日據前從半山俯瞰之港島北部及對岸尖沙咀之景色。

領香港後，所有外資保險公司的資金被凍結或遭沒收，業務完全停頓，[14]而未及時撤退的英軍或個別外籍人士則遭關閉在日軍在香港的集中營。

另一方面，日軍佔領者則飭令所有華商保險公司恢復營業，華商在日據時期，業務或是停頓，或是慘淡經營。上海方面，由於早已成為淪陷區，百業凋零，正常的經濟活動陷於完全停頓，保險業務（尤其是壽險）受害尤深，業務無法展開，不少香港華商保險公司在上海的分行（包括先施保險置業有限公司上海分行）則相繼停業。[15]

香港方面，儘管華商保險公司被飭令恢復營業，但情況與上海相同，業務難以展開。在香港先施人壽保險有限公司出版的一份該公司史略中，有一小段提及該公司在香港經歷的情況：「日軍攻陷香港，遂至民生凋敝，糧食恐慌，市民救死不暇，何能顧及保壽，何況日軍發出之貨幣，絕無保證，更使人民缺乏信心，因此，保險業務陷於停頓，尚幸本公司所存資產，大部分屬於房地產，不致日軍所榨取，故損失不大，同時亦有賴於各同事衷誠合作，不避艱苦，卒能度過此三年零八個月之黑暗歲月，誠實慶幸。」[16]

另一家主要華資永安保險公司的情況與先施公司相近。太平洋戰爭爆發時，永安公司在港之業務（包括百貨與保險公司）雖仍繼續，但可說在苦撐經營。永安人壽保險公司在日據時期

日本佔領香港期間，香港百業蕭條，保險業也陷於停頓。
圖為準備投降的日軍聚集在灣仔海旁。

被迫接受不斷貶值的日本軍票，折合港幣繳交保險。香港重光後，軍票一錢不值，而永安公司則不計損失，全部承認當時以軍票繳交之保費，這項措施，贏得了客戶的讚譽。[17]

由於香港華商保險公司的資金一般較小，經濟實力遠不及外商，因此華商保險公司的再保問題一直需依賴外商保險公司承保解決，這些外商主要是英商、美商和瑞士再保險公司。太平洋戰爭後，香港的保險公司與英國等地的聯繫中斷，分保於是頓成問題。上海華商保險公司亦面對此問題，各華商保險公司只好自謀出路，自行組建了多個分保集團，解決了保險公司的風險分散問題。香港華商保險公司亦參照上海的華商保險公司做法，在華商保險分會之下成立火險分保組，暫時解決了同業向外分保的困難。

亞洲保險有限公司現任執行董事兼行政總裁王覺豪指出，戰後一段時期，由於一般華商保險公司資本額小，香港華商保險會擔當會員再保險（前稱分保）的一個平台，由公會把大的保險額按百分比（"柱"）分攤給全部會員，以期分散風險。王先生指出，這種做法由於未受到法例上的監管，公會十多年前已沒有經營這種再保險的事務了。

王覺豪　　亞洲保險有限公司執行董事兼行政總裁　　1962年入行

王覺豪於1983年到日本千代田火災海上保險公司參加研討會。

製造業帶動華商保險業的發展：1950至1960年代的華商保險業平平無奇，到了1970年代就開始興旺。這主要是1960年代末及1970年代製造業蓬勃，在新蒲崗和柴灣等地出現的工廠區，有假髮、塑膠業等大工廠，為華資保險商帶來不少生意。一棟大廈內有一百幾十家工廠，這些工廠都不會找外資保險公司，主要是靠華商承保。當年借貸的利息很高，廠商又很多，需要買貨和機器，銀行生意很好，保險公司亦得益，因為製造業金額大、風險高，所以保率亦很高。當時主要承保機器、廠房、貨物（製成品）和原材料。這已令保險公司有足夠的生意額，所以很少公司留意個人保險。至八九十年代，香港工廠北移，保險公司才開始注重個人保險的市場。

國際保險經紀雄霸市場：1980年代，國際保險經紀初到香港，主要和外資保險公司合作，與華商鮮有交易，華商亦很抗拒這些只與外商打交道的"老外"。亞洲保險是第一家與國際保險經紀合作的華資公司。但到了1990年代，差不多所有華商保險公司都跟外資經紀合作，因為他們藉著國際知名度，客戶很容易被他們說服，尤其是海外學成歸來的華商第二代。以前是靠關係，現在不行了。華商保險公司眼看生意流失到外資公司，自然會靠經紀去維護自己的生意，形成國際保險經紀的業務在八九十年代迅速膨脹。時至今日，經紀在保險市場的中介人地位仍很堅固，絕大部分的大客戶都由他們所控制。

1. 《彙報》，1874年7月4日；轉引自呂耀明著：《中外合資企業：變遷、反思與前瞻》，北京：中國金融出版社，2007年，頁83。

2. 見《中國近代保險發展史》，http://hemiao.blog.hexun.com/12398501_d.html；諫當保險行（Canton Insurance Office）於1872年組織成為一家公司（取代原來的多家不同的合作安排），1868年成為第一個按香港公司條例註冊而成的一家有限公司，股本為250萬港元，實收股本50萬港元，股票首次發行時超額認購五倍。1953年，諫當保險行改稱隆德保險公司（Lombard Insurance Company）。

3. 聶寶璋編：《中國近代航運史資料》第一輯（下冊）；轉引自馮邦彥著：《香港金融業百年》，三聯書店（香港）有限公司，2007年，頁35。

4. 其他香港三大商會為香港中華總商會、香港中華廠商會以及香港工業總會。

5. 張曉輝著：《香港近代經濟史（1840-1949）》，廣東人民出版社，2001年，頁144。

6. 《上海金融志》編纂委員會編：《上海金融志》，第二篇，第六章，第一節，上海社會科學院，2003年。

7. 同註6。

8. 《香港華字日報》，1934年5月22日；轉引自張曉輝著，同註5，頁261。

9. 同註2。

10. 同註5，頁261-262。

11. 〈工商業概況〉，載《香港華僑工商業年鑑》，頁5；轉引自張曉輝著，同註5，頁451。

12. 有關先施公司與永安公司的資料取自下列來源：（i）〈先施公司成立及發展的經過〉，載《明報》之《先施九十週年紀念特刊》，1990年1月8日；（ii）馮邦彥著：《香港華資財團：1841-1997》，三聯書店（香港）有限公司，1997年；（iii）《先施保險置業有限公司史略》，先施公司資料；（iv）張曉輝著：《香港近代經濟史（1840-1949）》，見前註5；（v）《永安人壽保險有限公司金禧紀念特刊（1925-1975年）》，永安公司資料。

13. 本節關於香港華商燕梳行（後改名為香港華商保險公會）的資料來源，主要取自《香港華商保險公會百週年紀念（1903-2003）》特刊。

14. 以壽險業而言，在日軍佔領前，外資公司佔約90%，見《永安人壽保險有限公司金禧紀念特刊（1925-1975年）》，頁13。

15. 據《中國近代保險發展史》，同註2，1937年8月至1945年8月，上海共有華商保險公司106家，總公司在香港而設立上海分公司的有5家，佔4.7%，計上海聯保保險公司（資本額71.5萬港元，公司主要代表人為馮佐芝），永安人壽保險公司上海分公司（公司主要代表人為蔡惠素），永安水火保險公司（資本額100萬港元，公司主要代表人為郭瑞祥），先施保險置業公司上海分局（公司主要代表人為郁庭芬），以及先施人壽保險公司（公司主要代表為霍永樞）。

16. 見《先施人壽保險有限公司史略》，先施公司資料。

17. 見《永安人壽保險有限公司金禧紀念特刊（1925-1975年）》，頁13。

第三章

戰後保險業的重建與轉型

"香港保險市場的歷史可以追溯到1940年代，那時，還主要是火險和航運保險。那個年代，人們對保險業務還帶有 '買辦'（中介）的偏見，比如，一個委託代理商要負責商業產品的同時要負責收取保費（保險業務在中間人的基礎上運行，也就是說，佣金代理人負責業務生產的同時收集保險費）。

"中國政局發生變化以後，大批工業家離開大陸到香港，中國的港口也被封鎖了。在這些移民的專業技術的幫助下，香港開始工業化，取得了中國進出口貿易中心的無法替代的地位，創造了大量的航運需求。出口業務以及相關的基礎工商需求成倍的增加。建築和船運的風險吸引了國外的保險公司進入香港市場。這種繁榮跨過了20世紀五六十年代。這個時期，香港的保險市場主要由外國公司尤其是英國公司控制，他們通過分公司或者代理進行運作。這些代理商過去是，現在仍是一些大商行（Hongs），諸如怡和洋行，太古洋行以及英之傑集團的保險部門所管理。不管怎樣，香港本地的公司也一併得到了發展及繁榮。"

— Kwon Sze Ki, *Louis, A Study of the Profits of Local General Insurance Companies,* August 1987.

保險業在戰後的重建與發展

1941年12月7日，日本軍隊偷襲美國珍珠港，同時佔領上海租界，太平洋戰爭爆發。同年聖誕節，香港淪陷，整個遠東乃至太平洋地區陷於戰火之中。殘酷的戰爭促使英資公司在香港和中國大陸逾百年的苦心經營，幾乎毀於一旦，在香港的保險業也不例外。

面對即將逼近的戰爭，在香港經營的外資保險公司紛紛撤離香港或準備停業。1941年1月，於仁保險將公司總部從香港搬遷至澳洲悉尼，辦公地點就設在悉尼亨特大街60號的城市公共大廈。搬遷總部的這一決定是董事會在一年前作出的，後來的董事會主席迪克森·利奇（J. Dickson Leach）認為，正是這一決定挽救了公司。太平洋戰爭爆發後，隨著香港的淪陷和日本軍隊在遠東地區的推進，於仁保險在亞洲區的業務人員逐步撤退至澳洲悉尼市。而公司在香港的業務則由日本東京海上火災保險公司代理，該公司曾是於仁保險日本業務的主要來源，大多是再保險業務。戰爭期間，於仁保險幾乎失去了所有的檔案，很多房子遭到洗劫和破壞，損失嚴重。日軍佔領香港期間，諫當保險公司的部分員工也撤退至澳洲悉尼，其在香港的業務則由倫敦方面負責，並在當地盡力維持公司和遠東地區的聯繫。在香港的其他外資保險公司，不是撤離就是停業，整個香港保險業幾乎陷於停頓、癱瘓狀態。

1945年8月15日，日本戰敗，被迫宣佈無條件投降，太平洋戰爭至此結束。戰後，香港經濟逐漸恢復，工商各業日趨繁榮，保險業的發展，又隨著時局的轉變進入一個新階段。這時期，撤離香港的外資保險公司紛紛重返香港和中國大陸。1946年，於仁保險逐漸收回其在香港及遠東地區的部分資產，公司業務的復甦亦相當迅速，資產負債表逐漸恢復到戰前水平。董事會主席弗雷德里克·陶特（Frederick Tout）表示"好極了"，決定將總部遷回香港。[1]

1947年7月，於仁保險完成回遷工作，戰前公司的東方業務部的大多數職員也紛紛從亞洲各地趕回公司，重拾殘局。同年，於仁的保費收入從1946年的300萬英鎊增加到400萬英鎊，創歷史新紀錄。於仁再次聘請了洛·賓厄姆和馬修斯公司擔任公司的審計公司，並

戰後初期的香港中區,圖為1945年9月皇后大道中向東眺景色,圖中遠處七層高的建築物為華人行。

通過將準備金轉為已繳股本的辦法,清理了公司的資本賬目。1948年,賬面顯示公司的保費收入再創新高,公司資產超過1,000萬英鎊。

第二次世界大戰前,香港的保險公司特別是外資保險公司,業務重點一直在中國大陸。戰後,這些外資保險公司試圖重返中國大陸,重建昔日的業務王國。1946年,於仁保險職員布羅迪(E. A. Brodie)被指派到上海負責恢復公司業務。布羅迪在戰前擔任於仁保險孟買分公司經理,1941年12月4日到上海工作時被日軍拘捕,直到戰爭結束。在上海辦事處,他發現被一個"共榮運動"工作人員佔用的公司的一所房屋,幾乎與戰前別無二樣。他表示："由於檔案都已遺失，我們不得不從頭開始。" 布羅迪乘坐英國皇家海軍和美國海軍的艦船前往天津和北京，了解公司在兩地辦事處的情況。他發現，天津辦事處曾經被日本人佔住，那裡所有檔案都不見了；北京辦事處則變成了一家古玩店。[2]

於仁保險恢復了在上海和天津兩家辦事處的運作，但由於內戰期間國民黨節節敗退，實際業務量已經很小。1950年，即在中華人民共和國成立的第二年，於仁保險關閉了這兩家辦事處，並將其設在中國內地的機構撤至香港。1951年，於仁保險併購了歷史悠久的中國火災保險公司。1953年，於仁保險旗下的揚子保險公司改名為北太平洋保險公司（North Pacific Insurance Company）。於仁董事會主席亞歷山大（J. D. Alexander）表示，與過去相比，揚子保險公司這一名稱的品牌價值已經下降，而在過去，以莽莽長江及雄偉的上海港為公司起名是很具召喚力的。[3]

戰後，香港經濟逐漸復元，工商各業日趨繁榮。圖為1946年的新世界戲院，圖中可見香港經濟已在恢復中。

諫當保險公司也在1949年停止了其在中國內地的全部經營業務，這些業務在戰前曾佔公司總收入的60%。根據該公司一位職員的回憶，1947年中國通貨膨脹極速上揚，貨幣貶值極快，購買物品所需的鈔票量很大。惡性通脹使主婦們買菜時都要用巨大的條紋袋來裝錢。怡和洋行上海分行，每月發薪三次。員工們的薪水使用中國當地的貨幣支付，所以每時每刻都會貶值。當每次發薪時，員工都會馬上衝出去買東西以求盡快把錢花完，或是交給在旁等候的家人，讓他們趕快去用，以免薪水馬上貶值。1954年，諫當保險正式關閉其在上海的辦事處，結束了公司在中國內地逾一個世紀的經營。而就在前一年的1953年，諫當保險公司改名為倫巴德保險公司（又名隆德保險）。

根據該公司的一份紀念冊的說法，之所以將公司改名，主要是考慮到當時公司失去了中國內地的大部分生意，"諫當"已不適宜。新名稱則來源於公司的悠久歷史淵源：怡和集團的倫敦總部設在英國倫敦倫巴德大街（Lombard Street）三號已經超過一個世紀，在1894年"倫巴德"這個名稱就曾經被怡和屬下一家保險公司採用過。"倫巴德大街"這個名稱的起源饒富趣味：公元6世紀，一個德國部落入侵意大利，自稱倫巴德人，他們在波河河谷定居，此地被稱為倫巴德區（即現在意大利的倫巴德行政區）。在中世紀，該區發展成為以米蘭和熱那亞為中心的繁盛商業區。倫巴德成為世界發明創造與貿易交流的重要中心，也是銀行業與會計技術高度發展的中心。倫巴德的一些貨幣兌換商與銀行家從米蘭來到倫敦開拓市場，定居在倫敦交易所附近一條街上，這條街道後來被戲稱為"倫巴德大街"，並正式沿用至今。其後，地中海沿岸各貿易大國衰落，而英國經濟蓬勃發展，倫敦倫巴德大街就成為了世界性銀行業與保險業中心。這些都歸功於從北歐森林來的那些大鬍子部族，是他們的後裔發明現代銀行業與簿記術。

1950年代，國際政治、經濟形勢發生了重要變化。這一時期，世界民族主義勃興，許多發展中國家採取各種措施限制外國的航運公司和保險公司在本國的發展和經營。其中，不少國家積極推動本國船隊的發展，試圖從航運業的"無形收入"中獲得自己認為應有的合理份額。它們還通過立法來限制外國保險公司在本國經營包括水險在內的所有險種，以支持本國企業和金融機構。1962年，於仁保險董事會主席麥格雷戈（J. F. MacGregor）指出："公司和全球分支機構及代理商都深受這些限制性政策的影響。"

戰後一段時期內，於仁保險一直是香港最重要的保險公司之一，圖為1950年代位於香港中區的於仁大廈，於仁保險位於該大廈二樓。

1961年出任於仁保險公司海險部經理的奈傑爾・里格（Nigel Rigg）指出："1960年代，東方的商貿形勢發生了巨大變化，我認為於仁保險公司至少反映了在保險領域的這種變化。" 受到日益高漲的民族主義情緒的影響，於仁保險公司在緬甸、錫蘭的辦事處按當地政府法律被迫關閉。1964年，公司在雅加達的辦事處也被關閉，直到1969年才重新開業。到1964年，於仁保險在亞洲的分支機構已減少到十個。

由於在中國內地和亞洲地區的發展受到局限，香港的外資保險公司紛紛拓展澳洲、北美、歐洲乃至非洲等地區的海外業務。1950年，於仁保險先後在多倫多、蒙特利爾、溫哥華、卡爾加里和溫尼伯開設辦事處，加強了公司在加拿大的業務聯繫。於仁保險於1920年收購的加拿大比弗火災保險公司（Beaver Fire Insurance Company of Winnipeg），亦已完全合併到於仁保險公司中。1952至1953年，於仁保險大舉進軍非洲，先後在開普敦、布拉瓦約、德班、蒙巴薩和內羅畢等城市建立了辦事處。1957年，於仁保險的公司股票面值為10英鎊，而每股淨資產值更達到28英鎊左右。鑑於公司股票已經成為"世界上價格最高的保險股票之一"，1957年，於仁保險董事會宣佈將股票面值拆細成每股1英鎊，以吸引更多的股東。

1960年，於仁保險接受了英國倫敦的嘉安保險集團（Guardian Assurance）的收購兼併。於仁保險的珀西·鄧特（Percy Dunt）認為："說真的，嘉安兼併於仁並不是壞事。雖然於仁的財務狀況良好，但是它發現，在爭取數量越來越少、但規模越來越大的世界性貿易和工業公司的保險業務時，相對較小的規模越來越成為一種障礙。"[4] 到1966年，於仁保險在加拿大的分支機構增加到18個，遍及八個省份。1960年代，公司在大洋洲的業務也擴大了，1964年，公司在澳洲開設了七個辦事處，在新西蘭也開設了相同數目的辦事處。

當然，於仁保險也不輕易放棄亞洲業務。當時，許多亞洲國家政府都鼓勵甚至要求外資與當地資本共建合資企業，目的是支持當地的企業和投資、加快技術和管理經驗向當地轉化。1975年，於仁保險在印尼建立了一家新的合資公司——馬斯卡帕於仁遠東保險公司（P. T. Maskapai Asuransi Union-Far East）。該公司在創辦首年就顯示出其發展前景，隨後，一個相當大的分支機構網絡建立起來了。"在我們經營的市場上，我們邀請當地企業參加，是與它們共建合資企業的先行者。儘管倫敦方面對此存在一些疑問，但是公司還是於1975年在印尼建立了第一家合資企業。若干年後證明，這種嘗試是成功的。也許更為重要的是，公司開始積極物色所在國的國民成為公司的管理人員。這是公司的一項深謀遠慮的策略，它使我們與那些能為我們帶來利益的國家和地區建立更為密切的聯繫。"[5]

這一時期，前身為諫當保險的隆德保險公司也積極拓展海外業務。它首先選擇了與公司具有深厚聯繫的澳洲。在澳洲，隆德公司的深厚聯繫來源於三個超過150年的公司，包括怡和洋行、英王喬治公司（George King Company）和南澳洲保險公司（South Australia Insurance Company）。1827年，英王喬治公司創始人之一 TD 先生就曾經在廣州的怡和洋行任職。1829年他在訪問悉尼時設立了一家代理機構，並成為怡和保險和澳洲的直接聯繫。通過這一代理，保險業務可以經由加爾各答的馬格尼亞克（Magniac）商行的賬號來進行。[6]1881年諫當保險公司成為香港註冊的有限責任公司時，其部分股份被英王喬治公司及其夥伴持有；1888年，英王喬治公司被指定為香港火燭保險公司的正式代理，一直到1893年為止。這段時期，兩間公司的密切聯繫不斷加深。

1964年，隆德保險公司全資收購了澳洲悉尼搭克保險公司（Thacker Company of Sydney），並在珀斯（1967）、墨爾本（1969）、昆士蘭（1972）和南澳（1973）等重要城市設立新的分支機構，其中一些分支機構是通過併購其他公司的代理點來設立的。但是如果談到最早的代理點轉手或者併購，就要追溯到1843年，當時的倫敦聯合保險公司（Alliance Assurance Company of London）把其下屬一個火險代理點賣給了怡和洋行，1861年又出售了一個海上保險代理點。

20世紀五六十年代，隆德保險公司在其他地區也迅速擴張，如在東南亞、日本、歐洲。隆德保險公司在亞洲的聯繫由過去的設立代理點、分支與分公司轉變成新的公司持股與控股安排，比如在香港、馬來西亞、菲律賓和韓國。到1980年代中期，隆德保險以香港為基地，分支機構已拓展到日本、韓國、中國內地、東南亞的新加坡、泰國、馬來西亞及菲律賓，以及英國、澳洲和新西蘭，成為一家國際性保險集團。[7]

戰後保險業務的發展與轉型

第二次世界大戰期間，香港經歷了日軍三年零八個月的佔領。1945年8月30日，由英國太平洋艦隊海軍少將夏愨（C. H. J. Harcourt）率領的英國皇家海軍特遣艦隊抵達香港維多利亞海港，恢復對香港的管治。據記載，"當時，慶祝凱旋的禮炮轟鳴，向每一艘進港的戰艦致敬，而陸上卻是斷垣殘壁、滿目瘡痍，一派饑饉和破敗的景象。整個社會陷入一片混亂之中。港口佈滿被擊沉的戰船，人口比以前少了100萬，倖存的老百姓，大都沒有錢，沒有家，也沒有食物和燃料。" [8] 英國皇家海軍登陸港島隨後即接管香港，成立軍政府。1946年5月，被日本囚禁了三年零八個月的楊慕琦（Sir Mark Young）返回香港重任總督，接管了軍政府的行政權，並成立文官政府。當時，香港經濟困難，物資短缺，通脹嚴重，工人失業。港英政府在完成它對香港的重新掌控後，隨即採取一系列措施恢復香港的政治和經濟秩序。

1947年，香港的政局漸趨穩定，私營機構也開始重新運作，香港作為傳統的貿易轉口港重新復興。香港淪陷前夕，即1939年，香港海運每年進出口貨物不過是200多萬噸，但在

1950年代，香港經濟開始轉型，並再次呈現繁榮景象。圖為1950年的中區德己立街街景。

戰後的1947年，香港海運貨物已增加到328.13萬噸。1947年，香港對外貿易總額達27.7億港元，比戰前最高年份1931年的12.8億港元，大幅增長了一倍以上。1951年，香港對外貿易總額增加到93.03億港元，比1947年再增長2.36倍。香港對外貿易迅速恢復的原因，是香港對中國內地貿易激增，中華人民共和國成立後急需加強對外經濟聯繫，長期在大陸發展的外資洋行，如怡和、太古等，這時也陸續從大陸撤回香港，從在華貿易轉向對華貿易，並取得了迅速的發展。因此，戰後至聯合國對中國實行貿易禁運前的一段時期，可以說是香港水險業務發展的黃金時期，不論是外地來貨或者貨物出口的投保，都達到全盛狀態。當時，香港保險公司經營活躍的並不多，在競爭上不像後來那樣白熱化，各家公司都有滿意的收益。在那些日子，保險業務在中介人的基礎上運行，也就是說，佣金代理人負責業務發展，亦同時收取保費。

可惜好景不常，1950年韓戰爆發，以美國為首的聯合國對中國實施貿易禁運。1952年，香港的轉口貿易驟然衰落，受此打擊，航運、金融、保險等行業均告不景氣。1952年以後，香港的保險業，特別是水險業務開始衰退，生意額逐年下降，有的年份如1954年就比上年度銳減二至三成。1954年，水險業務減幅最大的是南洋線，其中又以對印尼和泰國兩地減得最多。這一時期，水險業務的不景氣，除了受香港對外貿易驟然衰落的影響外，也受到一些客觀條件限制，例如，從1952年底起，出口最多的印尼規定進口貨物要在本國投保，該線水險投保生意乃幾至停頓。此外，政治局勢動盪的地區，或者外匯和進出口限制經常修改的地區，均直接影響了香港的對外貿易，也間接影響到水險公司的生意。

在香港對外貿易各線中，水險生意較多的是內地線、泰國線、新加坡線、馬來亞線、日本線等。這幾條線的生意雖然每單的保額不大，但生意卻可以保持經常性，較為穩定。其中，以內地線的生意最好，競爭也漸趨激烈。1955至1956年間，內地線的兵險費曾四度調低，由每100港元付3港元的保費減少至每100港元付0.25港元。水險和兵險的收費率減低，對與內地線做生意的商人有好處，貿易額增大了，間接也造成保險公司內地線生意的繁密。[9]

這一時期，香港的水險生意大部分是在出口地區投保的，小部分才在香港投保。甚至從香港出口的貨物，也有許多是在進口國家辦理投保，不必通過香港的保險公司。生意額有限而從事水險生意的公司或代理人越來越多，競爭激烈。各保險公司唯有各出奇謀，例如，保費收取的期限，普通是一星期至三個月，但對信用好的客戶則延至半年後才收的也有；有的保險公司還增僱"跑街"、增聘代理商、相互暗中按低折扣，增加顧客的回佣，增加經紀的佣金等辦法來推銷業務。因此，洋行和銀號兼代理保險業務的情況也多起來了。

當時，保險公司多不願做南美及非洲某些港口的生意，有些公司拒絕承保。因為這些地區的港口，盜竊風險相當大，保險公司虧本的機會較多，有的公司雖然收較高的保費，但依然彌補不了賠款的損失。由於競爭激烈，水險保費已相當低，例如，1952年英國線的水險費率為徵收貨值的0.25%，即每100港元收2毫半；日本線為0.15%；非洲、南美等

1950年代長沙灣一帶的工廠林立，象徵香港製造業的冒起。

地要視實際情形而定，每100港元收7至8港元甚至10多港元也有。1955年，於仁保險董事會主席布萊克就指出了水險業務競爭的長期性，他稱水險 "業務競爭激烈混亂、費率降低隨意"。[10]

1957年，香港受到強颱風的襲擊，保險業損失嚴重。9月2日，一股強勁的颱風以每小時167英里的風速襲擊香港，致使28艘輪船擱淺。其中，一艘二萬多噸的意大利輪船被捲上中環碼頭；一艘排水量萬噸級的日本輪船 "淺間丸號" 被吹至岸邊擱淺；另一艘六七千噸的 "安利號" 輪船被颱風將其船尾擱至干諾道，而將船頭插在水中；還有一艘太古輪船公司的廣州輪在南丫島擱淺，警方派小火輪前往救援，幾經周折，才將船客多人解救脫險，但警方的一艘小火輪卻在搶救過程中被狂風巨浪掀翻沉沒，另兩艘船則嚴重受損。這次颱風造成了空前嚴重的損失：除了28艘輪船擱淺外，翻沉的帆船、貨艇共1,361艘，另有600艘受損，艇戶溺斃2,569人，總傷亡人數超過10,900人，財產損失超過2,000萬港元。[11]

1950年代後期至1960年代中期，香港經濟成功轉型，從一個傳統的貿易轉口港演變成為遠東地區的輕紡工業中心。1940年代末，受到國共第三次戰爭爆發、政局不穩的影響，大批的實業家陸續從上海及中國內地其他工商業城市移居香港，他們帶來了發展工業所必需的資金、技術、設備，以及與國際市場的聯繫，在香港建立了最初的工業——初期是紡織業，後來發展到製衣業。當時，香港具備了一系列有利於工業發展的條件：包括政府實施穩定而開放的經濟政策，簡單而低稅率的稅制，管制寬鬆的金融政策，資金自由進出，還有發達的通訊設施，一流的港口服務以及充裕而低廉的勞工。1959年，香港本地產品出口值達到22.8億港元，第一次超過轉口貿易值19.95億港元，標誌著香港已走上社會工業化道路。1960年，香港對外貿易值達98.02億港元，超過戰後1951年的最高水平。

隨著香港產品出口的大幅增長，香港的水險業務有了進一步的發展，但是競爭也更趨激烈。據保險界人士反映，這一時期香港的水險業務已越來越難做，若單純能從水險方面賺到錢，已是極少見的。當時，保費已跌得相當低，貨物載付遠洋地區每百港元也僅收2.3毫；而保險公司卻負擔頗重，一有水漬或損壞就要賠償。對個別貨類如陶瓷器皿等，有的保險公司雖然增收保費，也補償不了賠償的費用，有些保險公司乾脆不接做這些貨物的投保生意。麥格雷戈（J. F. MacGregor）指出：" 目前水險業務的競爭可能是戰後以來最激烈的，保險費率已低到危險的程度。" 迪克森·利奇（J. Dickson Leach）在出任於仁保險董事會主席的首次講話中指出：" 水險業務的近期前景暗淡。" [12]

1966年6月12日香港出現開埠以來罕見的暴雨，致使各處山泥傾瀉，道路崩陷，交通受阻，學校、工廠被迫停課停工。圖為北角明園西街震撼人心的 " 車疊車 " 場面。

1960年代，經營水險業務的保險公司頻受打擊。1962年，" 溫黛 " 颱風襲擊香港，造成120人喪生和大量財物的損失，" 沙丁號 " 輪船在海浪中沉沒。在這次颱風中，擱淺

1962年颱風"溫黛"襲港造成大量財物損失，保險公司賠償嚴重。

或遇難的船隻共計20艘。保險公司要付出意外的一筆賠償費，為數約達好幾百萬港元。1965年，"貝齊"颱風再次衝擊香港，這場颱風使香港保險業遭受有史以來的最大單項承保災難。資料顯示，1964年，歷史悠久的於仁保險公司當年水險賠償大幅增加，所支付的賠款不少於收入的85%。1965年，於仁保險支付的賠款接近保費收入的90%。由於各地的索賠額普遍較高，1964年香港保險界達成了一項固定保險費率的協議。

1967年的政治騷亂對香港保險業也構成了嚴重的打擊。1960年代中期，中國內地的"文化大革命"波及香港，先是有1966年4月的天星小輪騷亂事件，繼而發生1967年4月的新蒲崗香港人造花廠事件，最終引發波及全香港的政治騷亂。期間，香港進出口貿易生意遲滯、紛亂，貨物投保水線也受到影響。特別是5月風暴後，港九工人聯合大罷工及海員大罷運，港口起卸貨混亂，水險生意更見疏淡。保險公司對年齡大的船隻加徵附加費。從1967年3月起，有些船的附加費要增加四倍，比如過去收0.75%的，現在要收3%，以減輕保險公司的負擔。

1956年10月10日，李鄭屋村發生暴亂，令整個九龍陷入一片恐佈氣氛，港府隨即宣佈戒嚴。

1956年10月10日的暴亂，使香港工業界蒙受重大損失。這次事件促成了廠商購買暴動險。

1967年的政治騷亂對香港整體經濟造成了沉重打擊，圖為軍警在筲箕灣戒嚴。

1967年的政治騷亂還導致香港經濟下滑，樓價暴跌，移民潮掀起，不少購買了人壽保單的中產人士紛紛向保險公司借錢或斷保，以期取回現金價值。當時市面上美元嚴重短缺，造成了非常大的影響。據1967年加入友邦保險的王建國（後於1987年出任香港區總經理）回憶：因為"保單規定必須以美金付款，所以為應付當時客戶之要求，（友邦保險）終於從美國運了25萬美金來香港，問題才得以暫時解決。"經過這一事件後，友邦保險"希望就近美國找一處能沿用英國法律制度的地方"，該公司最後選擇了百慕達，成為香港第一家率先在百慕達註冊的人壽保險公司。當時，友邦保險是透過集團的一家分保公司 American International Reinsurance Company 成立百慕達公司。自此，不斷有外國的人壽保險公司在香港開拓業務時選擇以百慕達為公司註冊地，形成所謂"百慕達之迷"。[13]

1967年8月警方在左派工會搜查，一時人心惶惶。影響所及，不少看淡香港前景的企業包括保險公司都紛紛撤資。

王建國　　　大新人壽保險有限公司行政總裁　　　1967年入行

王建國於1991年在倫敦舉行的美國友邦保險大會上發言。

入行之初：當年我入行時，父母都不大贊成我投身這個行業，但一做就40多年。期間有一件事，曾令我萌生去意。話說早年曾經負責理賠工作，有一次我拿著一筆現金，準備將賠償款額發放給投保人的家屬，這名家屬在點算鈔票時，忽然邊點邊哭，多次數不下去，當時我正疑惑，為甚麼他哭得這麼厲害，保險是否不好的東西，令人哭得如此厲害。這件事曾經令我想離開保險界。後來，我的上司解釋，投保人家屬有此表現，是因為他們在點算鈔票時，想起死去的親人，手上得了鈔票，但親近的人卻永別了，所以悲從中來。明白了這個道理，我才決定留在這個行業，一直工作至今。

1968年蘇伊士運河被封鎖，世界海運業受到了新的衝擊。封鎖蘇伊士運河是埃及與以色列之間"六日戰爭"的結果，這是雙方為改變中東力量結構而爆發的一場戰爭。這次戰爭的影響是深遠的，其中包括七八十年代出現的石油危機。石油危機在和平時期掀起了一輪史無前例的通貨膨脹。在石油危機年代，國際航運業發展重要變化，載重噸位龐大的油輪大批出現。其實，早在1950年代，於仁保險公司董事會主席麥格雷戈（J. F. MacGregor）已經指出："幾年前人們還認為建造大容量油輪是不切實際的"，它的高額造價給保險公司帶來"麻煩"。[14] 實際上，在隨後的20年裏，一系列大型船隻在世界各地海域下水，不僅有50多萬噸的超級油輪，而且還有巨大的集裝箱散裝船和球形的液化石油氣運輸船。船隻的噸位增加了，單個風險也就大了。更嚴峻的是，油輪漏油和在海岸線外擅自清洗引起了環保界的強烈抗議。面對新出現的海上超大油輪，保險界感到有些顧慮和不安。不過，到了1970年代，超大型船隻僅僅被認為是改變了被保人在水險領域的性質，一度令保險商不安的巨型集裝箱貨輪的出現，反而給他們帶來了利潤。原因是由於是貨物運輸的集裝箱化，因被盜或損壞而產生的索賠反而減少了。

20世紀五六十年代期間，與水險業務經營的日見困難相比，火險業務倒是獲得了蓬勃發展。1950年代初期韓戰爆發後，香港的轉口貿易一落千丈，水險生意受到了嚴重影響，存放在倉庫的貨物大量增加，香港的火險業務反而因此暢旺起來。由於業務量大幅增長，各保險公司紛紛增聘代理人搶佔市場，有的數以百計，普通的也有三四十名，保險公司因此要負擔一筆相當大的中介佣金，同時也要以給予折扣等方式招徠顧客。因而，保險公司的實際收入一般只及保費的六成半至七成。歷史悠久、資本雄厚的保險公司由於具有客戶的基礎，在競爭中往往處於優勢，獲利豐厚；新入行的公司則普遍受到競爭的壓力，一遇到資金周轉不靈就要停業。由於競爭激烈，有的店舖投買火險，本來可以一起買足40萬港元，但為了應付保險公司的糾纏，寧願分開兩家甚至三家保險公司購買，無形中保險公司的生意被分薄了。

1960年代香港火險業務獲得蓬勃發展，圖為1964年3月在人煙稠密的灣仔區發生的一場大火。

據保險公司人士反映，以往做3億港元保額便可賺回營運成本，但1961年要做4億港元才夠。[15] 保險公司為了爭取生意，唯有減少收費。例如，做一些住宅的火險承保，保險公司收費不過是千分之三左右，即每千港元收3港元，但如果該承保住宅的鄰居是一些小規模的塑膠花廠或有易燃設備等，則該住宅的承保費自然會收高一、二港元，但許多時候保險公司為了爭取客戶，不加收此項收費。1963年火險一般費率，表面上沒有調低，但各公司都大打折扣以招徠顧客，1962年火險費率的折扣普遍不過是六折半至七折，1963年已降低至六至五折。

SECTION	VOLUME	SUBJECT
2	2	Constitution
3	2	Agency Rules
4	1	General Rules
5	1	General Rules—Construction
6	1	Discounts and Allowances
7	1	Location Index
8	1	Clauses and Warranties
9	1	Rates—General
10	1	Rates—PUBLIC WHARF GODOWNS
11	1	Rates—GODOWNS OTHER THAN WHARF GODOWNS
13	1	Policy Wordings
14	2	Householders' Comprehensive Insurance Tariff
15	2	Earthquake Fire Tariff
16	2	Riot Tariff
17	2	Petroleum Tariff
18	2	Extraneous Perils
19	2	Policy Conditions
20	2	Forms
21	2	Appendix

香港火險公會頒佈的《費率》紅皮書封面。　　《費率》紅皮書目錄。

1960年代初，香港火險通常保率，最低的為從千分之一點八，最貴的為千分之二三十也有，主要看環境及設備的情形而定；住宅商店的保率則視建築物本身而定，約為千分之六至千分之一點八不等。保期多以一年為限。當時，香港從事火險的公司都有一部由香港火險公會頒佈的《費率》（*Tariff of the Fire Insurance Association of Hong Kong*），詳細列明各種火險的保費費率，並且每年都跟隨形勢的變化而做出修訂。所有加入火險公會的保險公司，都必須依照所規定的費率收費。行內人士稱之為"天書"。當時，香港火險保費費率的制訂及調整，都由佔壟斷地位的英資大保險公司決定，其他保險公司跟隨。

由於水火險投保數額龐大，各家保險商實施再保險的制度，由同業間分擔承保。在香港也有實施這種分保辦法，有採用協議性質和硬性規定兩種辦法。前者在每單巨額投保中，除本身承保部分之外，另取得聯號的同意分保百分之若干；後者則互訂長期合約，舉凡某項或某線的水火險，得硬性分保百分之若干，每月結單核算。不過，1961年香港火災頻繁，保險公司在賠償方面也負擔不少。例如，九龍倉所存棉花就曾燒過數次，保險公司曾組織人員進行調查，了解貨倉的設備情形，希望藉此調高保費，但結果保費卻並沒有提高。1966年香港火災共2,700多宗，其中大宗就佔150多宗。保險公司在這方面所負擔的賠償費達1,000多萬港元。1969年，全年火警達5,105宗，比1968年增加了25%，致使財物的損失約2,000萬港元。

1960年代，香港火險業務發展迅速，主要原因是：（1）1960至1963年期間，香港曾發生好幾場大火，一些店舖、住宅均受到損失。於是保險公司藉此加強宣傳招徠，增加了不少店舖的火險生意。（2）香港進出口貿易持續增長，貨倉存貨經常擁擠，故貨倉的火險投保也不弱。由於往來貨物多，流轉率快，使得貨倉的火險投保生意活躍。各家工廠因為外來訂單多，需要頻頻訂購各種原材料，而製成品生產又多。（3）新樓宇大量落成，也促進火險業務。

表3.1　1960年代初中期香港保險公司發展概況

年份	香港水險公會（會員）	香港火險公會（會員）	香港意外保險公會（會員）	香港華商保險公會（會員）	保險公司總數
1959	107	80	87	20	–
1960	117	123	96	21	157
1961	119	129	99	21	160
1962	119	130	100	24	160
1963	119	132	105	25	160
1964	119	151	116	26	160

資料來源：香港經濟導報編：《香港經濟年鑑》，1960至1965年。

六七十年代香港工業化時期，火災頻生，圖為1970年10月大有街塑膠廠大火，消防員需出動新型"長臂猿雲梯"灌救。

除了火險之外，這一時期意外保險業務也獲得了一定的發展。在香港，意外險生意的重點是"汽車險"和"勞工保險"。至於"盜竊險"、"搶劫險"、"金錢運輸險"等，則以商號、銀行、銀號、金飾店投保的最多。

1950年代，由於香港的車輛增多，汽車意外事件無日無之。1951年11月9日，香港總督葛量洪批准頒佈實施《汽車保險（第三者意外）條例》，該條例共20條，規定任何人使用汽車都要投保，目的是在對因使用汽車而引致的意外事件中的第三者提供保障。香港

1960年代香港汽車大量增加，汽車意外事件無日無之，"汽車險"得到
快速發展。圖為1962年香港中區花園道。當時《汽車保險條例》已生效。

的汽車險、第三者保險的保率，由意外保險公會規定，根據汽車的製造年度和馬力而徵
收。由於每年交通失事甚多，保險公司的賠款增加，汽車保險連連虧損。1954年，一家
公司受保汽車的失事率竟達60%，也有一家賠率佔全年收費的一半。[16] 1966年，香港意外
保險公會宣佈，鑑於汽車修理費提高及第三者保險賠率增加，香港保險業將對汽車保費
全面加價，例如，有關私家車、巴士、的士等全保收費，將按現額增加35%，摩托車增加
15%，第三者保險增加50%。

這段時期，香港工業發展，廠房相繼建立。當時，工業繁盛，勞動力大增，工人工傷事
故頻頻發生，勞工保險因而應運而生。1953年12月，香港政府頒佈實施《勞工因公受傷
賠償法案》，規定僱主必須為工人購買勞工保險，並規定了勞工保費等級，工作的危險
性越大，保費就越高。例如，一般性工作的工人，其保費率約為1%；而打井工人、拆樓
工人、建塔工人等，其保費率則高達10%左右。不過，該條例實施後的數年間，除了港

九各大工廠投購勞工保險，或有商號聯保外，其他小工廠以及一些危險性部門企業，普遍都沒有購買勞工保險，以致工人不慎發生傷亡事故後，勞資雙方在討價還價中無法協調。有鑑於此，1957年6月，香港政府勞工處要求僱主要替工人購買保險，並將開支列入年度經常費用。

這一時期，香港發生的一些事件也推動了意外險的發展。如1956年10月，香港九龍地區發生嚴重騷亂，使香港工業界蒙受重大損失。全港棉紡織業大多停工，其他工廠也都面臨停工的危險。由於停工停產，產品不能如期交貨，各工廠損失嚴重。如有的工廠日產棉紗750包，價值達近百萬港元，結果生產一停，一天的損失就高達百萬港元。當時，各家受損失的工廠本來都購買過意外險，但這次騷亂屬暴動保險，因此不能獲得賠償，對受損失的工廠就如同雪上加霜。當年10月，廠商購買的暴動險，保額就高達1億港元。[17]

戰後，伴隨著工業的發展，意外保險業務獲得了長足的發展，這推動了公會組織的誕生。1946年，香港意外保險公會（The Accident Insurance Association of Hong Kong）成立，目的是團結保險公司（通過它們的地區經理，主要代理商或是代表）處理香港殖民地的意外傷害業務，以確保一旦出現有影響這類公司利益的事情就採取聯合行動，同時也建立和鞏固為保障意外保險業務在香港順利運行的規章制度；其成員包括在香港境內從事任何種類的意外保險的保險公司。1987年，香港意外保險公會的會員為141個。[18]

60年代保險業：英商主導、三大集團支配

戰後，香港保險業營運商雖然已開始趨向多元化，但是，直至1960年代後期，香港保險行業仍然由英資保險公司發揮主導作用，並主要被三個集團所支配：即保險業代理機構、少數在香港本地註冊的保險業股份有限公司，以及眾多的外國保險公司的分支機構。[19]

（1）保險業代理機構

這些保險業代理機構主要是香港傳統的貿易大商行，香港俗稱"洋行"（Hongs），他們扮演著為當地，主要是外國保險公司發行保單的代理商，這些代理機構主要包括：怡和洋行、太古洋行、太平洋行（Gilman Group）、會德豐（Wheelock Marden）、英之傑集

1950年代的怡和洋行，是外國保險公司的重要代理商之一。

團（Inchcape Group），以及一些主要的銀行，例如恒生銀行（Hang Seng Bank），該行從1950年代起就著手發展一個大型的保險部門。

怡和洋行保險部是當時香港最具影響力的保險業代理機構。據1968年加入怡和保險部的郭振華回憶，當時，怡和洋行保險部設在港島中環畢打街怡和大廈（即會德豐大廈現址）三樓，設有水險部、火險部、意外險部、賠償部、市務部、人事部等，職員約有100人左右。怡和洋行保險部除了代理集團屬下的隆德保險、香港火燭兩家本地保險公司之外，還代理了英國、歐洲，乃至美國、日本等十多家大型跨國保險公司，最高峰時曾代理十五六家保險公司，包括太陽聯合、Dowa、……等等。而怡和洋行的主要保險客戶，都是當時香港上市的大藍籌公司，如置地、九龍倉、牛奶公司、電燈公司、中華電力、電車公司等等。據郭振華回憶，1970年代末，怡和洋行保險部的職員已增加到120至130人，保費超過一億港元，並且成為香港最早引入電腦系統的保險機構。

| 郭振華 | 達信風險管理及保險服務（香港）有限公司總裁 | 1968年入行 |

郭振華於1968年加入怡和保險部，圖為郭振華（左三）與怡和保險部的同事組隊參加保齡球比賽，並勇奪冠軍。

怡和洋行的保險業務：戰後英資大洋行的保險部很蓬勃，當中怡和擁有很大市場佔有率，包括只發水險單的隆德和專營火險單和意外險的香港火燭。除了保險，怡和亦擔任核保代理（underwriting agent）的角色。

隆德的歷史：隆德一直屬於怡和旗下，後來怡和將隆德及香港火燭的六成承保業務賣給美國大陸保險（Continental Insurance）。美國大陸保險當時是很大的公司，以資產計是美亞的一倍。這項交易是怡和保險部主管沈茂輝（Michael Somerville）在高爾夫球場洽成的，但價錢如何，我就不記得了。直到1987年，就連餘下40%的承保業務都賣給美國大陸。承保部分，已全屬美國大陸，但美國大陸覺得隆德的名號歷史悠久，就決定繼續沿用。直到1994年後期，美國有幾個大颱風令當地的保險業損失慘重，迫使美國大陸需要變賣賺錢的隆德。雖然隆德生意好、聲望佳，但洽商始終未有結果，直到1995年才賣給滙豐，但業務並未合併，同一個管理層下，分開兩個品牌營運，一個就是原來滙豐的嘉豐保險（Carlingford Insurance），另一個就是隆德（HSBC Lombard），到了1996年兩者才合併成為現時的滙豐保險。

現時的富勤保險的標誌是一艘帆船，與當年隆德的標誌十分相似，這其實就是怡和船隊第一艘駛入中國水域的船。那是一艘英式的帆船，船名就叫 Falcon。富勤保險的英文名稱叫 Falcon，是因為這船的緣故而非字面獵鷹的意思。因為沒有了隆德，我們就用別的名字延續隆德的故事。

香港火燭的消亡：美國大陸保險將隆德賣給滙豐時，一直保留著香港火燭這個品牌，畢竟這是香港第一個保險牌照。但後來美國大陸連自己的業務都賣給 CNA，若干年前，CNA 的辦事處是位於駱克道小童群益會現在的會址旁，那時仍掛著香港火燭的牌照。當初開辦富勤保險時，我都有跟 CNA 談購回牌照，就叫"香港火燭"，不叫"富勤"吧，因為始終有感情。可惜香港火燭背後尚有很多未曾償還的債務，有很多甚至還未弄清楚。CNA 要求我們負上無限的債務責任，才會把牌照賣給我們，但我們又如何能開這張空頭支票呢……最後 CNA 就把香港火燭的牌照取消了。

作為保險業代理機構，當時能與怡和洋行一爭高下的是太古洋行的保險部。1867年，太古洋行在上海創辦。早期，太古已開始經營保險代理，它除了代理本集團屬下的公司，諸如太古輪船、太古煉糖廠、太古船塢等公司的保險業務外，還代理英國多家公司，包括英國皇家交易保險公司（Royal Exchange Assurance Corporation）、英國和外國海上保險公司（British and Foreign Marine Insurance Company）、倫敦和蘭開夏公司

（The London and Lancashire Company）、於仁保險公司、巴勒登和阿特拉斯保險公司（The Palatine and Atlas Assurance Company）等等的保險業務。[20]

戰後，太古洋行迅速恢復了其在香港的業務，包括保險業務。初時，太古保險部設在港島干諾道中一號，其後搬至於仁行（即太古大廈現址）三樓，與怡和保險部隔街對望。太古保險部亦設有水險部、火險部、意外險部、賠償部，以及會計部、事務部等，並設有壽險部，代理其昌人壽保險公司的業務。據1971年加入太古保險部的甄健沛回憶，當時，太古保險部約有職員70多人，除三、四個外國人外，其他均為清一色的大學畢業生。擔任保險部華經理姚剛深得老闆信任，原因是其父親在上海做牧師時已認識太古老闆。姚剛早年到英國劍橋大學讀書時，就住在太古老闆家中。姚剛任華經理時，太古的保險代理多達500人，他個人可收取7.5%的佣金，據說半個月的佣金曾高達7萬多港元。當時，太古保險的客戶，包括太古煉糖廠、太古船塢、國泰航空公司、九巴、中巴、皇冠車行等等，而九巴一年的保費就高達200多萬港元。

甄健沛　　創興保險有限公司執行董事　　1971年入行

甄健沛（後排右一，胸前掛相機者）於1983年隨香港保險學會前赴北京交流，是第一個到訪內地的香港保險代表團。

太古的日子：我在汶萊長大，之後回香港找工作，看到太古招聘行政文員（chief clerk）。因為我在汶萊時曾經在保險公司工作數個月，便姑且一試。汶萊的保險是較落後的，香港的保險公司使我大開眼界。我初入行時是做車輛保險的，單是受保的車輛已經有很多種，當時太古承保千多輛九巴、聖約翰救傷車、殯儀館的棺材車、機場的運油車等等。我在太古工作七年，學了很多，第一就是文化，因為太古是英國公司，很講究階級觀念，記得那時的洗手間也有級別之分，一般文員、經理、高級經理使用不同的洗手間。另外，我覺得太古的工作很有系統。太古是一間洋行，要在那裡站得住腳，必須要有保險知識，那時公司的年輕人很進取，例如上班一定會比洋上司早，即洋上司八時半回公司上班，我們便八點十五分回到公司，下班也會比洋上司遲。當時很多年輕人都爭取表現自己，最希望是部門主管休假，那麼伊可以署任，盡情表現自己。但也要懂得保護自己，例如，我們當時做任何事都記得要留住備忘錄（memo），以防有人不認賬，我記得當時洋人上司寫便箋時會用一張碳紙，留下一個副本，兩人便各有一張便箋，寫上要做的指示及兩人的簽名。

於仁的日子：我到於仁工作了三年，可謂別有一番氣象。於仁與太古不同，是一家很有人情味、歷史很悠久的公司，在那裡工作，員工會覺得很有安全感。因為於仁對員工好，所以員工都會叫自己的下一代到於仁工作，不少人是一家三代都在於仁服務的。公司對員工一般都沒有太多要求，辦公室的下班時間是五時十五分，時間一到便有人把燈關掉，有些人更下午三四時便跑到市場買菜，預備晚上做飯。沒有人考試，沒有人想升職，不少人因為三代都在於仁工作，身家十分豐厚。我還記得有個普通會計部職員，有一次被上司責備，他拍檯說大不了辭職，說薪金連養兩頭狼狗都不夠。原來他家養的兩頭狗吃的是美國牛肉，在於仁一個月的薪金都不夠支付狗糧。於仁很多這類人，志不在工作，升級也不願。

早期的水險市場以佔有率來比較，於仁較大，是先驅者，其他公司不敢做的，於仁都領先做。舉當時開始流行的貨櫃為例，其他保險公司不太清楚貨櫃是甚麼，但於仁在英國的研究指出貨櫃損毀和被盜的機會小很多，賠償風險也較低，所以於仁便受保，而且保費亦很便宜。後來有客戶說他能把貨櫃內的空氣抽走，令貨櫃容量更大，他指這樣能再減少貨物的損壞，於仁亦肯以較低保價錢承保。於仁以前的確有一段十分風光的歷史，有外國人說於仁初踏足香港時，把半個太平山的地皮買下建宿舍給外國員工居住，如果這些土地沒有賣掉，相信面積比香港置地擁有的還要大。中環有很多大廈，如現在的遮打大廈都曾屬於於仁。我加入於仁時，有個外國人說，即使於仁不開門營業，資產都足以供養員工有餘。資產雖多，但地皮卻陸陸續續給賣掉，持有的大量滙豐銀行股票亦變賣了。加上經營保守，我入職時公司還有不少大客戶如和記、香港電燈和滙豐，

1960年代，恒生銀行積極發展保險業，成為拓展銀行保險業務的先驅之一。圖為1965年位於香港中區的恒生銀行（左三幢建築物）。

後來都被其他公司搶去了。於仁的沒落是因為1967年做了錯誤決定，她認為香港將被中國收回，沒有前途，因此開始撤資不再發展，後來更賣了給嘉安（Guardian）。

1950年末恒生銀行總行。

銀聯保險有限公司 ASSOCIATED BANKERS INSURANCE COMPANY, LIMITED 一九六九年五月三十一日止保費收入 GROSS PREMIUM WRITTEN FOR THE MONTH ENDED MAY 31, 1969.	This Month	To Date This Year
水險 船身 Marine - Hull		
銀聯 Associated Bankers	$ 2,947.81	$ 27,968.42
恒生 Hang Seng Bank	-	33,007.50
	$ 2,947.81	$ 60,975.92
水險 貨運 Marine - Cargo		
銀聯 Associated Bankers	$ 67,938.14	$268,582.14
東亞 Bank of East Asia	237.43	1,102.00
恒生 Hang Seng Bank	43,276.86	180,343.18
永隆 Wing Lung Bank	18,022.69	67,382.57
永亨 Wing Hang Bank	17,169.44	73,912.23
	$146,644.56	$591,322.12
火險 Fire		
銀聯 Associated Bankers	$ 98,630.47	$444,207.05
東亞 Bank of East Asia	8,209.91	33,333.98
恒生 Hang Seng Bank	142,364.17	503,510.00
永隆 Wing Lung Bank	30,277.04	154,026.27
永亨 Wing Hang Bank	5,147.68	47,517.04
	$284,629.27	$1,182,594.34
意外險 Accident		
銀聯 Associated Bankers	$ 84,566.27	$302,030.50
東亞 Bank of East Asia	476.67	776.67
恒生 Hang Seng Bank	17,688.05	83,103.84
永隆 Wing Lung Bank	539.05	42,993.59
永亨 Wing Hang Bank	10,959.53	45,900.43
	$114,229.57	$474,805.03
GRAND TOTAL	$548,451.21	$2,309,697.41

銀聯保險於1969年5月31日的保費收入表。

香港銀行中，最早發展保險業的要算恒生銀號。1953年，恒生銀號正式轉為銀行，同年即在銀行設立保險部。據1958年加入恒生銀行保險部並擔任該部副主任兼水險部主任的高膺回憶，當時，恒生保險部僅有職員五人，主要做水火險代理業務，特別是代理於仁保險公司的水火險業務。1960年代初，恒生銀行董事長何善衡認為保險業是萬年基業，決定擴大發展保險業。1965年1月15日，恒生銀行牽頭創辦專門從事保險業務的銀聯保險公司（Associated Bankers），其他股東還包括永隆銀行、永亨銀行和東亞銀行，另還有一些個人股東，都是何善衡和恒生銀行的朋友。

圖為高鷹（前排右三）於1984年2月6日在香港華商保險公會春節聯歡晚會上與第81屆常務委員合照，當年高鷹出任華商保險公會主席。

銀聯點滴：1962年，我在恒生銀行受訓完畢後回港，1964年便開始組織銀聯保險公司。那時開始找合作夥伴，其中最大的合作夥伴是永隆銀行，那時伍潔宜和伍宜孫（當時永隆銀行的主席）經常與恒生的何善衡先生共膳。於是便找了永隆做股東。股權方面，恒生佔超過百分之五十，永隆佔百分之二十，永亨董事長馮堯敬佔百分之十，東亞則佔百分之二。東亞只是象徵性質，因為何善衡找了東亞的簡東浦兒子簡悅宏（Raymond Kan）擔任銀聯的總經理，那時簡悅宏是美亞的香港分行經理，很懂得分銷有不少客戶銷路，所以就由他來擔任總經理。其後，還找了畢禹徵先生擔任經理。銀聯於1965年成立，除了以上所說不同銀行佔不同百分比的股本外，還引入其他個人朋友的資本作股東，十萬、二十萬港元股本不等，例如利國偉投資20萬港元，當時辦公室設在恒昌大廈（現重建易名為衡怡大廈），分別佔了半層，另半層為華光船務。當時，畢先生是經理，副經理有兩人，其一是我，另一個副經理是簡悅明。我除擔任副經理，還兼做水險部主任；簡悅明還負責意外保險部，畢先生也管理火險部。火險部的行政文員也是由美亞請過來的，叫倪純莊。倪先生之前在美亞做火險的 "block book" 做得十分好。他是香港知名作家倪匡的父親，倪先生會親自到工廠調查，評估哪些東西受保或不受保，保費要多少，都是他親自編寫及調查的。

銀聯保險由曾任美亞保險香港分行經理的簡悅宏出任總經理，1936年就加入保險業並曾在上海美亞任職的畢禹徵出任經理，高鷹任副經理，亦曾在美亞任職的簡悅明任意外險部主任，公司共有職員十餘人，地點就設在當時剛落成的恒昌大廈一樓。銀聯保險的主要業務均來自作為其主要股東的四家銀行，特別是恒生銀行的客戶。1960年代爆發的越南戰爭，給銀聯保險帶來了不少商機。當時，香港充當了越戰物資的中轉港，大量的機器、設備經香港運往越南，越南的土特產、農副產品經香港轉運外地。由於戰爭的影響，對越貿易的風險相當高。當時，香港對外貿易的全險保費才1%，而對越貿易的兵險保費則高達10%。因此，1960年代後期，銀聯保險的生意相當的好，據高鷹回憶，當時公司每年都賺大錢，他個人的年收入也高達4萬港元左右。銀聯保險在1980年代發展至有職員90多人，後來於1993年3月被恒生銀行全資收購。

（2）少數在香港本地註冊的保險業股份有限公司

主要包括於仁保險公司、隆德保險公司（即諫當保險公司）、香港火燭保險公司等。不過，這些保險公司多數由外資貿易大商行或外資保險公司持有控制性股權及經營權。當然，也有少數本地註冊的活躍保險公司是純華資的，如永安水火保險有限公司、先施保險置業有限公司等。

戰後至六七十年代，於仁保險公司一直是香港最具影響力和實力的保險公司之一。於仁保險最擅長的保險業務，就是水、火險，特別是水險業務。不過，1951年香港政府強制實施汽車第三者保險後，由於當時九龍半島很少設有保險公司，而於仁保險卻在九龍半島設有分行，因此，出現大批市民在於仁九龍分行排隊購買汽車保險的長龍。1980年代末，於仁保險出現財政困難，被迫接受英國倫敦的嘉安保險集團（Guardian Assurance Group）的收購。嘉安保險集團是英國上市公司，在保險界排名在第四至五位，是一家有實力的保險集團。嘉安集團收購於仁的目的，就是要藉助於仁保險在亞洲地區的悠久歷史和崇高聲譽進軍遠東市場。因此，嘉安收購於仁後，並未將其改名，而是讓其繼續獨立開展業務，與客戶也保持著原有的聯繫。不過，由於該集團始終看不透中國的發展策略，不敢輕易大規模投資，致使於仁保險在1990年代以後實力逐漸下降，1999年嘉安集團本身亦被法國安盛保險（AXA）收購。

據1969年大學畢業即加入怡和保險部、並於1973年加入於仁保險的劉漢強的回憶，到

1960年代末1970年代初，於仁保險的規模仍遠大於怡和保險，公司總部設在中環於仁行二樓，有獨立的電梯上下，職員超過100人，高層主管都是英國人，此外還有不少印度人、葡萄牙人。當時，於仁保險在香港有很多物業，包括著名的於仁行大廈和許多位於半山的物業。1967年香港發生政治騷亂，於仁保險將公司的物業出售，其中，於仁行就售予怡和集團旗下的置地公司。由於太古集團是於仁行的大租客，該大廈後來改名為太古大廈。

劉漢強　　安盛保險（香港）有限公司獨立非執行董事　　1969年入行

劉漢強（左）出席於仁保險1978年的周年晚宴，旁為於仁保險的總裁 Nigel Rigg。

1960年代末香港保險公司：我在1969年從香港大學畢業，同年加入怡和洋行保險部。1960年代末，華資只佔一小部分，我當時主要從事產險及意外險。由於沒有正式統計數據，很難說哪間公司最大。就產險來說，我印象中，外資保險公司佔了最大的市場，其中規模最大的是美亞、於仁、紐西蘭保險公司、怡和洋行及太古洋行，前三者是保險公司，後兩者則是代理。保險公司與保險代理是不同的，保險公司是在香港或外地註冊，在香港經營保險業務，如美亞及紐西蘭保險公司就在外地註冊，後在香港開設分公司，而於仁則在香港註冊；而怡和和太古是大洋行，即是代理商，沒有在香港創立保險公司的企業，於是找洋行去代理他們的產品。而當時來說，華資保險公司規模就比較小。

1970年代火險興起：那時怡和代理香港火燭保險、隆德及數家英資保險公司；太古也有代理英資保險公司，如皇家交易（Royal Exchange）。當時這些大的保險公司的中高層職員都是外國人，大部分來自英國。從1970至1975年，因為當時香港有很多工廠，尚未北移，所以火險賠償也相對地多，由於賠償金額巨大，當時的火險公會大部分委員都是外國人，公會主席就引進了工業附加費（industrial surcharge）這概念。以保費來說，其中有很大部分是經紀佣金，剩下的保費才由保險公司實收，即使增加保費，保險公司的實際收入也不多，所以火險公會就引入工業附加費，大概是保費的30%，即是被保人付出的30%是全數給予保險公司，毋須扣除經紀佣金。

於仁被收購：於仁在當時來說是亞洲市場上最活躍的保險公司之一，嘉安（Guardian）想拓展遠東亞洲的市場，1987年於是就收購了於仁。於仁被嘉安收購後，管理方式沒甚麼改變，因為於仁的信譽和管理良好，故嘉安收購於仁後，仍給予其自主權，基本上沒有干涉於仁的內部管理。在七八十年代，於仁都是五大保險公司之一。相比起本地公司，於仁佔盡優勢，後來因為是嘉安全資附屬公司，可以從中獲得歐洲市場的發展與投資訊息、世界保險市場等消息。而且，保險公司規模越大，有足夠資金支持便越容易發展得好。直到1999年，嘉安被法國保險公司安盛（AXA）收購，自此於仁也由英資公司轉為法資公司，嘉安是當時英國五大保險公司之一，而安盛是全球最大的保險公司之一。

1977年，甄健沛從太古保險轉職至於仁保險並任水險部主管。據他回憶，當時於仁保險的水險部有19個職員，其中一半的業務由恒生銀行、大昌行代理，於仁保險的水險業務相當出名，香港超過一半的遊艇均由於仁保險承保，每年的水險保費就達到4,000多萬港元。甄健沛亦因此被公司派到香港理工學院講授水險課程。當時，於仁儼然成為行業的領袖，公司天天接到來自香港各保險機構，例如恒生銀行、銀聯保險公司的電話，諮詢各類保險的費率，於仁保險訂定的費率成為行業費率的指標。

那時期，於仁的地位相當崇高，公司主席往往兼任香港會所主席、滙豐銀行董事以及馬會秘書。公司的財政實力也相當雄厚，即使在日軍佔領香港的三年零八個月時期，公司實際上已停止運作，但員工的工資仍然照發不誤。1977年甄健沛加入於仁時，月薪為3,000港元。於仁的員工，除了每月的工資之外，還獲公司發約25%的退休金，並且有全額的醫療費用報銷。當時，於仁保險一位員工因要割盲腸，在山頂明德醫院的私家病房住了整整一個月，全部醫療費用均由公司報銷。甄健沛表示，與太古保險緊張的工作氣氛和人際關係相比，於仁保險的工作環境則顯得相當寬鬆、清閑，公司從不解僱員工，員工均按時下班，高級職員的福利非常之好。

（3）眾多的外國保險公司的分支機構

主要是英國、北美和澳洲等國家保險公司的分支機構，包括主要從事一般保險的南英保險有限公司（South British Insurance Company Limited）、紐西蘭保險公司（New Zealand Insurance Company）、美亞保險有限公司（American International Underwriters Limited）、美國海外保險公司（American Foreign Insurance Association）、商聯保險（Commercial Union Assurance Company Limited）、英國皇家保險（Royal Insurance Group）等，以及從事壽險的美國友邦保險有限公司（American International Assurance Company Limited）、宏利人壽保險有限公司（Manufacturers Life Insurance Company）、加拿大永明人壽保險公司（Sun Life Assurance Company of Canada）等。

南英保險職員於1959年於金龍酒樓敍餐時留影。前排右二為當時的地區總經理曹伯中。

南英保險公司創辦於1872年，為新西蘭資本，總部設在新西蘭首都奧克蘭。所謂"南英"，取意為英聯邦帝國的南疆區域。1881年，南英保險進入香港，當時委託 George R. Stevens and Company 為香港代理，提供南英各項保險服務，稍後並成立分公司，中文名稱為南英保險公司，又稱修付畢啫燕梳有限公司，英文名稱為 South British Insurance Company, Limited。日本佔領香港時期，南英保險的外籍經理被日軍拘捕。1946年，南英在香港復業，據1950年加入南英保險的王熹浙回憶，當時南英保險設在港島太子行四樓，約有職員20餘人，高級職員都是外國人，主要通過代理做本地出口的水險生意和香港印度人的生意，險種簡單。王熹浙加入南英時，每月收入為234港元。

王熹浙　　民安（控股）有限公司獨立非執行董事　　1950年入行

王熹浙（左三）於1972年隨香港保險學會赴菲律賓參加交流會議。

戰爭與保險：歷史證明無論盛世和戰爭也會為保險公司帶來商機。韓戰在1950年6月爆發，當時南韓很需要物資，香港跟南韓鄰近，但本地只有少數保險公司提供物資運輸的保險，因為很危險。一般保險公司都不肯給予保障，徵收的兵險稅率高達15%，比現在的風險稅率高得很。此外，1960年代越戰時期，許多人從事有關商業活動，他們的人身意外保險為公司帶來許多保費。總括來說，戰爭為保險公司帶來不少生意。兵險是按照貨物價值計算一個百分比來計算保費。有一些貨物所運送的地方未必有戰爭發生，例如貨物運送去南美洲，但船要經過中東，因為中東當地發生戰事，涉及的風險亦隨之較高，故兵險保費較貴。

中國內地保單：1950至1960年代，中國內地已經普遍地沒有保險業，故中國內地的生意都是經由香港安排。當時產險的佣金高達60%，即假若保費是100港元，中介人可獲60港元的佣金；在產險來說，這佣金屬於偏高。廣州當時很少人買保險，投保人可能在戰前一直都有買保險，故戰後透過香港保險公司繼續投保。

1950年代初，韓戰爆發，韓國需要的各類物資主要經香港轉運，由於這些物資需要經過封鎖線，很多保險公司都不願意承保兵險，因此兵險的保費率高達15%，而南英的水險生意做得很大，每年的保費達300萬至400萬港元。據1951年加入南英保險並擔任水險部副主任的屈熾昌回憶，當時，香港的對外貿易蓬勃發展，香港的大銀行開出信用證，需要保險公司的保單擔保，而渣打銀行跟南英關係良好，就一定要南英的水險單做擔保，才肯簽發信用證。

屈熾昌　　MSIG Insurance（Hong Kong）Limited 公司保險業務個人代理　　1950年入行

屈熾昌（後排右二）攝於1950年代南英保險的春茗，其父親屈麟（前排右二）和叔父屈祺（後排右七）同樣服務南英保險。

父子服務南英逾半世紀：我特意查了南英保險半頁的廣告，它說南英是承保香港紡織廠方面的專家。南英在香港有很悠久的歷史，日軍佔領期間，南英的洋經理就曾被日軍拘禁，當時家父已在南英服務。日軍佔領期間（1941－1945年），南英被迫暫時停業，家父帶我到廣西逃避日軍。1945年香港重光，南英得以復業，家父亦由廣西回流香港，再次於南英工作。

當時南英約有十二三名員工。主要是以代理去找生意。當時的人很崇洋，大多只信任外資公司，做按揭和出入口的文件，是需要用外資保險公司的單據來作擔保的，尤其是出口到南非。銀行借款予商家買貨，入口商只需付百分之十，所有貨品到達了入口地才付清其餘貨款予銀行。如有損失，商家負擔不起，入口商就需要保險單來擔保。

家父其後再於南英工作時，因為他是著名的皇仁書院畢業生，所以他能擔任較高的職位。他不是經理，因為經理只可以由外國人擔當。他是華人的總管，負責營業，而有另一位同事是專門負責行政。家父懂得英文，南北行和出口商就不懂英文，他們全都托家父代辦保險。家父則借這個機會代理保險，收取佣金。當時家父工作很繁重，1950年，他要打理私人生意，又要做代理人管理保單，更要做華人總管。他的洋人經理開始嫉妒，說家父既是管理層，又賺取佣金，不如找他的兒子來工作。當時我剛於皇仁書院畢業，到南英幫助家父，一直服務至今，從未轉工。而南英亦多次易手，成為今天的 MSIG Insurance（Hong Kong）Limited。

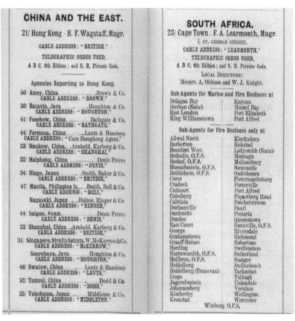

1960年代南英保險生意興旺，雄踞香港紗廠保險市場。圖為1892年南英保險的公司簡介。

1959年，南英聘請太平保險公司經理曹伯中任公司的地區經理，曹伯中早年在上海從事保險業務，到南英後又帶來一批上海籍的保險經紀、代理，當時正值大批上海紡織界企業南遷香港發展，南英保險於是積極拓展香港紗廠、布廠的保險業務。據屈熾昌的回憶，到1960年代末，南英保險的生意相當興旺，職員增加到30多人，每年的保費收入達到1億港元左右，其中最主要的是紗廠、布廠的保險業務，約佔當時整個市場的60%至70%。六七十年代，是南英業務發展最鼎盛時期。1975年加入南英保險的張光偉表示，當時，公司約有60至70名保險代理，其中，以曹伯中為首的來自上海保險代理約佔了公司三分之二的生意。曹伯中還出任香港火險公會主席。1981年，南英在紀念公司在香港成立100周年的廣告中表示："對於過去一世紀來能為香港服務，同時又得到各界支持和信任，深感榮幸；今日國際性的南英保險不僅在遠東地區成為著名之保險機構，業務鼎盛，信譽卓著，在承保香港整個紡織業中更雄踞領導地位。" [21]

張光偉　　　MSIG Insurance（Hong Kong）Limited 代理業務發展經理　　　1970年入行

張光偉（左三）攝於1976年南英保險位於中環太古大廈18樓的辦公室接待處。

1990年代合併潮：1990年代全世界都有一股合併的大潮流，因當時保險業競爭很激烈，保險公司為了鞏固自己的地位和防止外來勢力入侵，因而合併來加強勢力。當時美資、日資及歐洲資金的公司規模亦很大，但為求自保，合併不單可增加實力，更可減少競爭對手。商聯和英國保眾合併是大勢所趨，當時全世界經濟起飛，1998年2月兩家公司一起在英國公佈合併消息，變成 CGU，中文沿用商聯。過了不久，新公司又與英國的 Norwich Union 合併，再次改名為 CGNU；幾次合併過程中，少不免要重整生意和精簡架構，管理層又同時重新審核，主要是重質不重量，希望成為有好的質素，而不是生意額大和沒有利潤的公司。由2000年開始到2007年，公司每年都有可觀的盈餘。

商聯的另一個中文譯名是金孖素於仁，亦即英文名Commercial Union 的音譯。商聯是英資大公司，作風比較保守，會嚴格審核代理資格及客戶。當時保險業亦有核保代理（underwriting agent），幫助我們受保。我們預訂某個承保範圍標準，他們可以在此標準內做生意，另一類代理是普通的代理，每宗生意要由保險公司過目和報價。

南英保險後來於1983年被紐西蘭保險全資收購。紐西蘭保險全稱紐西蘭保險有限公司（New Zealand Insurance Company Limited），具悠久歷史，曾是日本關東大地震時的承保商，亦曾承保過著名的“泰坦尼克號”。據1969年加入紐西蘭保險的林建文的回憶，該公司於戰前已來香港發展，但當時的規模遠不及南英保險，公司設在中環畢打街14至16號。1950年代，香港經濟轉型，紡織、製衣、塑膠等工業蓬勃發展，中小企業遍地開花，紐西蘭保險全力發展香港的中小企業保險業務，特別是塑膠花行業的火險業務，因而在香港中小企業界享有相當大的名氣。林建文記得，1984年聖誕前夕，紐西蘭保險承保的載有炮仗的船隻發生火災，導致火燒連環船，損失嚴重，結果賠償了五、六百萬港元。1983年，南英保險主席退休，他將所持南英股票悉數售予紐西蘭保險，此事導致紐西蘭保險收購了南英保險公司。不過，屈熾昌表示，1980年代中期以後，由於香港工業北移，香港紗廠衰落，紐西蘭保險業務轉型，當時公司的主持人採取了相當進取的發展策略，積極拓展銀行、地產業務，結果導致公司在1987年全球股災中受到重挫，被迫於1993年接受英國保衆保險公司（General Accident Company）的收購。

林建文（左一）於1987年11月24日紐西蘭保險新總辦事處啟用典禮及酒會上與維亨保險代理畢禹徵（中）及嘉賓合照。

火燒連環船：依稀記得是1984年12月，臨近聖誕節時。事發當日，天朗氣清、陽光普照，突然有位年輕小伙子走過來跟我說，有一艘載著炮仗的躉船發生大火。由於過往經驗，一般躉船的載貨量價值約為四五十萬，所以當時我對此事並不在意。但事隔十數分鐘後，那位同事再跑過來對我說，原來是有很多艘船同時間發生意外。我開始覺得事態嚴重並詢問詳情，當時他說：“應該是火燒連環船！”

我要在這裡交代一點背景資料。話說自1967年發生“暴動”以後，因為炮仗是危險品，於是政府便立例一律不可以把它存放於陸地上，而改為在海上處理，所以當時該類貨物多數存放於深水埗及西環海域之間的躉船上。此外，在貨運業中，個別或單一客戶的貨物能夠佔據整個貨櫃，才符合經濟效益。相反，如果貨櫃裝貨後仍有多餘空間，則船公司便會同時把不同貨主的貨物存放在同一貨櫃內，行內稱之為“散裝貨”（consolidation）。

意外當日，海面上停泊了一艘載滿了炮仗的船隻。而另一邊則有數艘躉船正進行“散裝貨”程序，預算裝滿後便運往貨櫃碼頭再轉運至國外。事發時，滿載炮仗的船隻首先爆炸起火，波及其他停泊於旁邊的躉船。由於躉船有一缺點，本身並無動力，必須倚靠另一艘船隻拖行（non-propeller）。所以當時根本無辦法將旁邊接連的躉船拖走，於是火勢一發不可收拾，最終釀成“火燒連環船”。那次意外的賠償金額約為500萬港元，以當年計算，確實是非常龐大的數字。當時此事在行內亦引起極大迴響，因炮仗是屬於高風險物品，通常保險公司都無興趣承保，但由於該客戶是老主顧，而且一向業績理想，所以我們才勉為其難地承保。

後記：事發後個多月，適逢為慶祝東區走廊落成在維港燃放煙花，我的小兒子嚷著要前往觀看，我卻笑著對他說："傻孩子，爸爸已經看過了一生中最大型的煙火，非常美麗，沒有比'它'更燦爛的了！"

1998年，英國保眾保險與商聯保險合併。商聯保險（Commercial Union Assurance Company Limited）又稱金孖素於仁，成立於1899年，在香港有近百年歷史。據1989年加入商聯保險的張光偉介紹，合併前，商聯保險在中環、九龍均設有分行，有保險代理約140至150人。後來又與 Norwich Union 合併，合併後的新公司為 CGNU，經過業務及組織架構的重組，成為一家具實力的產險公司，擁有保險代理約250人，每年的保險保費達10億港元。2004年，CGNU 改稱為英華傑（AVIVA）。2005年，英華傑將其在亞太區（包括香港、新加坡、馬來西亞及泰國）的業務轉售給日本三井住友保險集團，改名

商聯保險又稱金孖素於仁，是香港一家歷史悠久的保險公司。圖為1911年商聯保險的員工合照。

為 MSIG Insurance（Hong Kong）Limited。MSIG Insurance（Hong Kong）Limited 日後成為三井住友保險發展亞太區保險市場的重要平台。

戰後，香港另一家重要的產險公司是美資的美亞保險（American International Underwriters Limited）。美亞保險戰前已來香港發展，當時公司的總部在上海。戰後，美亞成為集團在東南亞的地區總部，管轄的區域包括香港、新加坡、馬來西亞、臺灣等地。據王熹浙回憶，1967年他從南英保險轉職至美亞保險後，美亞保險辦事處設在皇后大道中18號，設有水險部、火險部、汽車保險及意外保險等營業部門，當時職員約有六七十人，已是香港極具規模的保險公司，也是香港早期較早引入電腦系統的公司之一。在那個時代，一般的保險公司多靠代理人推廣業務，而美亞卻訓練員工運用先進的銷售手法推銷業務，並任用華人出任公司的高級職員，這種直銷制度漸為其他公司沿用。到了20世紀末期，保險公司的推銷方式更加多元化了，除了代理、直銷之外，還包括保險經紀人和透過銀行、旅行社等具有客戶網絡的機構作為推銷的媒介。

1950年代，香港另一家較活躍的美資產險公司是美國海外保險公司（American Foreign Insurance Association，簡稱 AFIA）。該公司是戰後才進入香港發展的。據1958年加入該公司的程偉成回憶，當時，美國海外保險設在畢打街的怡和大廈，約有職員30多人，其中會計部就有七、八人，是當時集團在亞洲區的地區總部。該公司是美國多家大保險公司的亞洲區代理，並在香港經營水險、火險、汽車險等業務。五六十年代，香港工業迅速發展，紡織、塑膠、假髮等企業大量湧現，美國海外保險承保了大量的這類保險業務。

程偉成　　資深保險從業員　　1958年入行

程偉成（後排左一）於1983年隨香港保險學會前赴北京交流後，到杭州訪問，亦是第一次有香港保險代表團到訪杭州。

保險業的規範問題：很多英資公司來港做生意，例如怡和、於仁和南英等，香港作為一個自由港，貿易相當方便，當時主要的貿易對象是英國、中國內地和東南亞等。由於市場上主要是英資公司，其他外商也不是太多，水險和財產險都是由英資公司辦理的。我覺得當時的華資公司主要是本土的先施和永安，兩者都有百貨公司背景。另外一些較小的公司，一開始是經營租務事業，向不同物業放租時順便簽發火險單。當時情況比較簡單，而且公司的註冊沒有資本等規定，基本上只要港幣兩元就能開設保險公司。為著本身的利益，很多公司便順道經營保險業務，有些"駁腳"給公司介紹生意。"駁腳"是指代理和經紀，關係好的常有茶敘介紹生意。1950至1960年代，香港經濟開始發展，一方面需要地方興建廠房；另一方面，交通、電車路和填海等基建項目很多，因此保額便越來越大，保險業亦開始大肆發展。但保險公司因為沒有資本額規定，公司很容易就結業，最少有五家保險公司在1984年倒閉，包括 Belford，Scotland，Singapore，Kyoto 和 China Underwriter。後期註冊處發覺有問題，不能以港幣兩元就成立一間保險公司，所以才訂定股本要求。1990年保險業監理處成立，專門管制保險公司的運作，如資本和償付能力，監管亦一步步收緊。

保險公司規模壯大原因：1960至1970年代，一些大行如怡和及太古等保險生意做得很大，後來被收購了。如南英保險賣了給紐西蘭保險，其後紐西蘭和南英都併購到 MSIG 旗下了。不斷的收購合併，保險公司規模越來越大。

工廠失火原因：1970年代以前香港有不少紗廠，這些紗廠要打開窗戶工作，而紗廠內滿地都是棉紗和碎棉，只要少許火花便足以引起工廠爆炸。塑膠廠亦是，碎膠機壓下便將廢料變成粉狀，有少許火花又會很容易爆炸。當時政府仍准許放鞭炮，工廠附近便是民居，居民放鞭炮很容易引起工廠大火。到了1970年代初，因為禁止燃放鞭炮，就少了許多紗廠火災。除了紗廠和塑膠廠外，假髮工廠、電鍍等都很容易起火，而且當時的人又不太注重工作安全的問題。這些行業也成為保險公司的業務對象。我還記得以前保險公司作出賠償後，紗廠東主便會登報鳴謝某某保險公司賠償迅速，通常是在《華僑日報》或《星島日報》上刊登。後來保險公司開出賠償支票時，也會趁機要求被保人登報鳴謝，順道宣傳。

新的投保項目：1980年代前後，多做了專業的工程，例如建橋、隧道和機場等，以前或許沒有有關業務知識，但後期就做多了這些大型綜合基建項目的保險。以前大多是辦理簡單的保險。現在的趨勢銀行連繫保險，銀行有自己的客戶，可用自己的資料向客戶推銷。獨立的保險公司主要是靠代理人和經紀，很少賣廣告。

汽車第三者責任保險：所有在道路上行駛的汽車都受《汽車保險（第三者風險）條例》約束，任何人士如被道路上使用的汽車導致身體損傷或死亡，車輛使用者須負上相關的任何責任。政府於1995年修訂《條例》，為保單設定上限，港幣1億元。如果賠償超過1億港元的上限，則餘款由香港汽車保險局負責賠償。香港汽車保險局的責任更包括利用車輛進行恐怖襲擊活動而引致的索償，但上限為2億港元。

梁安福　　恒泰保險控股有限公司主席　　1969入行

1977年，梁安福（右二）創辦的恒泰保險喬遷新址，舉行慶祝酒會，到賀的包括太平洋保險部總經理 Ron Eltringham（左二）。

外商稱霸產險界：香港六七十年代的產險市場都以外商為主，尤其是以英國的保險公司最為活躍。大公司包括於仁、太古、怡和、太平、紐西蘭、南英、美亞及美國海外等等，其市場佔有率多於八成。

香港保險學會晚宴：回想當年，香港保險學會（Insurance Institute of Hong Kong）的周年晚宴，財政主要來自上述公司。晚宴的形式跟隨了皇家保險學院（Chartered Insurance Institute），富有典型的英國傳統，出席者必須穿上西式禮服，以西餐佐膳，餐桌為長型擺設，主家桌（Head Table）坐的是學會高層及主禮嘉賓，如布政司、財政司、按察司等來自英國的政府高層官員，而學會高層九成也是外商總裁，參加者亦大半是"老外"，全以英文溝通。每年晚宴都有一段小插曲，就是哪家公司訂的餐桌最長，就代表這家公司參與的人最多，人多勢眾者就是保險界執牛耳的象徵。今日業界之強者如沒滙豐保險及中保集團保險等，當年尚未出現。

晚宴的氣派十足，既莊嚴又隆重，餐飲亦十分講究，晚宴開始前會先向英女皇祝酒，全體起立，舉起酒杯，主席先說："女皇！（The Queen!）"，全體到會者亦跟着說："女皇（The Queen!）"，氣氛撼人心弦。主菜用畢，主禮嘉賓演說，當然是用英文，用餐後大多數嘉賓會繼續暢飲至深夜才散去。到了1980年代，香港保險市場漸漸本地化，本地華人佔據了高層位置，外商的影響力減少，殖民地時代的晚宴盛況不再。

火險業 "天書" ：自1960年代開始，香港社會工業化，新蒲崗、觀塘、長沙灣等地區出現了很多工廠大廈、火險及勞工保險市場開始蓬勃。當時的保險公會（當時香港保險業聯會尚未誕生）制訂了一本 "天書" （Tariff），列明各險種及工廠位置的火險保費率，勞工保險的保費率則以工種作根據，會員必需遵從，保費率是經過統計調查，場地視察而釐定，亦可以說是由英商大公司主導。任何會員若不遵守 "天書" 既定的保費率，將會被警告或紀律處分。舉個例，某工廠由紐西蘭保險承保，保費率是12港元加附加費4港元，如果另一公司只收12港元而不收附加費，紐西蘭保險可以向公會投訴，如違規公司是會員，公會會對其作出警告，並要求公司取消保單，如違規公司一意孤行，之後便會受到處分，如在若干年內不可以經營同一生意，否則會被開除會籍。不做新生意沒有甚麼大不了，被公會指責而有失面子才是最大的問題。

踏入1980年代，香港多了很多新註冊保險公司或新派保險公司，為了搶佔市場，索性不加入公會，毋須受天書約束。亦有一小撮會員我行我素，不聽公會的指示，其中亦包括英商大公司，再加上消費權益抬頭，公會亦無可奈何，漸漸地天書已名存實亡了。

撫今追昔，當年的大公司，除了美亞及怡和仍然存在外，其餘的不是退出了市場，就是於上世紀末前後的收購合併浪潮中遭吞噬了！

1960年代末香港保險業發展概況

根據香港政府公司註冊處的統計，到1969年3月底為止，香港保險公司共有207家，其中包括保險代理行。不過，由於保險代理行只是用了保險公司的保單，可以代表保險公司參加公會，但本身並無公會會員的資格；因此，一般不將其統計入保險公司範圍之內。根據《香港經濟導報》的統計，在別除這些保險代理行之後，到1969年底為止，香港共有保險公司167家，其中，經營水火險的一般保險公司146家，經營人壽保險的人壽保險公司21家。而實際上，在香港真正設立公司或分公司的，一般保險公司有37家，人壽保險公司21家，共有58家，其餘109家都是委託香港的銀行、洋行、商行或保險代理行代為出單，但都已分別參加了有關保險公會（見表3.2）。

20世紀五六十年代，香港經濟轉型，大量工廠的創辦推動了香港水火險業務的蓬勃發展。圖為1960年代的工廠一景。

在一般保險公司146家中，以英資最多，有68家；美洲資本次之，有20家，其中美資19家、加拿大資本1家；本地華資16家；歐洲資本（除英國外）10家，包括瑞士資本4家、法國資本3家、荷蘭資本3家；澳洲資本9家；亞洲資本（除中國內地、香港外）14家，包括日本資本5家、印度資本5家、印尼資本2家、菲律賓資本2家；中國大陸資本則有3家。此外，還有一些華僑資本的保險公司。[22]

在香港各項保險業務中，以水火險為最大宗，這些水火險業務以英資保險公司承保佔較大比重，美資保險公司次之，香港華資保險公司又次之。壽險業務則由美資保險公司控制，本地華資保險公司次之，英資保險公司又次之。至於汽車第三保險則仍由英資保險公司壟斷，美商及本地華商僅佔若干比重。

表3.2　1960年代初香港保險公司一覽表

保險公司名稱	地址
安德納保險公司（Aetna Insurance Co., Ltd.）	怡和大廈
美亞保險公司（American Asiatic Underwriters）	皇后大道中12-14號
美國友邦保險有限公司（American International Assurance Co., Ltd.）	皇后大道中12-14號
美亞保險有限公司（American International Underwriters Ltd.）	皇后大道中12-14號
American Home Assurance Co., New York	皇后大道中12-14號
友邦人壽保險公司（American Life Insurance Co.）	皇后大道中12-14號
美國海外保險公司（American Foreign Insurance Association）	怡和大廈
亞洲保險有限公司（Asia Insurance Co., Ltd.）	文咸西街66號三樓
庇理亞洋行有限公司（Blair & Co., Ltd.）	於仁大廈12樓
太古有限公司（Butterfield & Swire）	干諾道中一號
永勝洋行（Backhouse James H. Ltd.）	公主行
首都保險有限公司（Capital Insurance & Surety Co., Inc.）	渣打銀行
信昌機器工程有限公司（China Engineers Ltd.）	歷山大廈
中國保險有限公司（China Insurance Co., Ltd.）	中國銀行大樓三樓
均益有限公司（China Provident Loan & Mortgage Co., Ltd.）	干諾道西171-178號

保險公司名稱	地址
其昌保險有限公司（China Underwriters Ltd.）	告羅士打行
全安火燭保險有限公司（Chun On Fire Insurance Co., Ltd.）	皇后大道西八號
金孖素於仁燕梳有限公司（Commercial Union Assurance Co., Ltd.）	於仁行17樓
Central Insurance Co., Ltd.　代理：庇理亞洋行	皇室行
Commercial Insurance Co. of Newark N. J,	皇后大道中12-14號
大陸保險有限公司（Continental Insurance Co. ,Ltd.）	華人行
Cornhill Insurance Co., Ltd.	於仁行
的近洋行（Deacon & Co., Ltd.）	滙豐銀行六樓
天祥洋行（Dodwell & Co., Ltd.）	滙豐銀行六樓
Economic Insurance Co., Ltd.　代理：怡和洋行	怡和大廈
氈拿路燕梳有限公司（General Accident, Fire & Life Assurance Corporation）	公主行
仁記洋行（Gibb Livingston & Co., Ltd.）	鐵行大廈
太平洋行（Gilman & Co., Ltd.）	歷山大廈
赫德福保險公司（Hartford Fire Insurance Co.）	怡和大廈
年豐人壽保險有限公司（Home Security Life Insurance）	歷山大廈
Home Insurance Co.	歷山大廈
宜安保險公司（I On Marine & Fire Insurance Co.）	東亞銀行
北美洲保險公司（Insurance Co. of North American）	聖佐治行二樓
怡和洋行（Jardine, Matheson & Co., Ltd.）	怡和大廈
隆德燕梳有限公司（Lombard Insurance Co., Ltd.）　代理：怡和洋行	怡和大廈
洛士利洋行有限公司（Loxley, W. R. & Co., Ltd.）	怡和大廈
聯安水火保險有限公司（Luon On Fire & Marine Insurance Co., Ltd.）	永樂街89號
聯泰保險有限公司（Lun Tai Mutual Fire & Marine Insurance Co., Ltd.）	德輔道中272號
蘭加西保險公司（Lancashire Insurance Co., Ltd.）　代理：洛士利洋行	怡和大廈
英商環球燕梳有限公司（Liverpool & London & Globe Insurance Co., Ltd.）代理：天祥洋行	歷山大廈
中華保險公司（Malayan Insurance Co., Ltd.）	渣打銀行大廈

保險公司名稱	地址
免拿洋行（Manners Insurance Ltd.）	於仁大廈
懋凱保險公司（Mercantile Fire & Marine Underwriters）	皇后大道中中和行
香港民安保險有限公司〔Ming An Insurance Co.,（H.K.）Ltd.〕	中國銀行大廈三樓
宏利人壽保險公司（Manufacturers Life Insurance Co.）	於仁行
香港洋面保險公會（Marine Insurance Association Secretaries）	歷山大廈
海寧保險股份有限公司（Maritime Union Assurance Co. Ltd.）	渣打銀行大廈
Motor Union Insurance Co., Ltd.	歷山大廈
Marine & General Insurance Co., of Bombay　代理：怡和洋行	怡和大廈
國民保險有限公司（National Insurance Co., Ltd.）	興發大廈
紐西蘭國民保險公司（National Insurance Co. of New Zealand Ltd.）	皇后大道中112號
新印度保險股份有限公司（New India Assurance Co., Ltd.）	雪廠街9號
紐西蘭保險有限公司（New Zealand Insurance Co., Ltd.）	畢打街14-16號
北太平洋燕梳有限公司（North Pacific Insurance Co., Ltd.）	歷山大廈
Northern Assurance Co., Ltd.　火險代理：仁記洋行 水險代理：會德豐公司	鐵行大廈 於仁大廈
Neuchatel Swiss General Insurance Co., Ltd. Zurich Switzerland	皇后大道中12-14號
New Great Insurance Co., of India　代理：怡和洋行	怡和大廈
New England Insurance Co.　代理：Zung Fu Co.	崇明大廈
North American Insurance Co., Ltd.	聖佐治大廈
Norwich Union Fire Insurance Society Ltd.	於仁行
Occidental Life Insurance Co., of California	公主行
華僑保險有限公司（Overseas Assurance Corp. Ltd.）	愛丁堡大廈
太平洋島燕梳有限公司（Pacific Islands Insurance Co., Ltd.）	公主行
大衆保險有限公司（Public Insurance Co., Ltd.）	干諾道中15號大昌大廈
寶豐保險有限公司（Paofoong Insurance Co., Ltd.）	皇后大道中6號
Pacific Insurance Co., Ltd.　代理：怡和洋行	怡和大廈
Phonix Assurance Co., Ltd.　代理：仁記洋行	鐵行大廈

保險公司名稱	地址
寶塔保險有限公司（Pagoda Insurance Co., Ltd.）	高士打道256號
Public Life Assurance Co., Ltd.	公主行
Queensland Insurance Co., Ltd.　代理：怡和洋行	怡和大廈
泰和洋行 Reiss, Bradley & Co., Ltd.（Victoria Insurance Co., Ltd.）	皇后大道中2號
皇家保險有限公司（Royal Insurance Co., Ltd.）	渣打銀行大廈
囉士洋行（Ross Alex & Co., Ltd.）	皇室行
Reliance Marine Insurance Co., Ltd.　代理：太古洋行	干諾道中1號
Reliance Underwriters Ltd.	公主行
上海聯保水火險有限公司（Shanghai Fire & Marine Insurance Co., Ltd.）	德輔道中6號 廣東銀行大廈
先施保險置業有限公司（Sincere Insurance & Investment Co., Ltd.）	德輔道中173號
先施人壽保險有限公司	德輔道中173號
南英燕梳有限公司（South British Insurance Co., Ltd.）	太子行
瑞華保險公司（Swiss Underwriters）	皇后大道中14號
瑞士保險有限公司（Switzerland General Insurance Co., Ltd.）	聖佐治行
Sea Insurance Co., Ltd.　代理：太古洋行	干諾道中1號
Sincere Life Assurance Co., Ltd.	德輔道中173號
同和洋行（Spalinger U. & Co., Ltd.）	於仁大廈
Springfield Fire & Marine Insurance Co., 代理：Metro Car（H.K.）Ltd.; Reliance Underwriters Ltd.	英皇道121號 公主行
Sphere Insurance Co., Ltd.　代理：Balli Bros. Ltd.	歷山大廈
瑞典洋行（Swedish Trading Co., Ltd. The）	太子行
永明人壽燕梳公司（Sun Life Assurance Co. of Canada）	告羅士打酒店
St.Paul Fire & Marine Insurance Co. 代理：Tak Kee Shipping & Trading Co., Ltd.	球義大廈
Standard Marine Insurance Co., Ltd.　代理：太古洋行	干諾道中1號
太平保險公司（Tai Ping Insurance Co., Ltd.）	德誠大廈
香港火險有限公司（The Hong Kong Fire Insurance Co., Ltd.） 代理：怡和洋行	怡和大廈

保險公司名稱	地址
多利順洋行（Thoresen & Co., Ltd.）	於仁大廈
於仁洋面及火險保安有限公司（Union Insurance Society of Canton, Ltd.）	於仁大廈
United India Fire & General Insurance Co., Ltd.	皇后大道中12-14號
環球保險有限公司（Universal Underwriters Ltd.）	大廈行
Union Trading Co., Ltd. The	歷山大廈
United Scottish Insurance Co., Ltd. 代理：多利順洋行	於仁大廈
United Insurance Co., Ltd. 代理：怡和洋行	怡和大廈
United Insurance Co., Ltd. Sydney	中國聯合銀行大廈
聯合保險有限公司（United Insurance Underwriters Ltd.）	中國聯合銀行大廈
Universal Insurance & Indemnity Co.	商業大廈
Victoria Insurance Co., Ltd. 代理： Reios Bradley & Co., Ltd.	萬國寶通銀行大廈
華寶洋行有限公司（Wallem Lambernt Bros. Ltd.）	滙豐銀行大廈
會德豐有限公司（Wheelock Marden & Stewart Ltd.）	於仁行
永安水火保險有限公司（Wing On Fire & Marine Insurance Co., Ltd.）	德輔道中225號
世界保險有限公司（World Auxiliary Insurance Corporation Ltd.）	聖佐治行
裕通泰有限公司（Yu Tung Tai Ltd.）	皇后大道中二號

資料來源：香港經濟導報編，《香港經濟年鑑（1962年）》，第四篇，頁139-143。

1. Alan Chalkley, *Adventures and Perils: The First Hundred and Fifty Years of Union Insurance Society of Canton, Ltd.*, Ogilvy & Mather Public Relations (Asia) Ltd., 1985, P.36.

2. 同上註，頁38。

3. 同上註，頁36。

4. 同上註，頁54。

5. 同上註，頁45。

6. 文中 Magniac 可能就是進入中國最早最古老的英國私人公司馬格尼亞克商行（Charles Magniac Company）。

7. Lombard Insurance Group, *Lombard Insurance Group, 1836-1986*, Hong Kong: the Group, 1986, P.5.

8. 哈特臣（Robin Hutcheon）著，黃佩儀、湯麗儀譯：《錦霞滿天——利豐發展的道路》，中山大學出版社，1993年，頁23。

9. 參見〈商業調查：保險業〉，載《香港商業手冊》，香港經濟導報社，1960年8月，第一篇，頁16。

10. 同註1，頁37。

11. 《香港全記錄（卷一）》，1957年9月2日。

12. 同註1，頁42。

13. 王建國：〈百慕達之迷〉，《今日保險月刊》，1989年第二期，頁9。

14. 同註1，頁37。

15. 參見〈保險業〉，載香港經濟導報編：《香港經濟年鑑（1962年）》，第一篇，頁181。

16. 同註9，頁17。

17. 《香港全記錄（卷一）》，1956年10月13日。

18. 香港意外與洋面保險公會："The Accident & Marine Insurance Associations of Hong Kong"，1987年8月17日，頁1。

19. Clive A.Brook-Fox, "Marketing Effectiveness in the Hong Kong Insurance Industry: A Study of the Elements of Marketing Strategy and Their Effect on Performance", Master of Business Administration Thesis, University of Hong Kong, March 1982, PP.3-4.

20. 張仲禮、陳曾年、姚欣榮：《太古集團在舊中國》，上海人民出版社，1991年，頁40。

21. 廣告：〈南英保險公司服務香港一百周年〉，香港《華僑日報》，1981年7月22日，頁1。

22. 參見〈保險業〉，載《香港經濟導報》編：《香港經濟年鑑（1970年）》，第一篇，頁186。

第四章

香港保險中心的形成與保險業的多元化

"在許多別的發達國家裏，非銀行的金融中介機構在金融界形成了一個重要的部門，而且整個地以高於商業銀行的速度發展著，這種傾向在香港並不存在。香港的商業銀行仍然統治著金融局面，儘管近來興起了接受存款的公司……

"保險公司是非銀行中介機構中最重要的一員。香港已經很大程度上成為一個保險中心；到1977年3月31日為止已有285家保險公司，其中164家是外國公司，從事各種保險業務。香港是一個貿易、製造和金融的重要中心，也就必然隨之成為一個保險中心。"

— Y. C. Jao, "The Financial Structure", in David Lethbridge (ed.), *The Business Environment in Hong Kong.*

"香港已經很大程度上成為一個保險中心"

1960年代，快速的工業化推動了香港整體經濟的起飛。踏入1970年代，香港的工業化進程接近完成，工商各業繁榮，房地產價格上升，許多公司都計劃將股票上市以籌集更多的資金發展。這推動了遠東交易所（The Far East Exchange Limited）、金銀證券交易所（The Kam Ngan Stock Exchange Limited）、九龍證券交易所的成立（The Kowloon Stock Exchange Limited），形成了所謂"四會時期"（另一為最早成立的香港證券交易所），並促成了1970年代初期香港股市的蓬勃發展。

圖為"四會時期"的交易所標誌。

1972年2月，美國尼克遜總統訪問北京，中美關係改善，消息刺激香港股市飆升。同年10月，英資怡和集團旗下的香港置地公司宣佈以換股方式收購牛奶公司，進一步推動大市上升。這一年，香港股市交投狂熱，全年成交總額達433.97億港元，相當於1971年的三倍。股票市場的興旺吸引了大批跨國金融機構湧入香港，它們除了收購本地註冊銀行之外，更多的是以財務公司的形式在香港設立附屬機構，參與毋須銀行牌照的商人銀行或投資銀行業務，從事安排企業上市、包銷、收購、兼併等業務。跨國金融機構的進入，刺激了本地財務公司如雨後春筍般湧現。1973年香港股市狂潮期間，在香港經營的財務公司竟多達2,000多家。[1]

1978年3月，在跨國銀行的壓力和新加坡的競爭下，香港政府宣佈重新向外資銀行頒發銀行牌照，凍結頒發銀行牌照的行動是1965年銀行危機爆發後實施的。這導致了大批跨國銀行湧入香港。1980年代初，香港政府宣佈了一系列金融自由化政策，包括1982年2月撤銷外幣存款15%的利息稅，並將港幣存款利息稅降至10%；1983年10月完全取消港幣存款利息稅等。這些措施進一步吸引外資銀行的進入。據統計，1978年以前，海外註冊的銀行僅40家，但到1986年已增加到107家，這還不包括在中國內地註冊的九家銀行。

1960年代末至1980年代初中期，隨著香港經濟的急速發展、股市的崛起，以及大批跨國金融機構的湧入，香港迅速崛起為亞太區的國際金融中心。香港大學教授饒餘慶就指出："香港之崛起為一國際金融中心，是第二次世界大戰結束以來，香港經濟的兩大成就之一，另一成就就是從一轉口埠轉變成為一富裕的工業體。本港和海外有些人士，甚至宣稱香港是全球第三大金融中心。雖然這是過分的宣傳，但香港是全世界主要國際金融中心之一，則是公認的事實。"[2]

這種宏觀經濟背景，為香港保險業的發展創造了非常良好的商業環境。當時，香港保險法律甚少，一家保險公司只須辦理商業登記並向公司註冊處繳付註冊費後即可營業。香港沒有外匯管制，資金調撥方便；公司利得稅低，在香港經營較容易積累資金。因此，各種保險公司如雨後春筍般湧現，外資保險公司紛紛在港成立分公司，一些貿易商行和地產公司也兼營保險業務，許多銀行和財務公司亦附設保險公司。從《香港經濟年鑑》

各年的資料，可以反映出這種發展趨勢：

——1970年，香港新增六家保險公司，包括美資三家、日資二家和菲律賓資本一家。其中，菲資和一家美資公司是在香港註冊的，公司總部設在香港，其餘五家則是委託香港洋行或保險公司代理業務的公司。

——1971年，香港新增保險公司六家，包括英資四家，本地華資、瑞士資本各一家。其中，本地華資公司在香港註冊，公司總部設在香港。其餘五家則是委託代理的公司。

——1973年，香港新增保險公司八家，包括華資三家，英資二家、西德、印度、馬來西亞資本各一家。其中，在香港設立公司的六家，委託代理的二家。

——1974年，香港新增保險公司九家，包括英資六家、本地華資二家、華僑資本一家。其中，在香港設有公司的四家，委託代理的五家。

——1975年，香港新增保險公司19家，包括一家美資人壽保險公司收購一家華資人壽保險公司的全部股權。非保險公會會員的保險公司也在增加。一些外資保險公司認為不參加保險公會能擺脫公會章程約束，對保戶提供較優惠的條件以競爭業務。1975年這類公司已發展至近20家。

——1976年，香港新增保險公司17家。其中，一家過去主要以倫敦為投資地區的澳洲公司，在英鎊風雨飄搖不安的情況下，到香港開設分公司發展。此外，一些工商業企業自己開辦保險公司逐漸成風，年內僅僅是地產業商人開辦保險公司就有兩宗。

——1977年，香港新增保險公司43家。其中有九家在香港註冊，設立公司總部。該年是保險公司增加最多的一年，由於過去兩年間，香港政府不斷透露，對管制保險公司將有修訂措施，以致引起爭先取得保險公司牌照的動向。年內，不參加保險公會的保險公司以及以代理人性質而掛上保險公司招牌的越來越多。

根據香港政府統計資料，到1979年底，包括在香港設立總公司、分公司以及在香港委託代理經營的保險公司在內，向香港政府註冊的保險公司共有335家。其中，參加保險公會的有203家，在香港設立總、分公司的，產物保險有71家，人壽保險22家，共93家（見表4.1）。香港大學饒餘慶教授認為：這一時期，"香港已經很大程度上成為一個保險中心"。[3]

表4.1　1970年代香港保險公司發展概況

年份	參加公會的保險公司總數			在香港設立總、分公司總數			未參加保險公會公司總數
	總數	一般保險	人壽保險	總數	一般保險	人壽保險	
1970	174	152	22	60	39	21	NA
1971	176	154	22	61	40	21	NA
1972	173	151	22	62	41	21	NA
1973	181	159	22	68	47	21	NA
1974	179	157	22	72	51	21	NA
1975	184	163	22	76	54	22	近20
1976	187	164	23	78	56	22	NA
1977	196	173	23	87	65	22	NA
1978	199	176	23	91	69	22	超過120
1979	203	180	23	93	71	22	132

資料來源：香港經濟導報編，《香港經濟年鑑》，1970至1980年。

香港保險市場的多元化

1970年代，隨著大批外資保險公司進入香港，香港的保險市場結構發生了顯著的變化，開始呈現出多元化的發展趨勢：

（1）香港傳統的保險代理機構，紛紛與其國外的保險業夥伴合作組建，在香港註冊營運的保險公司。

有研究指出："在香港這塊殖民地的歷史發展過程中，保險業的主要特徵是'捆綁業務'，尤其是在火災和海事市場上。每一個大的商業公司都與一個提供優惠的保險公司捆綁在一起，由此與官方機構相聯繫。像這種聯繫，一些公司可以追溯到一個多世紀以前。"[4] 香港的貿易大機構，即傳統的大"行"，往往傾向於成為外國保險公司的在香港的代理，進行營運。

不過，1970年代以後，這些保險代理商發現，通過建立自己的保險公司進行營運更加有利，它們開始與外國的合作夥伴建立合資公司。1971年，英資洋行太古集團因應客戶的需求，計劃設立屬於自己的保險公司，這些客戶希望面對當地的保險公司而不是隨時都可能撤返倫敦的代理商。其後，太古得知其長期合作夥伴英國皇家保險集團

1971年皇家保險的第三者責任保險費收據。

（Royal Insurance Group）也有相似的想法，於是雙方在1973年合作創辦太古皇家保險公司（Royal Insurance Company Limited），其中皇家保險集團擁有51%的股份，太古集團佔49%。該公司於1990年代初發展為香港一般保險的第五大保險集團。[5]

這一時期，英資怡和集團亦透過旗下的保險部門與英國太陽聯合保險集團（The Sun Alliance Group）香港公司合組隆德同盟（Lombard Alliance）。長期以來，怡和洋行一直是英國人陽聯合集團香港事業部的保險代理。1976年，長期作為鷹星集團（Eagle Star Group）保險代理的穆勒公司（Mollers Company），與鷹星集團合作在香港成立了亞洲雄鷹保險公司（The Asian Eagle Insurance Company）。1977年，香港上海滙豐銀行（The Hongkong and Shanghai Banking Corporation）也將旗下絕大部分保險業務注入獲多利保險（Wardley Insurance）——一家與中華保險集團（Malayan Insurance Company Incorporation）合資組建的保險公司。該公司其後被重新命名為嘉豐保險公司（Carlingford Insurance Company Limited）。[6]據1973年加入怡和洋行保險部的沈茂輝（Michael Somerville）回憶，1970年代的香港保險業有不少前所未有的新趨勢，包括壽險起飛、新險種的出現、國際經紀行的加入，以及從業員日益專業化的要求。

沈茂輝　　前隆德保險主席及行政總裁　　1973年入行

1982年，沈茂輝（右二）與同在隆德工作的同事合照，右起為紀增城、Michael Lamb 及郭振華。

1970年代英資保險公司：我在1973年來港工作時，香港的保險市場由大型代理行（當時稱

為 "行") 主導，例如：怡和、太古、太平洋。我任職的怡和代表許多家這類型甚具影響力的英資保險公司，包括：Alliance Assurance、Sun、金孖素於仁（Commercial Union）、皇家保險（Royal Insurance）、Chubb 及 Generali Insurance。我還記得我當年的辦公室懸掛著一封怡和在1860年代的公函，回覆 Alliance Assurance 查問當時香港的市場情況，信中寫道："據 閣下的查詢，謹此行文報告，據我們所知，除了火藥外，香港沒有其他危險成份"。

怡和除了擔任代理外，亦自設保險公司，承保利潤最高的業務。我們的核心業務大都是 "靠關係"，由附屬公司、商業夥伴、屬下代理行的客戶和朋友轉介而來。記得當年怡和成為仁孚的大股東，而仁孚則獨家代理香港的奔馳汽車，怡和的主席通知我將仁孚的所有保險業務轉交怡和處理，但另一方面，向來直截了當的仁孚總裁則強烈警告我們不要沾手他們的保險業務。幸好最後雙方也能達成可接受的方案。

香港險種的發展：一直以來，香港的保險市場以水險和火險為主，大部分生意都來自製造業和紡織業，保單通常是來自收取佣金的代理，當時尚未有 "經紀" 這概念。怡和的佣金代理部十分強大，員工主要是代表怡和足球隊參加聯賽的職業足球員，保險只是他們的副業。

後來出現幾件事令市場起了變化：車輛的數目大幅增加、勞保成為法定保險、多項重要基建工程上馬，包括：興建海底隧道、香港仔隧道、萬宜水庫和地下鐵路等項目，促使1970年代初首次引進工程全險。工程全險的出現，加上香港的航空業、航運業日益蓬勃，吸引多家大型海外保險經紀公司來港，他們擁有專門技術，努力進佔新興市場，對舊有 "靠關係" 做生意的手法嗤之以鼻。

本地保險公司面對的挑戰：本地保險公司和代理商由於缺乏技術和能力，面對國際經紀行突如其來的新挑戰時，紛紛向以瑞士再保險和慕尼黑再保險為首的國際再保險公司尋求支持和指引。這些再保險公司吸納了絕大部份的風險，只留下少量風險給本地公司自行承保，故此控制了保險公司的核保策略，本地保險公司的主要收入反而來自佣金和投資產業。當時的大型再保險商基本上充當了這些本地公司的保母。

同事送給沈茂輝的禮物。

同事的禮物：當我出任怡和保險部主管時，將經紀、保險公司和代理的角色合併起來，但這情況很快便改變了。我現在的辦公室掛了一幅畫，是將經紀業務分拆獨立成為 Jardine Insurance Brokers 時（現稱怡和保險顧問有限公司），同事送給我的禮物；畫中的我扳起海軍上將的帽子，站在帆船的船尾，另一邊是一艘懸掛著海盜旗、船上滿是海盜的拖艇，我這海軍上將正努力把兩船之間的纜繩切斷，象徵獨立後的保險經紀部正要揚帆出發，打破舊有的保險傳統！

保險業邁向專業化：瑞士再保險在1964慶祝成立一百周年，並出版了《世界保險市場》，當中提到：“香港現時仍未有專為保險而設的培訓或教育設施，關於保險的小冊子現正籌備中”。到了1973年，怡和、太古和其他數家大型保險公司開始招募大學和理工學院的畢業生，出任保險見習管理人員。我在怡和和隆德任職期間，招聘和訓練了70多位大學畢業生，又給予他們到海外工作的機會，當中不少人今日在香港與內地保險界獨當一面，他們勇於打破舊思維，引進入秩序，努力打拼，令保險業成為社會經濟的重要一環。

1970年代壽險起飛：其實，在1970年代真正開始起飛的卻是人壽保險。瑞士再保險1964年出版的《世界保險市場》這樣形容香港的壽險業：“中國傳統家庭對保障的觀念，以及生死註冊紀錄欠完善，令人壽保險不受重視”。

我當日來港的其中一項主要任務是成立一家全亞洲的壽險公司，透過公積金顧問公司和個人財務顧問公司，在香港銷售投資相連產品。我們成功建立兩家顧問公司，並在行內打響名堂，但構思中的壽險公司卻因為1970年代的石油危機而胎死腹中。及至十多年後，怡和人壽保險才得以成立，後來易名為康聯亞洲，今日已被永明人壽收購了。

據研究，導致這一發展趨勢的主要原因有二：其一，1970年代以來，隨著香港經濟的起飛，香港對外國保險公司的吸引力大增，原來主要透過香港保險代理機構從事保險業務的外國保險公司，紛紛到香港設立分支機構，這使得香港傳統的保險代理機構——通常是一些大行的保險代理業務減少；其二，是香港保險費回扣率大幅提升。1972年，一家保險代理機構的火險賬戶可收到總保險費用45%至50%的佣金，而當時的回扣平均為保險費用的30%，即尚有15%至20%的利潤空間；然而，到了1977年，火險的回扣率提高到45%至50%，總的利潤空間縮減到5%甚至無利可圖。因此，保險代理機構的最好選擇就是組建自己的保險公司，這可使他們直接分享保險與投資的利潤。[7]

（2）1970年代中期，大批國際保險經紀行進入香港

保險經紀與保險代理具有明顯的區別。根據《勞合社日記》的前言，保險經紀的職責是代表他的投保人，發現他的需要，盡可能地減輕他在保險商面前的風險，從而使他在保險合同確立時能得到最好的保險條款；並且當有索賠時，安排支付方式，從保險商那裏拿到錢並得到合理的賠款。[8]歐洲經濟共同體也給予同樣的定義："保險經紀人是指這樣一群人，出於對風險的保險或再保險的考慮，能夠完全自由地選擇他們所擔保的企業，將它與正尋求保險或再保險的人和企業聯繫，從事保險或再保險合同結果的籌備工作，並在適當的時候，協助這些合同的管理和履行，尤其是在索賠的過程中。"[9] 保險經紀人的本質屬性即是他並不依附於任何一家特殊的保險公司，而是能自由地與提供有利的保險條款的公司協商業務。保險經紀人按預期受保人的指示行動，並且在法律上是受保人的代理人。

據長期從事保險經紀業務的辜信傑的回憶，1970年代之前，香港的保險經紀並不活躍，

1970年代，怡和透過旗下的保險部門與英國太陽聯合保險集團香港公司合組隆德同盟。圖為1979年位於香港中區海旁的怡和公司的總部所在地康樂大廈（中間者），即現時的怡和大廈。

所佔市場份額，不足10%。當時，本地經紀主要代表一些中小客戶從事保險中介。然而，進入1970年代以後，香港啟動了一系列大型基建項目，如地下鐵路的興建，由於專業性強，本地經紀均不敢承接，這推動了國際經紀大行進軍香港。1974年，當時全球最大及第三大的跨國經紀公司達信保險（Marsh and McLennan Companies Incorporation）和約翰遜哈金斯有限公司（Johnson & Higgins Limited）相繼進入香港。1980年代初，達信保險與香港的新鴻基公司合作創辦合資公司經營本地保險經紀業務。[10]不過，後來雙方因意見分歧而拆夥，達信保險將合資公司股權全部售予新鴻基公司。1982年，約翰遜哈金斯（香港）有限公司〔Johnson & Higgins（Hong Kong）Limited〕成功取得了他們在香港的第一個代理客戶——九廣鐵路公司。同期，英美資本的韋萊（Willis Faber)、怡安（Aon）等也相繼進入香港發展。

辜信傑　　尚乘風險管理有限公司總經理　　1980年入行

辜信傑（左二）於1986年與達信保險經紀公司（Marsh and McLennan Sun Hung Kai）的同事合照，右起為阮德添、Rebecca Charlesworth 及 David Harrison。

怡和不跟隨保險公會費率：那時候所有保險公司都會跟隨保險公會的費率，但怡和就利用了經紀人的方法，同時向甲公司、乙公司、丙公司商談，比較哪一間公司的條件最好，再介紹給客戶，當時與怡和合作的保險公司以外資為主，大部分都不跟隨保險公會的指引費率，保費可低至公會價的20%，令市場相當震盪，因為當時的代理即使不取去所有的折扣利潤，也只會提供10%到20%的折扣給客人。

怡和此舉開始時有點成效，奪取了這些外資公司的部分市場份額後，其他外資經紀人又開始加入戰團，例如1980年代之前，經紀人只做自己國家企業投資的生意，不會主動找本港的生意。對於怡和和其他經紀人的舉動，代理人及保險公司當然十分不高興，因為本來市場是很平衡的，突然有人破壞這個平衡。當時曾經有些保險公司希望壟斷市場，私下商議各個項目的最低價格，不支持這些經紀人的行為。但南英、紐西蘭、商聯等因為是市場的龍頭保險公司，雖然不想減價，但因敵不過市場力量，只要有一些藉口，它們便會減價找生意，以維持自身的市場佔有率。經紀報價時都直接給淨價，有時甚至低至公會費率的20%。慢慢地公會的費率便名存實亡，整個市場便經歷了重組。

根據香港最大的再保險機構慕尼黑再保險有限公司香港分公司（Munich Reinsurance Company Hong Kong Branch）的資料，國際經紀行在香港開設的辦事處數目，從1972年的6家增加到1977年26家。這一時期，大部分的國際保險經紀大都是由香港通稱為"行"（Hongs）的大型貿易公司引進到香港的，這些國際經紀公司主要是英資保險公司（見表4.2）。[11] 國際保險經紀在進入香港的同時，也將它們本土客戶的香港業務囊括其中。例如，達信保險就成為了可口可樂、高露潔等客戶在香港業務的保險經紀。逐漸地，香港的一些大型保險客戶，如中華煤氣、香港電燈、中華電力等也轉而聘請它們做自己的保險經紀。到90年代，甚至政府的醫管局，非商界的地鐵公司、馬會、香港社會服務聯會，乃至眾多大公司如國泰航空等，都落入它們手裏。約八至十家國際性保險經紀成為了香港眾多大公司、大機構的保險中介，這對香港的保險市場的發展產生了深遠的影響。

表4.2　1970年代創辦的國際經紀公司

"行"	保險經紀附屬公司	成立年份
會德豐有限公司 （Wheelock Marden & Co., Ltd.）	Wheelock Marden & Stewart Co., Ltd.	1970
太古集團有限公司 （John Swire & Sons Ltd.）	太古保險有限公司 （Swire Insurance Ltd.）	1972
香港上海滙豐銀行 （The Hongkong & Shanghai Banking Corp.）	Gibbs Insurance Consultants Ltd.	1976
天祥有限公司 （Dodwell & Co., Ltd.）	Bain Dawes Dodwell Co., Ltd.	1977
怡和有限公司 （Jardine Matheson & Co., Ltd.）	怡和保險經紀有限公司 （Jardine Insurance Brokers Ltd.）	1982

資料來源：Yuen Tak Tim, Anthony, "A Study on the Popularity of Utilizing Insurance Brokers by Industrial Concerns in Hong Kong for Management of Their Insurance Programme", MBA Thesis, Department of Management Studies, Faculty of Social Science, University of Hong Kong, May 20 1986.

（3）香港本地中小型保險公司大量湧現，業務競爭日趨激烈。

根據香港註冊總署的資料，香港保險公司的數量，從1974年的270家增加到1979年的335家，成為亞太地區擁有保險公司最多的地區。隨著保險公司的增加，業務競爭越來越激烈。一些未參加保險公會的公司，不理會保險公會統一規定的約束，甚至有時不按常規處理賠償案；有些保險公司或保險代理行，濫做生意，常因費率、折扣等關係而打擊到保險市場的正常發展。比較規範的保險公司也無不出奇制勝，紛紛推出新品種。1977年，先後出現過"商店綜合險"、"分期預領壽險"等；1978年以來，又出現"珠寶保值保險"、"勿驚保險"等等。

香港保險業市場結構的變化，伴隨著不可避免的競爭升級，產生了一些負面效應，尤其是在70年代後期，這包括：傳統價格的影響日益減少，尤其是火險；某些業務類型的價格在這十年間"插水"（大幅下跌）或下調。保險公司開始將銷售重點從傳統的大戶轉向中小客戶，那裏競爭強度較小（尤其是來自經紀人的競爭），有更大的潛在盈利能力和更好的現金流。與此同時，隨著大量新保險公司的成立，以及競爭激烈環境下破產風險的提高（鑑於保險公司的負債風險數千倍於他們的淨資產價值），加強了政府管制的必要。這導致了1978年引入與資本需求有關的臨時立法，並引出了後來更多、更廣泛的建議。[12]

吳肇基　　基安保險代理有限公司執行董事　　1958年入行

吳肇基（右）於1975年一酒會上與當時會德豐保險部的非水險主管 W. P. Stewart（中）及會德豐集團主席 John Marden（左）合照。

北美洲保險：北美洲保險是美國相當大的一間保險公司，大概在戰後才在香港設分公司。那時候英國人在香港的勢力很大，英國公司的市場佔有率相當高，大數目的生意，如承保電力、煤氣等公共設施，全由英國保險公司經營，再由這些公司把生意攤分給其他保險公司。

美亞保險：香港當時是一個轉口港，大多數的貨品都是轉口到上海去。這生意在1945年後仍持續。大約到了1949年，上海的廠商紛紛因政治因素遷至香港，大多數從事紡織業，如南洋、中央、南海等。那時，香港沒有甚麼大的製造業，全因這些廠商遷至香港才發展較大規模的工業，因此在這方面的保險生意保費增加了很多。當時美亞亦從上海遷徙至香港，它跟上海幫的關係良好，令美亞做了不少紡織業的生意。戰前美亞的總部在上海，戰後就把地區總部遷移到香港。香港的員工人數大概是60名，而連同地區總部的員工總共是100多人，負責火險、水險及意外險。火險佔最大部分，火險及水險生意主要來自紗廠和出口紡織品。當時大部分紗廠的保險生意由美亞、南英和紐西蘭所佔，因為南英和紐西蘭都聘請上海人作買辦。

茂泰保險：到了1970年代，當時會德豐集團本身沒有保險公司，只做代理。當時有家子公司叫茂泰，專門經營貿易生意，我就協助會德豐於1976年成立茂泰保險，以本地市場為主。後來旅遊業開始蓬勃，有很多遊客訪港購物，於是開始發展珠寶、鐘錶保險。當時倫敦有專門保貴重物品的珠寶全險，包括盜竊險，香港則未起步。由於珠寶保險金額巨大風險高，我們接到保單後，會找倫敦保險公司分保。那時候由珠寶行介紹，茂泰先後代理了大部分的珠寶保險。

香港一般保險業的發展

1970年代，香港一般保險業務繼續轉型：水險業務增長放緩，火險業務成為保險公司最主要的業務，而勞工險、汽車險及其他一般保險也有了一定程度的發展。

70年代初，香港的進出口業繼續取得良好進展。1970和1971年，香港的出口值分別增加17.4%和11.4%，進口值分別增加18.2%和15%，但是，水險業務發展卻未如理想，原因是西方國家的部分進出口商要求香港更改貿易條件，將保險改在當地投保，以減輕外匯的支出和進口稅的負擔。這幾年，水險的賠償數額較大，特別是1971年上半年裝載棉花進口香港的船隻頻頻發生火災，下半年颱風"露絲"襲港亦造成較大損失。

1972年初，一艘83,000噸的"海上學府"船隻，在香港海港裏進行修整時發生大火，損失約

1971年颱風"露絲"襲港對香港經濟造成不少影響。圖為"露絲"襲港時長沙灣天橋下一片澤國。

厚生利群：香港保險史（1841-2008）

數千萬港元，成為保險史上有名的巨額賠償案件。不過，這艘船是在倫敦投保的，香港只有一二家保險公司接受過小額的分保，故對香港保險業影響不大。當年，對香港水險影響最大的是貨物偷竊損失的賠償。偷竊程度最厲害的，依次是中南美洲、東西非洲、歐洲和北美。保險公司為減低損失，有的將保費提高，有的拒保偷竊險或"全險"，只承保"平安險"（Free from Particular Average，簡稱 FPA）[13]和"水漬險"（With Particular Average，簡稱 WPA）。[14]

1973年，中東石油危機促使西方國家經濟衰退，國際航運萎縮，偷竊增加，對保險業造成了不利影響，但香港通貨膨脹高企仍促使保額、保費增加。1974年，受到石油危機的影響，香港進出口貿易萎縮，輸美輸英的紡織品出口配額出現大量剩餘，進口原材料減少，運輸保險貨值、貨量都下降。估計運輸保險的保費收入約減少30%左右。由於水險公

1972年，"海上學府"在香港海港進行維修時發生大火，損失約數千萬港元，成為保險史上有名的巨額賠償案件。

會並無統一規定的限制，各保險公司紛紛降價，有的賠償責任較大的"全險"收費，甚至比過去承保一般性條款還要便宜。

1975年以後，西方經濟逐漸從危機中走出，香港進出口貿易回升，原材料進口、製成品出口都呈現增加趨勢，運輸保險逐漸扭轉下滑局面。由於水險公會對運輸保險的基本費率並沒有統一規定，在競爭激烈的情況下，香港運輸保險費率不斷降低，促使一部分貿易條件發生變化，有些進出口行業人士將原來在外地投保的保險，轉在香港投保；再加上世界各地主要港口開始改用集裝箱貨船裝載，運輸中被偷竊的損失相對減少，水險業務發展相對順利。不過，1970年代後期，不少保險公司受到所謂"道德危險"的困擾，如1978年，香港保險公司承保的水險業務中，有12艘船隻及其所載貨物報稱"沉沒"，但所有船隻均無傷亡報告，亦無任何遺跡或殘骸被發現，絕大多數船主或機房日記失蹤，而且有的案件的船主所報失事的天氣與天文台及附近船隻的報告不符。此外，船隻失事的地點都在深海，打撈困難。

這一時期，火險成為保險公司最重要的業務。1972年，西方國家貨幣動盪不安，香港工業產銷遭受挫折，經濟增長放緩，股票市場投機變本加厲，通貨膨脹、信貸膨脹加劇，物價上漲，火險保額和保費也跟隨上升。當年7月1日，火險公會將每張保單最低收費從20港元提高到30港元，其後更對工業火災保險徵收附加費30%。但是，由於工廠大廈毗連過密，房租昂貴使商品堆積過多，以及管理不善等，也由於市面不景氣，存貨滯銷，外銷退貨等，香港火災頻生，受災較多的是紡織業和製衣業。1972年，香港火災達7,677宗，其中四級以上大火92宗，財產損失達8,538萬港元。1972年廣隆泰工廠大火、青堡大廈大火，以及1973年屈臣氏工業大廈大火、南豐紡織公司大火，每宗損失都在一千萬港元以上，是香港過去罕見的大型火災。

1974年，西方經濟危機加深，香港經濟發展緩慢，對保險業的發展亦帶來不利影響。當時香港出口產品滯銷，商業蕭條，主要商品價格回落，保費遂跟隨下降。下半年以後，由於工商業不景氣導致投保火險保額縮小的情況更為顯著，保費收入下降。火險公會對危險性較大的工業大廈的費率，採取個別性提高政策，這使保費繼續有所增長。

1970年代初，香港火災頻生，火險成為保險公司最重要的業務。圖為1972年銅鑼灣百德新街發生爆炸引發大火後的情景。

1976年，西方經濟回升，香港進出口貿易恢復增長，各行工業產銷情況一般有所好轉，經濟大幅度上升，給香港保險業發展帶來動力，估計一般保險公司保費收入比上年增加20%以上。1978年，隨著建築業的蓬勃發展、進出口貿易的增長，以及內部經濟過熱刺激了商業消費的繁榮，保險業收入約比上年增加25%左右。該年4月1日起，香港火災公會取消工業有關的火險附加費，同時調整了火險基本費率，這使保險公司及再保險公司都受到了一定的影響。但是，由於大量樓宇落成，通過銀行及財務公司進行分期付款時，業主必須投保火險，再加上通貨膨脹因素，促使受保貨物價值上升，帶來了更多的保費。

1970年，香港政府訂立"勞工賠償修訂法案"，許多行業資方紛紛投保勞工險，推動了勞工險業務的發展。不過，由於勞工保險是按工資總數作為保險額的，當時企業主管對生產安全缺乏應有的重視，加上香港廠房租金高昂，一般勞工操作場所比較狹窄，很容易發生意外事件。因此，勞工保險的賠償率一般較火險、運輸險為高。1972年，香港職業性（包括工業性）工人意外傷亡29,000宗；到1973年，工人意外傷亡上升到30,214宗，死亡304人，創下新紀錄。1972年7月1日，香港意外保險公會將勞工保險每張保單最低收費從20港元提高到30港元。1974年7月，意外保險公會再度提高高危行業的費率，並將每筆保費最低收費從30港元提高到50港元。1977年，勞工供不應求，特別是建築業比製造業和服務業有更大的需求。此時香港政府制訂新的勞工法例，包括遣散費、非體力勞動職工可享受勞工賠償的工資限額從月薪2,000港元提高到5,000港元，以及年底開始生效的受傷工人有權要求僱主償還實支的醫療費用條例，都對勞工保險有促進作用。

1972年，香港人口超過400萬人，而車輛已達186,377輛，其密度名列世界第二，僅次於摩納哥。由於路少車多，全年共發生車禍12,842宗，死亡人數達438名，突破400大關，為24年來最高數字。保險公司將汽車保險列為不受歡迎的險種。1974年，汽車保險業務普遍下降，原因包括：汽油漲價、停車場月租費從200港元增加到500港元、牌照費增加，促使私家車減少；修理汽車費增加及汽車零件漲價，均使保險公司汽車修理賠款增加。1977年，全年共發生車禍13,879宗，比上年增加12.4%，創香港有史以來最高紀錄。政府規定從1978年6月起強制要求車主投保第三者責任險，以後投保的汽車險必須加此項責任在內。1979年，一家華資保險公司因經營不善，投資失利，先是資金周轉不靈，繼而被政府令其暫停汽車保險業務，後於1980年初宣告破產。

1970年代初期，香港意外保險賠款最大的威脅就是盜竊保險、現金保險、住家綜合保險。1972年，搶劫案件達7,259宗，夜盜案件達3,659宗，香港一度被列入全世界治安最差的城市之一。1973年，搶劫案件8,696宗，增加19.80%，其中持有槍械有組織的搶劫銀行案件有多起；夜盜案件達4,740宗，增加29.54%。1974年，香港紗廠及新蒲崗渣打銀行先後發生持械搶劫案，各被搶走100萬港元，成為香港空前的最大現金搶劫案。同年，一家位於希爾頓酒店商場（即現時的長江中心所在）的珠寶公司，先後被搶劫四次。1975年8月，恒生銀行運送現款途中被劫去700多萬港元，轟動一時。保險公司對各有關搶劫、盜竊險種，都審慎承保。有的保險公司把盜竊保險只作為火險附帶業務，或者提高費率、免賠額，甚至拒絕承保。盜竊保險（包括現金險）成為最不受歡迎險種。

戰後至1970年代人壽保險業的發展

香港的人壽保險雖然從19世紀中葉就開始發展，但早期的人壽保險業務只有幾家保險公司在經營，不成氣候。中國人的傳統文化觀念、社會態度以及大家庭制度，一直是香港人壽保險市場發展的障礙。

20世紀五六十年代以來，香港人口迅速增加，經濟蓬勃發展，為人壽保險的發展創造了理想的機會和空間。不過，當時香港市民對保險的觀念還很陌生。由於人壽保險涉及到死亡傷殘，人們多不接受，甚至視保險代理為"瘟神"，認為"不吉利"。當時，由於整體市場缺乏有效的監管制度，部分保險公司管理制度亦存在不少缺陷，營業隊伍的培訓不能達到基本的水準，特別是一些本地壽險公司，招攬大批保險代理在其親戚、朋友中售賣保單，既沒有清楚的解釋，也缺乏制度保障，導致不少投保客戶招致損失，對這一行業的發展造成了不良影響，人壽保險業的發展仍然處於一個低增長時期。

進入1970年代，香港經濟起飛，中產階級崛起，居民的生活水平也逐步提高，部分市民開始考慮未來的保障，增加儲蓄。當時，大家庭制度開始式微，戰後出生的一代逐漸成為消費的主力，他們更容易接受西方文化，人壽保險的理念在社會上獲得越來越多的認同，香港的人壽保險業開始起步發展。當時，香港從事人壽保險的保險公司雖然也有20多家，但是，真正活躍於市場的不多，最具規模的主要是宏利保險、友邦保險及永明金融等幾家外資保險公司。此外，較活躍的還有華資的先施人壽保險、永安人壽保險，以及中資的中國保險、太平保險和民安保險等。

鄭國屏（前排左二）與民安保險的員工於1994年3月12日參加"蕉林自然教育徑公益林植樹日"，後排左五為當時香港民安保險董事長王憲章。

險種與經濟發展的關係：保險是隨著經濟而發展的，香港原本是一個細小的漁港，根本沒有甚麼保險可言。後來慢慢開始發展輕工業，如製衣、紡織、塑膠等等，火險便應運而生。在保險發展到一定的程度，便成立了保險公會，還訂立了公會費率，例如：火險的公會費率便制訂得很詳細。我還記得當時釐定火險保費有很多因素，其中一種名為"通連危險"，就是指投保的單位與隔鄰的單位之間有多大的距離，房間與房間之間的防火牆有多厚，保險公司是憑這些細節來斷定火災會否由一個單位蔓延到受保的單位，從而決定這單位是否可以獨立訂定費率，否則所有通連單位都應按最高費率承保。

剛才說到保險與經濟發展息息相關，另一個好例子是水險。但凡戰爭爆發，戰區水險的保費必然上升，好像韓戰時期的禁運，以及後來的越戰。戰事最劇烈時，開往越南的貨船舶保險只得到三日保障，每日收取的保費超過船隻價值的18%，而貨物的保費也是非常高昂。當時單一筆到越南的貨物保險，光是經紀佣金已足夠購買一部"奔馳"房車。

到了七八十年代，火險因為工業起飛、地產市道蓬勃發展而收入大增，但到了90年代香港廠房不斷北移，火險保費的收入銳減；水險方面，外商又主要光顧國際大品牌，生意額亦下降了不少。猶幸當時有不少基建項目，令建築全險的保費攀升，再加上市民開始接受意外、醫療、旅遊等險種，令產險的發展出現了新局面。

我認為六七十年代保險市場以水、火險為主，八九十年代則以勞工、建築、醫療、意外、旅遊、汽車等保險為重；總括而言，只要有經濟增長，保險就能繼續發展。

最早在香港開展人壽保險業務的公司是加拿大資金的宏利保險。日本佔據香港期間，宏利保險南中國分公司終止了在香港的業務。二戰結束後，宏利保險在溫莎大廈重開業務，當時，不僅香港和澳門的居民，而且有很多戰前上海和內地其他地區的投保者，紛紛向公司問詢保單相關事宜。[15] 據1950年代初加入宏利保險的孫永祚的回憶，當時，宏利保險正積極招聘保險代理，拓展香港業務。孫永祚早年在上海東吳大學修讀經濟學，1951年從上海來到香港，第一份工作是在上海同學開設的紗廠工作。1954年，孫永祚在報章上看到一家跨國公司的招聘廣告，當時廣告並沒有提到宏利，更沒有提及招聘保險從業員。該廣告連續在報紙上刊登了兩個星期，這引起孫永祚的好奇，參加面試時，才知道是宏利保險招聘保險代理。

孫永祚　　宏利人壽保險（國際）有限公司資深保險行政顧問　　1954年入行

孫永祚（右）是宏利保險於1959年業績最好的保險代理，旁為另一位宏利保險代理李紹沆。

在宏利的日子：我在1954年找工作，在報紙上看到了刊登了兩個星期的宏利的招聘廣告。當時社會對保險的感覺不太好，所以廣告只介紹宏利是一家國際公司，沒有提及保險二字。那時找工作不易，所以我寫了信去碰碰運氣，幸運地給取錄了成為代理人，每月有津貼港幣400元，如果生意達標，可得佣金，但要先扣除津貼部分。換言之，假若我賺800港元的佣金，扣除了津貼，實際薪金只有400元。如果沒有做到生意，除了津貼外，可以向公司借款2,000港元，只要我在離職前歸還便成。那時公司原本有六個代理，招聘後又多了包括我在內的七個代理。故我入職時，公司共有13名代理。不出一個月，七名新代理有兩人辭職，剩下11名代理。

我賣的第一張保單：我的第一名客戶是太古船塢（即現在的太古城）的管理員。他是一個40多歲已婚的山東人。太太沒有工作，有四個兒女，故此需要買保險，但他當時沒錢交保費，由我先墊支，我還請他吃飯，認識了他的家人，這也造就了生意鏈。這宗生意令我收到港幣400元佣金，當時真的很開心。

懂得英語的優勢：當時香港的市道很差，而且幸好我懂得說英語，令局面打開。我當時的上司 Bill Hancock 看我沒有客戶，便給我一本香港政府每年出版的公務員名錄，列明不同部門公務員的名字、出生日期、薪金及職位，我便逐一聯絡。當時的生意主要來自政府部門，後來發覺公務員薪金有限，買保險的人少，於是我便轉向商人及專業人士銷售。雖然我廣東話不靈光，但是我會說國語、上海話、英語，客戶也主要是本地人及以英文為母語的消費者，我的語言優勢使我做到不少生意。我在1961年結婚時，年薪已有港幣4、5萬元了，在那時代已足夠用來買一層樓。

在那個年代，保險代理這份職業並不受歡迎，地位低下。孫永祚表示，當時如果他知道招聘員工的公司是保險公司，就不會去應聘；如果還有第二份工作可選擇，他也不會去做保險代理。他入行後，朋友一看見他即轉身過馬路，避而不見。幾年後，朋友的太太見了他，還悄悄地問："你是否還在做那行？"這些都對孫永祚的自尊心造成了很大的傷害。當時，保險代理被視為"走珠花、串大街"的生意。人壽保險的支柱是比較西化的中產階級，因為普羅大眾買不起保險，而有錢人則不用買保險。在社會上，購買壽險的人也會被人嘲笑，後來加入保險代理行業的黃偉慶在1965年購買保險時，就曾被人們戲稱為"豬仔"。[16]

據孫永祚的回憶，當時，宏利保險的辦事處設在中環溫莎大廈，公司約有職員七至八

1950年代宏利保險的代理出席例會時攝。

人，其中，洋人有三位，其餘是中國人，保險代理則有13人。孫加入公司後，即接受培訓，按公司要求將他記得的親戚、朋友寫出100個名字，然後找他們買保險。孫永祚還記得，他售出第一份保險的投保人是太古船塢的"看更"（管理員）。1960年代，孫利用他懂得英語的優勢，開始打開局面，他的客戶包括政府公務員、大律師公會的律師、前來香港做生意的外國人以及本地人，他的年收入也增加到4、5萬港元。

1959年，宏利保險南中國分公司改組為香港分公司，1960年公司辦事處也搬到了於仁大廈（太古大廈前身）17層樓。1960年代，宏利的保險代理增加至三四十人。由於公司一貫重視對保險代理的培訓，故保險代理的素質都較高，其中有的還參加了國際壽險管理協會（LOMA）的考試。1960年代，儘管經歷了1963年夏季的嚴重乾旱、1965年的股市急跌以及1967年的政治騷亂，但宏利保險的業務表現良好。1966年，宏利的保費收入創歷史新紀錄，達1,304.79萬加元，較1965年增長25%。1968年以後，香港經濟走出政治騷亂的困擾，邁入高增長階段，新公司如雨後春筍般出現，沉寂多年的建築業也開始復蘇。宏利保險也取得強勁增長，1969年公司保費收入超過1,300萬加元，較上年增長45%。[17]

進入1970年代，宏利保險業務增長迅速。1970年，宏利保險香港分公司完成的保單保費超過2,000萬加元，名列總公司第四位，其中，伊恩·布魯克（Ian Brooke）創下了單筆保單達5萬美元的紀錄，納聯·莫特瓦帝（Narain Motwati）手下的一位代理，完成的保單數超過了200份。1971年，香港分公司的排名升至整個公司的第二位，它並曾一度佔據首席位置。香港分公司成為總公司的核心部分之一。1972年，公司棄用楓葉形全球標誌，推出的"宏利（Manulife）"新標誌，公司辦事處小遷入中環海旁新落成的康樂大廈。[18]

1973年，宏利香港分公司迎來在香港和澳門開業75周年。當年，香港股市在急劇暴升後，又戲劇性地大幅下跌，恒生指數在3月9日上升到1774.96點的歷史高位，但到年底又下跌至433.68點，比最高峰時下跌了75%以上。這對香港部分人，包括許多保險公司的客戶和潛在客戶，無疑是一種令人不安的經歷，這亦影響到資金緊張，許多人因無法繼續支付保費而使保單失效，甚至也出現許多退保者。這次金融劇變的結果是使當年的業務量有輕微的下降。然而，1974年，宏利香港分公司因業績卓著而成為新一期公司"總裁獎"獲得者，33年前即1932年分公司也曾獲得過這一獎項。

1970年代中期，宏利借鑑美國友邦保險的經驗，改革保險代理組織制度，引入公司保險代理經理，即由經理分別管理不同的保險代理，因此，宏利的保險代理迅速增加，到1970年代末已增加至約700人，1980年代末更發展至1,000人。這一經驗後來更被總公司移植至其他分公司。這一時期，社會對保險代理的看法開始改變，也吸引了越來越多的人入行。

1975年，由於全球性的持續衰退，香港經濟處於不景氣狀態，普羅大眾減少消費，使儲蓄增加到創紀錄水平。這一年，宏利保險再創佳績，分公司共有五位保險代理進入了"百萬元排行榜"，其中，納聯·莫特瓦帝當年完成了244張保單，保費收入達492.63萬加元，在"百萬元排行榜"中名列第五。[19] 1971年加入宏利保險、1987年出任公司香港區總經理的林文德認為，七八十年代，宏利保險的壽險產品主攻香港中上層階層，客戶的續保率很高，約在91%至92%。

林文德　美國友邦保險（百慕達）有限公司香港及澳門主席　1971年入行

1982年，林文德（左二）與到港視察業務的宏利人壽主席 Syd Jackson（右二）及其他高層合照，左起為 Len Logan、John Clark 及 Dave Hancock。

壽險的發展：1960年代工業發展剛開始，人們開始對水險、火險、貨運等保險有需求，而壽險當時還處於萌芽階段。1970年代是壽險起飛階段，1980年代則是黃金時期。那時候，不需要太聰明，只要勤力及有紀律，已經可以做得很成功。那時政府對保險業的監管較少，保險公司運作透明度低，而且，對於從事保險業人士的培訓不足，使一般人也不太認識保險，甚至對於保險有負面的印象。那時一些公司聘請了從業員之後沒有加以培訓，只要求他們銷售保單，但沒有向保單持有人解釋清楚，最後有很多人都會斷保，結果雙方都蒙受了無謂的損失。那時一般人覺得保險是欺騙市民的。所以，保險公司透明度低及培訓不足，使到很多人都不理解保險及對保險業有不好的形象。

在1971年，壽險的市場佔有率最大的兩間保險公司分別是宏利及友邦保險。直至到1980年代，此兩間保險公司已各佔壽險市場的40%，換句話說，兩間公司已佔據了80%的整體壽險市場。1980年代我在宏利管理營業代理團隊，要求所有營業管理部每天都要開早會，這也是全港第一家每天都開早會的保險公司。新保險從業員於第一年除了接受正規的訓練外，還要八點鐘回公司開早會；到了第二年，從業員就九點鐘回公司開早會；到了第三年，可以自由一些，每個星期開三次早會。他們見客也有完整的訓練，由打電話開始到面見，他們都要流利地講解產品，對衣著也有嚴格的要求，規定他們一定要穿西裝。我在1997年加入友邦，當時有4,000多名從業員，400多名職員。及至2008年，已有8,700多名從業員及700多名職員。

銀行的介入：過去十年，本地保險公司起了很大變化，特別是銀行介入保險界之後，主要有兩個形式運作。一個是銀行成立自己的保險公司，例如：滙豐人壽、恒生人壽、中銀集團人壽，還有其他銀行產品配套，由銀行同事去銷售予客戶。另外一個形式就由銀行與其他保險公司合作，如渣打與保誠合作，故使到保誠業績能升上去年（2007年）的第三位。友邦曾與渣打及 Citigroup 合作，但成績不太理想。

優質服務：1997年開始，壽險業面對來自銀行的競爭，市場產品又不斷推陳出新，我們便把焦點放在優質服務和從業員的專業資格上。好像百萬圓桌會（MDRT）全球只有約1%的保險從業員擁有這資格，我們便努力推動，到了2008年創下1,176位百萬圓桌會會員。現今香港保險業的競爭已趨白熱化，隨著本港人口老化，教育及入息水平不斷提高，市民對壽險、醫療保險、理財計劃及退休保障的需求將不斷增加，促使保險市場蘊藏龐大商機。

在香港人壽保險市場，與宏利並駕齊驅的是美資的友邦保險。友邦保險的歷史最早可追溯至1919年12月美國企業家史達爾（Cornelius Vander Starr）在上海創辦的一家小型保險代理公司——美亞保險公司（American Asiatic Underwriters，簡稱 AAU）。美亞保險在百慕達註冊，總公司設在上海。創辦初期，美亞保險主要在上海擔當一些美國保險公司的代理，提供水、火險服務。其後，1921年，史達爾看中中國的壽險市場，遂利用美亞的賠款準備金，在上海創辦友邦人壽保險公司（The Asia Life Insurance Company），成為第一家向當地中國人推廣人壽保險的外資公司。雖然友邦人壽保險公司及美亞保險公司無先例可循，並且欠缺經驗，但公司的業務發展卻十分迅速。十年間，辦事處及代理公司已遍佈中國內地、香港、中南半島、印尼、馬來西亞及菲律賓。這樣快速的增長很大程度得益於史達爾對聘用和訓練人才的重視，以及樂於晉升當地員工至管理層，這一政策更成為友邦保險的傳統文化。

1931年，史達爾創辦美國國際集團（American International Group, Inc.，簡稱 AIG），而友邦則成為集團的全資附屬公司。這一時期，史達爾先後在中國創辦了八家保險公司，包括在1931年創辦的四海保險公司（Sihai Insurance Company）。1930年代，龐大的美亞集團在中國保險市場控制了三分之一的業務。[20] 1939年，史達爾將集團總部遷往

美亞保險於1919年在上海創辦，圖為美亞在上海的辦公室。　　美亞保險創辦人史達爾（右）。

美國紐約。第二次世界大戰結束後，史達爾即著手重建公司在遠東的業務。友邦保險成為戰後首家在中國上海恢復業務的外資公司，1949年再將公司總部遷往香港。在1960年代，友邦保險在亞太地區的資產有2,500萬美元。

戰後，友邦保險以香港為基地積極拓展業務。據1957年加入友邦保險的楊梵城的回憶，1950年代末1960年代初，香港的人壽保險業的發展仍然是十分原始，整個社會對人壽保險的認識相當有限。當時，友邦保險設在皇后大道中12至14號六樓，佔有1,000多平方米的建築面積，約有200多名代理，其中全職代理並不多，一個月的生意額大約有保費幾百萬港元。一張保單的保額，多的有1至2萬港元、5,000港元，少的則只有1,000至2,000港元。

1961年入職，後來成為友邦保險主席暨行政總裁的謝仕榮，對友邦幾個發展契機，有深刻的體會，並認為領導層知人善任是重要的關鍵之一。

謝仕榮　　美國友邦保險有限公司名譽主席　　1961入行

1992年9月，友邦保險獲中國政府頒發在上海開設分公司牌照。圖為謝仕榮在記者會上。

加入友邦：我在香港大學數學系畢業後，由教授介紹加入美國友邦做精算工作，入職時月薪只有600港元。當時售賣的保單以短期儲蓄保單為主。友邦當時推出了一種名為"百寶箱"的15年保單，但只需繳交10年的保費，還可以每三至五年取回一筆現金，所以大受歡迎，但千萬不可以提及死亡賠償，因為一般人實在很難接受。

早期的人壽保單多以港元為主，後來經過1967年的"暴動"，保險公司才開始將保單以美金結算。"暴動"發生時，公眾都對銀行及保險業失去信心，當時很多人急著去銀行及保險公司提款，友邦也受到影響，當時友邦的主席及行政總裁 Barney Hughes 十分果斷，眼見市民恐慌性取消保單，而香港又沒有足夠的資金，故在美國包機運送現金來香港，由保安人員荷槍實彈地把一袋一袋的現金由機場押送到中環辦公室，然後將一疊一疊美金現鈔堆放在辦公桌上，再請記者來採訪，證明友邦有強大的現金後盾，足以應付客戶的賠償和贖回保單。市民看過有關報導後，知道我們有充足的資金，接著要求贖回本金的人逐漸減少，此舉令市民對我們的信心增加，也令友邦的生意更上層樓。

友邦保險本來是在香港註冊的，但經此一役後，公司決定在百慕達開設海外公司，確保客人的資產受到完善保障，這也是美國友邦保險（百慕達）有限公司〔American International Assurance Company（Bermuda）Limited〕成立的原因。

回歸上海：很多人也知道美國國際集團（AIG）是由史達爾在1919年隻身跑到上海創立的，後來他又創立美國友邦保險，但在友邦總部遷移到香港後，在中國內地的業務反而停了下來。直到1980年中國內地改革開放，美國國際集團首席執行官格林伯格（Maurice Greenberg）開始到中國去，與中國人民保險公司打好關係；剛好我在1983年從臺灣調派回香港工作，也開始跟隨格林伯格到上海。當時希望與中國人民保險合資組織"中美保險公司"（China American Insurance Company），雙方各佔五成股份，但是計劃最後告吹。

後來我們便朝著獨資設立保險公司的目標前進，差不多每年要跑到北京兩、三次談牌照的問題。因為這是重大決定，得由國務院總理簽發批文，當時的國家總理是朱鎔基，他在上海當市長時，成立了上海市國際企業家諮詢會議，第一屆主席正是格林伯格，那時候我們已經開始談及牌照的事，後來朱鎔基升任國家總理，覺得美國國際集團對中國有貢獻，就在1991年11月批出牌照，讓我們在上海做試點，到了1992年正式開展業務。我們初期拿的是綜合牌照，即一般保險和壽險一起經營，到後期，中國規定要將一般保險及壽險分開，所以友邦和美亞才分開經營。

金融海嘯：2008年發生的金融海嘯影響遍及全球，美國國際集團並非唯一出現問題的公司，出事之前我們有很強的資產，但是因為集團內其中一家公司專營衍生金融產品（derivatives financial products），為投資銀行提供擔保，在市場出現問題時，這些投資銀行因為資產的價值急跌，在短時間內紛紛追加擔保，致令集團一時間沒有足夠的資金週轉，情況就如銀行"擠提"一樣，即使我們的保險業務仍然強勁，但亦難免受到牽連。

其實我從這件事學到一個教訓，就是當市道好時，大家只顧眼前的利益，一窩蜂冒了太多不能承受的風險，一旦發生事故，很多單位就像被洪水淹沒一樣，互相受到牽連。我相信日後保險公司要重新評估投資，最重要的是還原基本步，先保護好資產，確保投資要與個人資產和舉債相配合。

據王建國的回憶，他於1967年加入友邦保險時，公司已頗具規模，設有會計部、精算部、客戶服務部、核保部及電腦部，約有職員80多人，保險代理200多人。1960年代後

1938年友邦人壽保險的資產負債表。

上海友邦人壽保險的招聘廣告。

期（1967-1969年），友邦保險將公司辦事處搬遷至港島灣仔區司徒拔道一號自置物業——友邦大廈。友邦大廈樓高20層，被稱為香港設計最好的十大建築，友邦保險則佔用了LG 1、3、4、5、17、18、19、20樓八層。其時，公司的保險代理已發展至三、四百人，80年代末更發展至1,700多人。友邦保險也相當重視對職員特別是代理的培訓，常常舉辦講座，向員工介紹公司背景、壽險認識，以及壽險對家庭、社會的重要性。

據1973年加入友邦、其後出任公司培訓部主管的鄭文光表示，當時公司對員工的培訓可以 "KASH" 概括：K（Knowledge）即介紹人壽保險的基本知識；A（Attitude）代表態度，即強調代理人對顧客的服務態度；S（Skills）表示技巧，包括代理人應該如何找客戶，打電話約見客戶，見面時該如何推銷壽險產品，從而使客戶最終購買產品等等；H（Habit）代表習慣，要求代理人養成良好的各種習慣，一早就趕回公司，做好準備，有很好的工作時間表等等。其中，以 A（態度）和 H（習慣）最為重要。

1970年代期間，友邦保險針對當時的儲蓄保險年期短（五至十年）的問題，推出10、15及20年年期不等的儲蓄保險，並且從第五年起便可向客戶退還利息，受到了市場的歡迎。經過連串的積極拓展，成為了與宏利保險並駕齊驅的最大人壽保險公司之一。友邦保險還把人壽保險業務拓展至馬來西亞、新加坡及泰國各地，並發展成為東南亞地區內首屈一指的人壽保險公司。

與宏利保險一樣，永明金融亦是戰前就已進入香港的外資人壽保險公司之一。據1990年加入永明金融、1997年出任該集團香港公司主管的劉鼎言介紹，早期，永明金融做家庭服務的保單，當時，香港市民很多還沒有銀行戶口，更沒有支票，永明金融唯有派員逐家逐戶地每個星期上門收保費。1960年代中期，永明金融的發展曾與宏利保險勢均力敵。不過，1967年香港發生政治騷亂，永明撤出香港，及至1970年代後期眼見香港人壽保險形勢大好再捲土重來時，已今非昔比。到1980年代，在香港壽險市場叱咤風雲的主要有友邦、宏利、國衞、保誠等，永明已落在其後。不過，1990年代以後，特別是1997年收購澳洲公司康聯亞洲之後，永明金融有了迅速的發展。2005年，永明金融長期保險業務的有效業務保單保費達31.83億港元，一度躋進香港前十大人壽保險公司。

永明人壽屬早期在香港發展的人壽保險公司，2005年10月該公司收購康聯亞洲保險，並在金鐘統一中心展示大型廣告燈箱。

劉鼎言　　永明金融（香港）有限公司前總裁　　1974年入行

劉鼎言（右三）於香港保險業聯會2002年周年晚宴上，與財政司司長梁錦松（左五）及其他委員合照，左起為安德生、張文璐、陳健波、鄭國屏、鄭文光、何淑明、劉鼎言、劉漢強及麥劭斯。

消失的傳統：早期主要賣的是家庭保險（Home Service）保單，以勞工為銷售對象，他們是每星期領薪的，所以保險經紀也要拿著數簿（Debit Book）每星期逐戶上門收取保費，因為那個時候不是家家戶戶都有銀行戶口或者支票戶口，要買保險便要每星期儲錢。當時美國、英國等地都如是。

新付款方法：到了1970年代普通壽險（Ordinary Life）開始流行，不再是每星期供款，而是年供或半年供，月供尚未盛行。早期英式保單是年供的，月供只是方便客戶分期付款。曾經有投保人只月供了一期便離世，保險公司作出賠償時會先扣除餘下的十一個月的保費。因為當時所有保單都是年供，比較容易斷供。後來開始有銀行戶口可以辦理每月自動轉賬，透過指定戶口過數，通常用美金，金額太大或會用英鎊為交易單位，但銀行因為怕有遺漏，不大喜歡做這類交易。客戶亦有向我們投訴銀行收取十多、二十港元的手續費，而當時保費月供才是80至100港元，亦有人因為手續費高而取消保單。改為年供卻又可能不夠資金。1970年代的工資平均是每月數百元至一千港元，政府的普通級文員月薪是370港元，行政主任大概是1,500港元。

儲蓄壽險：談到死，中國人始終很不喜歡，市民很難接受壽險，所以當時都是銷售以儲蓄壽險為主，例如友邦有些是5年、10年付款，15年或20年期滿的。期滿後才付錢給客戶，客戶收到額外回饋，覺得十分不錯。

生死亡率表：在我入行的時候，壽險在香港尚屬雛形，沒有生死亡率表計算應收多少保費，所以賣的保單大部分都是參考英國和美國的死亡率表，香港人買保單，便根據英國或美國的死亡率表，按照投保人的真實年齡，收取高一些的保費。當時亦沒有男女的死亡率區別，所以很隨意地把女性的年齡減三歲，利用保費表計算保費。後來我們才知道原來女性壽命較男性平均長七、八年。現在說來好像有種族歧視味道，舉例，當時印度人投保，都會算他們大幾歲。當時警察亦是收較高的保費，高級督察則不會，因為高級督察只在辦公室工作，而外勤工作因為危險性較高，所以這些警察就要加價，例如25歲的警察便要視為28歲來計算保費。

壽險產險不同處理：根據1983年新訂定的保險法例，壽險公司是不能隨便清盤的，相反非壽險便可以，例如汽車險、水險和火險只要償清責任便可清盤。這些法例很重要，因為後來發生佳寧事件。因為佳寧收購了其昌保險後，當然運用了其昌的資金，佳寧後來清盤，其昌亦倒下來。其

約1965年的中環，圖中可見保險公司林立。

昌當時是老字號有很多生意，幸好事件發生在1983至1984年間，剛剛在保險法成立之後，所以它的人壽部分不能清盤，非人壽部分則付清責任後被清盤。沒有清盤的人壽保單就由香港政府的破產管理處托管，負責管理日常業務如收取保費和支付賠償。政府管理一年多後由先衞保險（Sentry），即國衞保險的前身購入。當時先衞是美資公司，國衞是澳資公司，國衞後來收購了先衞，所以我想國衞現在可能仍有一些其昌時代的保單。這證明保險法把長期保險和短期保險區別的好處，現在英、美國都是這樣運作的。

1970年代，中資保險公司也開始在壽險市場活躍起來。1970年，中國、平安、民安等三家中資保險公司聯合推出 "益群壽險"，在年期縮短、費率降低、保單價值提高等方面作了革新。1972年，針對西方貨幣不穩、港元幣值轉弱，中國、平安、民安三家公司又推出以人民幣為保單本位幣的 "人民幣壽險"，為期十年，八年繳費，又可按保單期滿的牌價領回港元，能消除因當時貨幣不穩而產生貶值的損失。其後三家公司再推出五年期 "人民幣壽險"，特點是 "年期短、領回快"，受到了市場的歡迎。

這一時期，香港先後成立了兩家經營人壽保險的公會，一家是香港人壽保險公會，會員有七家，其中六家為外商，一家為華商；另一家是香港華商人壽公會，會員有九家，全部為華資公司。

香港出口信用保險局的創辦與運作

出口信用保險是各國政府為了推動本國的出口貿易，保障出口企業的收匯安全而制定的一項由政府財政提供保險風險基金的政策性保險業務，是國際上公認的支持出口、防範收匯風險的有效措施。

出口信用保險體制在發達國家已有80多年的歷史。政府支持的出口信用保險最早出現在1919年的英國，當時英國政府為了鼓勵本國商人向澳洲出口，成立了一個專門的政府機構出口信用擔保署（簡稱 ECGD），為出口商提供商品債權保險和融資擔保。1926年，德國政府亦制定了出口信用保險計劃，並委託一家私營保險機構 Hermes 公司承擔這項任務。1946年，法國政府成立了國有外貿信貸保險公司（簡稱 COFACE），專門辦理出口信用保險業務。法國 COFACE 在全球範圍內的60多個國家建立了信息聯盟和信用聯盟，對國家風險和企業風險進行及時和有效控制，防範風險，並在風險發生後能及時採取有利的債務保全和追索措施。

1951年韓戰爆發後，香港貿易已由轉口帶動逐漸變為以本地出口貿易為主導。至1960年代初期，香港輕工業得到歐美買家的垂青，本地出口貿易突飛猛進，佔當時總出口值逾七成，但出口商又如何避免商業和政治風險呢？

1961年，香港總商會代表羅斯（G. R. Ross）和香港工業總會代表馮漢柱向到訪香港的英國貿易局主席提出，希望英國出口信用擔保署能將承保範圍伸延至香港。但其所得到的答案是，根據法例，承保範圍只限於英國商人。在這樣的情況下，兩大商會決定研究在香港成立出口保險信託的可行性，並攜手向其會員共發出1,961份問卷。儘管會員的回覆率只有一成，但兩家商會仍然支持成立出口保險信託機制。

"香港政府積極奉行不干預政策，但家父認為，香港是一個外向型的經濟體系，出口貿易對經濟十分重要。所以，他一直支持成立出口信用保險局，更成為其中一位發起人。"馮國經後來表示。由於政府政策不會偏向某一個界別，故此馮漢柱代表的出口界當年提出成立信保局，是一項新思維，而向政府游說爭取成立信保局，則是一項十分艱巨的工作。

1962年9月28日，港督柏立基（Sir Robert Black）宣佈成立出口信託工作小組，由當時的副經濟司姬達（Jack Cater）任主席，專責研究成立出口信用保險機制的建議。小組於1963年6月發表報告，指面對商業和政治風險，以及其他出口市場的競爭，應建立出口信用機制，並建議向英國出口信用擔保署借調專業官員來港協助籌建工作。[21]

1964年10月8日，該署專員富利文（R. A. Freeman）到港，並於同年11月25日完成了香港出口保險信託報告，提出香港必須設立出口信用保險機制，1966年12月23日香港出口信用保險局終於成立。香港出口信用保險局由政府投資，初期總資本額為1,000萬港元，負責擔保該局為香港出口商提供保險和保證所引起債務的法定最高限額為3億港元。[22]其後，隨著保險業務的發展，總資本額在1973年增加到2,000萬港元，法定最高負債額亦逐

香港出口信用保險局諮詢委員會與該局職員合照。前排右起為立法局議員鄧蓮如、信保局總監韋納士及信保局諮詢委員會主席沈弼。

年提高，在1977年提高至20億港元。出口信用保險局實行獨立核算，自負盈虧，經營業務全部自理，只有重大的基本政策變動，才須報請政府財政司批准。該局首任總監是從滙豐銀行借調過來的羅秉誠（Ken Robertson），1968年3月1日羅秉誠任期屆滿調回滙豐銀行，由許德禮（Derek Hill）接任。該會並於1969年加入信用保險業國際總會。

香港出口信用保險局為投保的出口商提供兩大類共六種基本保險單：[22]

（1）適合一般放賬期不逾180天的出口貨物，包括原料、半製成品及消費品：

——綜合合約保險單：保險局承擔的責任由簽妥買賣合約日期起生效（包括所有付款方式）；
——綜合貨物保險單：保險局承擔的責任由貨物付運日起生效（包括付款交單，承兌交單及掛賬等方式）；
——綜合服務保單。

（2）適合一般放賬期由一至五年或更長的資本貨物及生產設備，每一保單只承保一宗買賣：

——特別合約保險單，由簽妥買賣合約起生效；
——特別貨物保險單，由貨物付運起生效；
——特別服務保單。

出口信用保險局設立的主要目的，是為出口商投保戶承擔向國外買家提供貨物或服務後可能引起的各種風險，包括買家破產、買家拖欠、買家背約等商業性風險，以及外匯禁制及拖延、戰爭及動亂、入口管制、入口證取消等政治及經濟性風險。出口信用保險局成立後的15個月內，尼日利亞發生內戰、第三次中東戰爭爆發（史稱“六日戰爭”）、蘇伊士運河再次被關閉，加上工業國不時收縮國內信貸或引入限制入口等措施，令出口信用保險局共繳付了11宗賠償，其中六宗是因蘇伊士運河事件令貨運受阻，買家未能如期收取貨物而借故不繳付貨款所引致，另外五宗則是因為買家的突然破產，令出口商蒙受意料之外的損失。[24]該局對客戶的賠償率，初期為85%，其後提高到90%。出口信用保險局還與世界各地的信用情報機構保持密切聯繫，搜集國外進口商資金、財產、業務等有關資料，為所有國外買客訂下信用放款限額，以供出口商在決定放賬限度時作為參考。到1970年代末，該局共擁有35,000份嚴格保密的國外買家交易及財務檔案，是香港最完備的信用資料中心。

出口信用保險局創辦以來，配合香港對外貿易的迅速發展，業務進展良好。據統計，從1966年12月23日成立至1980年3月底至的13年間，該局承保的出口貨品總值達190億港元，保險費收入累積總數達9,000萬港元，同期的投資收入總數為2,400萬港元，而相對付

1960年代後期的九龍倉貨運碼頭，當時海運大廈剛建成不久，象徵當時出口貨運需求甚殷。

出的賠償總額包括1980年3月31日所作的預提賠償在內，共5,900萬港元，其中賠償歸還共1,100萬港元，約為賠償款項的19%。期末，該局的保險儲備金為1,700萬港元。1970年代該局運作概況，見表4.3。

表4.3　1970年代香港出口信用保險局運作概況

年度	保單總數 （張）	受保出口貨值 （億港元）	承擔最高負責債 （億港元）	保險費收入 （萬港元）	賠償 （萬港元）	承保成就盈餘 / （虧損）（萬港元）
1971	608	8.28	6.62	369.70	214.12	52.07
1972	730	10.57	8.33	487.97	391.15	（17.62）
1973	730	11.87	8.92	565.92	474.22	（86.44）
1974	776	15.10	10.63	680.62	243.61	198.79
1975	842	14.68	12.73	699.85	178.56	68.77
1976	857	15.73	13.13	820.20	443.33	119.06
1977	919	19.95	14.38	954.95	657.13	23.09
1978	987	18.07	15.92	905.15	470.20	（86.74）
1979	1,041	24.92	17.74	1,203.18	538.98	371.02
1980	1,103	33.80	19.51	1,633.64	694.90	134.36

資料來源：香港出口信用保險局，《香港出口信用保險局年報》，1970/71至1979/80年度各年。

出口信用保險局的創辦，大大推動了香港對外貿易的發展。據統計，1967年香港本地產品出口額為13.67億港元，到1979年已上升到114.10億港元，12年間增長7.35倍，香港對外貿易的高速、持續增長，一方面固然由於工業發展和及時掌握世界市場信息，另一方面也由於出口信用保險局所發揮的積極作用，給出口貿易以很大的推動。香港出口信用保險局歷任總監，見表4.4。

表4.4　1966-2009年香港出口信用保險局歷任總監

中文姓名	英文姓名	任職總監年度
羅秉誠	Ken Robertson	1966 - 1968
許德禮	Derek Hill	1968 - 1971
華樂基	W. H. Walker	1971 - 1974
韋納士	Arie Wernas	1974 - 1984
楊啟彥	K. Y. Yeung	1984 - 1986
鮑明	T. H. Barma	1986 - 1989
黃錦照	Paul Wong	1989 - 1991
杜鼎	D. K. Dowding	1991 - 1994
黎蕭寶珍	Alice Lai	1994 - 1997
姚紀中	Thomas Yiu	1997 - 2001
張錦基	K. K. Cheung	2001 - 2008*
黎衍平	Ralph Lai	2009 - 現在

* 2008年7月張錦基以私人理由辭職，懸空職位至2009年7月由黎衍平接任。

1976年12月23日，香港總督麥理浩爵士（Sir Murray MacLehose）在香港出口信用保險局成立十周年的紀念午餐會上致詞，對出口信用保險局的運作給予充分肯定。他表示："香港出口信用保險局，正如很多有實力的財務機構一般，不求虛名，實事求是，於本港財經方面擔當極為重要的角色。……在過去十年間，該局對於環繞世界貿易的種種政治及經濟情況能應付自如，它的處事靈活和反應敏捷是值得稱道的。過去三年中，海外市場曾出現巨大動盪情況。買家的運氣轉變無常，瞬息不同，無人會有先見之明，突然的破產和周轉不靈的事件隨時發生。雖然面對這樣的考驗環境，該局仍能改善它的服務，推廣它所提供的保險範圍及增加儲備。……該局已成為本區出口信用保險機構的模範，而若干鄰近地區均渴望吸取本港的經驗。"[25]

1. Y. C. Jao, "The Financial Structure", in David Lethbridge (ed.), *The Business Environment in Hong Kong*, 2nd edition, Oxford University Press, 1984, P.125.

2. 饒餘慶：《香港國際金融中心》，商務印書館（香港）有限公司，1997年，頁3。

3. 同註1。

4. J. W. Matthews, "Hong Kong", in *Insurance Markets of The World*, Swiss Reinsurance Company, 1964, P.436.

5. Peter Pugh, *Absolute Integrity – The Story of Royal Insurance 1845-1995*, Royal Insurance, P.229.

6. Clive A. Brook-Fox, "Marketing Effectiveness in the Hong Kong Insurance Industry: A Study of the Elements of Marketing Strategy and their Effect on Performance", Master of Business Administration Thesis, The University of Hong Kong, March 1982, P.4.

7. 同上註，P.5。

8. 《勞合社日記》，倫敦出版有限公司，Pii.

9. 《歐盟經濟共同體指示》條款13（2）（1）（a）PP.77-92；轉引自Yuen Tak Tim, Anthony, "A Study on the Popularity of Utilizing Insurance Brokers by Industrial Concerns in Hong Kong for Management of their Insurance Programme", Master of Business Administration Thesis, Department of Management Studies, Faculty of Social Science, University of Hong Kong, May 20 1986, PP.4-5.

10. Yuen Tak Tim, Anthony, "A Study on the Popularity of Utilizing Insurance Brokers by Industrial Concerns in Hong Kong for Management of Their Insurance Programme", Master of Business Administration Thesis, Department of Management Studies, Faculty of Social Science, University of Hong Kong, May 20 1986, P.3.

11. South China Morning Post, Jardine, Matheson & Co. Ltd.: the 150th Anniversary, South China Morning Post, 1982.

12. 同註6，頁6。

13. 平安險是海洋運輸保險的主要險種之一，原來只承保自然災害和意外事故造成貨物的全部損失，包括惡劣氣候、雷電、海嘯、地震、洪水等，後來又加上了運輸工具遭受擱淺、觸礁、沉沒、互撞、與流冰或其他物體碰撞以及失火、爆炸造成貨物的部分損失。對裝卸、轉運時的貨物落海損失，避難港的卸貨損失，避難港、中途港的特別費用，共同海損的犧牲和分攤，救助費用，以及運輸契約訂有"船舶互撞責任"條款應由貨方償還船方的損失，也包括在平安險的責任範圍內。1982年英國新修訂的倫敦協會貨物保險條款，用"C"險代替了原來的"平安險"。

14. 水漬險又稱"單獨海損險"，原意是指單獨海損負責賠償，海洋運輸貨物保險的主要險種之一。水漬險的責任範圍除了包括"平安險"的各項責任外，還負責被保險貨物由於惡劣氣候、雷電、海嘯、地震、洪水等自然災害所造成的貨物損失。具體來說還分為是海水浸漬還是雨水浸漬。

15. *The Manufacturers Insurance Company, South China Hong Kong and Macau 1898-1976* 小冊子，資料從缺，P.3.

16. 徐朱琴：《一代宗師黃偉慶傳》，環球出版有限公司，2003年，頁22。

17. 同註15，PP.7-8.

18. 同上，PP.8-9。

19. 同上，P.11。

20. 中國保險學會、中國保險報編著：《中國保險業200年（1805-2005）》，當代世界出版社，2005年，頁55。

21. 香港出口信用保險局：《承傳四十年》，2006年，頁40-41。

22. 香港出口信用保險局：《香港出口信用保險局年報：1967/1968年度》，1968年。

23. 香港出口信用保險局：《香港出口信用保險局年報：1976/1977年度》，1977年，頁3。

24. 同註21，頁52。

25. Sir Murray MacLehose, The Governor's Speech at the Luncheon on the Occasion of the Corporation's Tenth Anniversary, on December 23，1976；載《香港出口信用保險局年報：1976/1977年度》，頁6。

第五章

保險業監管制度的建立與演變

"在1970年代中，即保聯成立前十多年，香港的保險業與現在相比，可說是大相逕庭。（當時）人壽保險市場很小，經營者大多是國際承保商，主要以外國人為服務對象。一般保險業務則由少數經營者壟斷，主要代表資本雄厚的海外承保商的大型一般保險代理公司。保險代理大多附屬於代理公司，除了從事洋面保險業務的保險經紀之外，經紀為數不多。當時的本地承保商艱苦經營，力求在市場分一杯羹。

"其時嚴謹的監管及管制法規幾乎闕如，又承保商的最低資金要求更是為人詬病。據我記憶所及，只要1萬港元的資金就可註冊經營保險公司，因此某些對業界和公眾人士毫無責任感、只求賺快錢的經營者相繼出現。汽車司機在投保人類別中，是最易受傷的一類，亦因而成為最常見的受害者。其時正是消費者權益日漸受到重視的消費主義年代，公眾對保險的觀感極為負面。對於在1974年成立的消費者委員會來說，由於接獲涉及保險業失當行為及違反專業守則的投訴個案持續高企，保險業首當其衝是打擊對象之一。"

——香港保險業聯會創會主席沈茂輝（Michael Somerville）：〈香港保險業聯會的誕生〉，載香港保險業聯會《十年歲月1988-1998》，1998年。

政府的審慎監管：《保險公司條例》的制定和實施

由於香港的法律制度是以普通法為主，因此早期的香港並沒有成文法的保險法律，一切有關保險的法律關係主要憑當事人之間的契約及普通法等加以解決。早期，香港對保險業的監管法律，主要包含在一般的經濟法律中，有關保險業管理的條文，諸如《公司條例》、《僱員補償法例》等等。這些法律都載有規範保險業經營的條文。

香港對保險業的成文立法，主要從1950年代初開始。1951年，香港政府先後頒佈了《第三者（向保險人索償權利）條例》〔Third Party（Rights against Insurers）Ordinance〕和《汽車保險（第三者風險）條例》〔Motor Vehicles Insurance（Third Party Risks）Ordinance〕。前者主要保障那些第三者不會因被保人破產等情況而喪失了追溯權，仍享有向受保人追討賠償的權益。後者主要

中國保險1973-1974年推出的汽車第三者責任保單。圖為保單封面（左）及內頁（右）。

根據《道路交通條例》（Road Traffic Ordinance），規定在道路上行駛的汽車要購買第三者責任保險，並詳細規定汽車第三者責任保險的有關事項，目的是維護第三者由於他人駕駛汽車引起意外而遭受損失的索賠權。1961年，香港立法局通過《海上保險條例》（Marine Insurance Ordinance）。該條例以1906年英國制訂的《海上保險法令》為藍本。後者根據英國上議院首席法官曼斯菲爾德爵士編訂的《海上保險法》草案而制訂，其後成為以英國為中心的各國海上保險法的模範。

不過，直到1970年代中期之前，政府對保險業的監管仍相當寬鬆，法律只規定在香港從事火險和水險業務的公司必須為每一個分支機構繳納10萬港元的現金支票或可接收的有價證券作為保證金。對於人壽保險公司而言，需要繳納的要求是相當於除去索賠和損失的四分之三年度保費收入的保證金，其中下限為5萬港元，上限為20萬港元。另一項單獨的壽險基金必須要得到持續的保證，並要有以法定形式記錄的五年一次評估平衡的資產負債表的年度賬目（一些老牌公司是十年一度的評估）。在所有的分公司中，公司表明其已經達到了英國保險公司法的要求就可以獲得從債務到保證金的豁免權；如果是單一的火險或航運險公司，只要表明其在英聯邦下的任何一個部分正在供給按強制性法令所要求的保證金，也可以得到以上優惠政策。[1]

1970年代中期以後，香港政府為了推動香港發展成為一個國際性的保險中心，同時也為了保障投資者的利益，逐步加強了對保險業的立法和規管。當時，香港正迅速發展為亞洲區一個國際性金融中心，作為金融業的一個重要環節，保險業也得到了迅速的發展。但是，由於香港政府長期實行的"自由放任"經濟政策，政府對保險業監管相當寬鬆，新註冊成立的保險公司大量增加。據統計，1975年底，香港共有保險公司186家，但到1979年底已增加至335家，1981年4月更達到345家。短短五年多時間內，香港保險公司的數目增幅高達85%。

1977年《香港經濟年鑑》指出："近年保險公司越來越多，業務競爭也越來越激烈。特別是未參加保險公會的公司，不理會保險公會統一規定的約束，以對保戶提供較優惠的條件來爭生意。例如火災保險中，凡是與工業有關的，保險公會規定要按基本費率增收'工業附加費'30%，而且增收的部分不允許給折扣；但有些公司不參加保險公會的公司，則可自作主張，隨心所欲。不過，這些非會員公司，大多數在香港並無分支機構，只是委託別人在香港代理，如果發生賠款時，難免在賠償方面有較多的麻煩或不方便，因此一般保戶對這類保險公司並無太大信心。"[2]

當時政府的監管情況，正如香港保險業聯會創會主席沈茂輝（Michael Somerville）後來所指出的："嚴謹的監管及管制法規幾乎闕如，又承保商的最低資金要求更是為人詬病。據我記憶所及，只要1萬港元的資金就可註冊經營保險公司，因此某些對業界和公眾人士毫無責任感、只求賺快錢的經營者相繼出現。汽車司機在投保人類別中，是最易受傷的一類，亦因而成為最常見的受害者。其時正是消費者權益日漸受到重視的消費主義年代，公眾對保險的觀感極為負面。對於在1974年成立的消費者委員會來說，由於接獲涉及保險業失當行為及違反專業守則的投訴個案持續高企，保險業首當其衝是打擊對象之一。"[3]

1975年，面對公眾對保險業越來越多的批評和指責，負責監管保險業承保商的政府部門註冊總署署長遂召集保險業界領袖，著手研究發展透過立法、自律監管或雙管齊下形式運作的完善監管架構。當時，註冊總署成立了一個名為"保險業工作小組"的非官方小組，由註冊總署署長以個人身份執掌，後來出任香港保險業聯會創會主席沈茂輝則擔任該小組保險業代表的召集人。經過深入研究，該小組確認了保險業立法的一些基本原則，主要包括：監管制度必須適用於香港的特殊環境，不應盲目跟隨其他國家的做法；大前提是確保董事及管理層乃適當人選，公司則應有充裕的財政資源；盡可能讓業界負責自律監管工作，盡其社會責任等。

經過冗長、艱巨的協商，其間包括對香港立法局、法律界、會計界、消費者委員會及其他組織的游說，香港政府開始改變對保險業監管寬鬆的態度，並制訂相應的法律。1978年2月，香港政府頒佈1978年《保險公司（規定資本額）條例》，規定除若干特殊情況外，所有根據公司條例成立或註冊的保險公司，其發行股本股額必須從過去的20萬港元提高到不少於500萬港元，並用現金繳足，否則將不獲准開業經營。當時，全香港超過

300家保險機構中，估計約有半數的最低資本額不足500萬港元。[4]保險法例修訂後，雖然新保險公司增加的趨勢有所減緩，但同業競爭更趨激烈。部分保險公司除了大打折扣之外，也爭相削減若干沒有公會統一規定的費率，主要是水險費率，以爭取生意。特別是有的銀行投資成立的保險公司，利用銀行對客戶的授信關係，減價競爭，對整個保險市場的發展造成不利的影響。

1980年12月20日，政府在憲報刊登《人壽保險公司（修訂）條例》及《火險及水險保險公司保證金（修訂）條例》。該兩條例於1981年1月9日生效實施。條例規定，所有經營人壽保險、火險或水險業務而未經豁免的公司，其實收資本最少須為500萬港元，而其資產須比負債額超出200萬港元（倘該公司同時經營人壽保險與火險或水險業務，則該額須達400萬港元）。至於經營汽車第三者保險的公司，則必須獲得註冊總署署長的批准。

1982年2月，香港政府成立"保險業法例工作小組"；同年5月7日公佈了一個包括各類保險業務的全面性保險公司法例——《保險公司條例》，以取代以前的一些有關條例和法案。該條例的內容主要是提高綜合業務公司（同時承保一般保險及人壽保險），以及提高法定保險的公司的最低資本額為1,000萬港元；並規定保險公司必須維持一個償債能力的餘額；同時賦予保險業監督更大的規管權力。為了配合新法例的實施，1983年香港政府還成立了"保險業諮詢委員會"，由財政司司長或其代表擔任主席，旨在對有關保險公司條例的管理及保險業務的經營，向政府提供諮詢意見。

經過一年多的諮詢期和討論修改，並完成立法程序。1983年6月30日，香港政府正式頒佈實施《保險公司條例》（Insurance Companies Ordinance）。同時，政府給六個月的過渡期讓一些未完全符合新法例的已開業舊公司採取完善措施。從1984年1月1日起，所有保險公司都必須完全依照新法律的規定營業。新法律包括61條及三個附件，內容大部分涵蓋了保險業工作小組的建議，是一部取代自1907至1951年間所制訂的所有零碎的保險法例的更全面、更綜合的保險法規。該條例制定了一套對香港保險業進行審慎監管的法則，其宗旨是保障投保人的利益，確保保險公司有一個健全的管理及財務狀況，並對保險投資者提供一個公平及自由競爭的保險市場。該條例的主要內容是：

1983年6月，香港政府完成立法程序，頒佈實施《保險公司條例》。圖為1987年位於香港中區的立法局（右下），左方高聳的是香港滙豐銀行大廈。

（1）保險業的內涵

根據香港《保險公司條例》的規定，保險業是指依照該條例提出申請、獲保險業監督核准成立，以經營保險為業的機構、集團或個人。這些機構、集團或個人包括：依照條例規定獲准經營該類保險業務的公司；勞合社保險集團；經香港總督會同行政局批准的承保機構。

這三類中，保險公司是最重要的機構，數量也是最大的，在香港保險業中具有非常重要的地位。條例還規定，在香港經營的保險業，必須具備兩個條件：一是在香港至少開設或維持一個辦事機構以經營保險業；二是必須對外公開宣稱自己是在香港從事保險經營。

（2）保險公司成立的資格與條件

最低資本：經營保險業務的公司，其最低註冊資本為500萬港元，經營綜合保險業務的公司或有意承保法定保險業務的公司，其最低註冊資本為1,000萬港元。

最低償付能力準備金：最低償付能力準備金是一家公司的資產總值減去負債後必須達到的一個指定的金額。其中，經營長期保險業務的公司，如果上年度全年保費收入不超過1,000萬港元或相等的值，則其公司的資產要超過負債200萬港元；如果保費收入在1,000至5,000萬港元或相等的值時，其資產超過負債的值為該年保費收入的五分之一；如果保費收入超過5,000萬港元或相等的值時，其資產超過負債的值應為1,000萬港元加超出5,000萬港元的十分之一。至於經營綜合保險業務的，其公司的資產超過負債至少應為400萬港元。保險公司成立的資格與條件還包括：在經營保險業務時有足夠的再保險安排，否則要提出合理的解釋；能支付負債；在適用《保險公司條例》時能遵守各項規定；如果公司同時經營其他非保險業務，此種業務不應損害保單持有人的利益；公司的名稱沒有欺騙成分。

（3）政府對保險業的監管

為實施《保險公司條例》規定，政府特委任註冊總署署長為保險業監督，全權負責監督香港保險業的設立、經營、財務管理和清盤。保險業監督為了全面了解承保人的財務管理狀況，要求承保人必須定期呈交年度財務報表和有關資料，以供核查。保險業監督還要求所有保險公司必須把所有的董事和主要負責人的背景資料呈交審核，以防止一些不合格的人士出任公司重要職位。保險業監督在其認為必要時並可行使干預權力，對承保人行為予以監督。

新《保險公司條例》實施後，為符合經營保險業的資本額的規定，保險業各公司紛紛增加資本金。據統計，至1985年4月底止，保險業共注入資本金2億港元，其中四分之三是現金，四分之一為擴股方式籌集，大部分是由外國保險公司注入。[5] 政府加強了對保險業的監管，1984年，保險業監督曾對32家保險公司作出干預；由於新條例提高了對保險公司資本額的要求，一些資本不足的本地公司或業務量過小的外國公司放棄了經營，數目達到64家。[6]

新實施的《保險公司條例》規定從事人壽保險的公司不能隨意清盤，以保障客戶的合法權益。新法實施後，剛好碰上佳寧集團倒閉事件。佳寧集團崛起於1970年代末1980年代初，它在巔峰時期，旗下的附屬公司多達100家，包括三家上市公司——佳寧置業、維達航業、其昌人壽等。由於佳寧未能及時鞏固已取得的成績，並且在商業交易中涉及太多的欺詐成分，結果在1982年地產、股市市道逆轉時倒閉。佳寧清盤時，它旗下的其昌人壽從事的人壽保險業務，根據新法律不能破產，結果先由香港政府接管了一年多，最後由政府賣給了先衞保險公司。

1987年以後，為了加強對保險業的管理，香港政府修訂了《保險公司條例》，將註冊總署管轄下的保險科改為隸屬於金融事務司的獨立監理處，與銀行監理處平衡，從而將香港保險市場的監管工作提高到一個更重要的層次。1990年6月8日，香港政府正式成立保險業監理處（Office of the Commissioner of Insurance）。

保險業監理處除設保險業監理專員外，還設立兩個助理監理專員，分別監管一般保險和人壽保險，及後加設一位監理專員，專責政策及發展。保監處的重要職責是執行、檢查、修訂《保險公司條例》，對保險公司（保險人）實行審慎監管。香港保監處對保險公司的監管分為授權、日常管理、干預和實地考察四項。《保險公司條例》規定保險業監督須負責監管保險公司及保險中介人遵從《條例》的條文、考慮與建議對與保險業有關的法律的改革、促進與鼓勵保險人維持正當操守標準及良好和穩妥的業務常規、促進與鼓勵保險中介人維持正當操守標準，並在有需要時檢討與修訂在此方面的規管制度、促進與推動保險業的市場及專業團體的自律；以及在適當時，在條例准許的範圍內，與香港或香港以外任何地方的金融服務監管機構合作，並給予協助。保險業監理處歷任監理專員，見表5.1。

香港第一位保險業監理專員蘇禮文。

表5.1　1990-2009年保險業監理處歷任監理專員

中文姓名	英文姓名	在任年度
蘇禮文	Derek Sullivan	1990 - 1992
薛明	Nigel Shipman	1992 - 1993
葉澍堃	Stephen Ip	1993 - 1994
陳甘美華	Pamela Tan	1994 - 1995
林家泰	Ros Lam	1995 - 1996
黃志光	Alan Wong	1996 - 2000
鄧國斌	Benjamin Tang	2000 - 2003
袁銘輝	Richard Yuen	2003 - 2006
張雲正	Clement Cheung	2006 - 2009
蔡淑嫻	Annie Choi	2009 - 現在

資料來源：香港保險業監理處
* 1995-1996年期間，林家泰為署理監理專員。

業界的自律監管：香港保險業聯會的誕生與運作

1983年《保險公司條例》的頒佈實施，雖然標誌著香港政府對保險公司及其經營操守的審慎監管已漸趨成形，但是，自律監管的制度並未最終建立。這導致香港保險業聯會的誕生。

有關香港保險業聯會成立的背景，香港保險業聯會創會主席沈茂輝講得相當清楚，他說當時"社會人士卻對被濫用及毫無準繩的人壽及一般保險中介人制度日表關注。公眾質疑倘若出現問題時，誰才是委託人？當時以急速步伐發展並經常強調其獨立性的經紀行業，堅決表示承保商並非其委託人。然而經紀又是甚麼身份？公眾憑甚麼相信他們會履行承諾？故此，當法律改革委員會成立專責小組研究整體的保險合約，尤其是中介人部分時，保險業再次顯得手足無措、意見紛紜、更處於事事要辯解的下風。當時法律觀點堅持保險業應遵循英國最新頒佈異常複雜（但最終被棄用）的條例，立法管制中介人；而我們一開始的任務正是要抵禦後防，反對引入有關條例。時值1981年，保險業界的領導一致認為必須做點工夫。"[7]

據沈茂輝的回憶，當時"（保險）業界視野狹窄，透明度低，缺乏遠見。面對顧客日益高漲的不滿情緒，保險業長期處於事事要辯解的下風。我們並未能抓緊機會，亦未能就較廣泛的社會問題表達業界的立場或提出解決方法。業界當時並不團結，亦未能因應香港急速的經濟和社會發展發揮團結的力量。"[8] 保險業界決定，在政府審慎監管的基礎上，積極推廣行業自律監管制度。

1980年代初，保險業界已有多個公會組織，但彼此各自為政。為了配合形勢的發展，1981年12月9日，保險業界成立了推動各公會合併的籌備委員會，計劃組織一個保險局（Insurance Council），當時中文名稱尚未確定，或稱為香港保險總會或香港保險聯會。1982年6月，保險業界人士舉行了多個會議，並最終推動了香港保險總會（General Insurance Council of Hong Kong）的成立，其章程及架構由當時所有香港保險業公會，包括剛成立的人壽保險公會組成的策劃小組制訂。當時的計劃，是將香港保險總會發展成為業界的總代表機構，涵蓋一般保險和壽險公司，並作為香港保險業界的發言人，以適應國際化發展的需要，同時對貫徹新保險法發揮輔助作用。

蔡金聲　　香港保險業聯會前會務部經理　　1960年入行

身為香港保險業聯會會務部經理的蔡金聲（右二），在1992年的酒會上與來賓合照，左起為保險業界的楊大偉、胡德光及鄭耀光。

香港的保險公會：1960年代時香港有四個保險公會，分別是火險公會、洋面公會、華商保險公會及意外保險公會，由羅兵咸會計師行負責這三個公會的秘書處工作，但卻沒有指派特定人選去處理公會的會務。後來三個公會成立了委員會，決定聘請曾在其昌保險工作的退休英國人 Willnott 出任經理，我當時在羅兵咸會計師行工作，故被委派擔當他的助手。

委派這個經理之前，所有文件都需要由羅兵咸五位合夥人簽署才能作實，程序上就較為複雜，但委派了經理之後，三個公會授予其職權，令到文書往來都較為靈活、快捷。

三個公會的其中一個最大權力是制定保費費率表（tariff），如果有公司不依循，公會可以作出懲處行動，當時如果遇上有爭執或問題，便會把個案交給英國的總會〔Fire Office Committee（Foreign）〕定奪。

1988年香港保險總會在恒生銀行舉行年度會員大會，上圖是用舉手表決議案的情形。

不過，當時正值人壽保險業務的快速發展時期，結果，1984年香港壽險總會（Life Insurance Council of Hong Kong）宣佈成立，形成業內兩個保險總會，即香港保險總會（1996年10月改名為一般保險總會）和香港壽險總會，各有獨立的秘書處。儘管發展並未如預期般進行，但兩個保險總會進行了緊密的合作，致力解決諸如自律監管、中介機構、立法、稅務等對外事宜。雙方還就業內問題，包括分別設置獨立秘書處所涉及的雙重開支進行商討。80年代後期，香港政府推行政制改革，在立法局引入功能組別，結果保險業因為存在兩個總會，未能成功取得議席，這加快了兩個總會的合併。

1983年《保險公司條例》實施以來，儘管保險業的發展已有了一個較穩健的基礎，但市場仍然存在不少不穩定的因素，包括部分保險公司為了擴大業務，不惜減低保費、放鬆賠款規定、"挖角"經營等等。1986年初，政府發表《保險法律研究報告書》，檢討原訂法律條例，並提出了一些改革意見，其中，如何界定保險業中介人職權、保險經紀須註冊等建議均引起了社會的重視。同年6月12日，政府在憲報刊登《保險公司（修訂）

在1991年3月25日舉行的香港壽險總會周年會員大會上，該會主席葉仲生（站立者）發言，出席嘉賓包括：右起為財政司翟克誠、香港保險總會主席黃寶亨及前布政司鍾逸傑。

（第2號）條例草案》，賦予保險業監督明確權力，可以在原有第八條條例未列明的理由下，拒絕一家公司成為認可承保人的申請；政府並有意提高香港保險公司的償債能力。

與此同時，政府亦重視完善和利用保險業的職能，如研究設立僱員傷亡保險局及基金，汽車保險局擬設立破產保險公司基金，出口信用局推出“綜合合約保單”，提供付貨前保險，並致力培養長期客戶等等。當時，各種非官方機構也配合政府設想，利用保險功能促進經濟發展，包括中華廠商會與保險公司合作，研究設立“產品責任保險計劃”，香港貨櫃運輸行業提出設立“運輸責任保險計劃”等。

面對政府加強監管的壓力和激烈的市場競爭，建立保險業內的自律機制當越來越受到重視。1986年初，香港保險總會和香港壽險總會開始著手籌組一個更具代表性的全面的保險總會。1987年6月，各保險同業組織及來自美資、英資及中資等不同背景的保險公司人士籌組了一個“保險業自律工作小組”，代表整個保險業與香港政府商討業內實行自律的具體做法，以避免政府參照1986年初發表的報告書內容，制訂法例管制業內人士。當時，保險業強烈希望政府按英國模式，由業內人士用自律方式管制與監督業內經營行為，而不是採取嚴厲的立法。1987年5月15日，香港保險經紀公會（The Hong Kong Society of Insurance Brokers）成立。1988年1月29日，香港專業保險經紀協會（Professional Insurance Brokers Association）成立。

1988年8月8日，香港保險業聯會（The Hong Kong Federation of Insurers，簡稱保聯或HKFI）宣告成立。保聯的創立，是香港保險業發展的重要里程碑，其宗旨是推動及促進香港保險業的發展。具體包括：

——維護、推展及增進於香港經營保險業務的保險公司及再保險公司的共同利益；
——在穩健基礎上推廣香港保險業的未來發展；
——加強社會人士對保險的認識，宣傳投保足夠保險的優點；
——就影響會員權益的事務上，提供諮詢及協商；
——就影響保險公司、再保險公司及保險業的立法及其他事務上，擔任回應政府諮詢及

1992年香港保險業聯會遷駐馬來西亞大廈之喬遷典禮主禮嘉賓合照，左起為一般保險總會主席黃寶亨、壽險總會主席 Bernard de Petrucci，香港保險業聯會主席 Elvon Harris、當時的保監專員蘇禮文，及香港保險業聯會總幹事鄧婉愉。

與政府商討的媒介；
——就所有影響保險公司權益的事務上，尋求一致的立場；
——制定及進行實質保障顧客的措施。

1990年4月1日，香港意外保險公會、香港火險公會及香港洋面保險公會加盟保聯秘書處旗下。同年4月，保聯有見香港醫療保險業增長蓬勃，遂批准香港醫療保險協會委派代表加入一般保險總會。該協會成立於1984年，目的是要提高及維護經營醫療保險業務的保險公司的權益。至此，香港保險業聯會完成將所有保險承保商權益一統其下的大計，其成員包括一般保險總會和壽險總會，其中，一般保險總會包括意外保險公會、香港華商保險公會、火險公會、洋面保險公會、醫療保險協會以及再保險協會等。

保險業聯會成立初期，即積極回應香港政府欲成立保險業監理處的計劃，建議保險業監理處與保聯應該分工合作，由前者負責直接監管承保商的財政實力，後者則負責執行符合公眾利益的自律監管措施，保聯特別強調"政府直接監管及業界之自律監管兩者之間，必須取得平衡"，從而建立"以公眾利益為依歸的自律監管機制"。[9]

1994年12月29日，香港保險業各業界組織經過四年以保聯為共同秘書處的合作後，終於決定以保聯為組織架構正式註冊為有限公司，進一步鞏固、簡化組織結構，並成為獲得香港政府全面認可的保險業代表機構。保聯作為有限公司，其負債以擔保為限，每位會員所承擔的法律責任為其每年交納的會費的數額，保聯的收入及資產只可用於推廣及實踐該會列在《立法章程》內的宗旨，不可支付任何數額給保聯旗下的會員。

保聯的組織結構，包括轄下的管治委員會、保險代理登記委員會和上訴裁判處（見圖5.1）。其中，管治委員會為決策機構，分別由一般保險總會和壽險總會各派五名代表組成，主席則由兩總會的代表每年輪流出任（見表5.2）。一般保險總會專職處理涉及一般保險技術性事宜、推廣和發展一般保險會員的權益，由17名委員組成，下設意外保險公會、火險公會、洋面保險公會、醫療保險協會、再保險協會、法律事務工作小組，以及其他專責小組。壽險總會專職處理壽險業務的技術性事宜和推廣香港壽險業務的發展，由12名委員組成，下設精算工作小組、法律事務工作小組、人壽風險管理工作小組、專業水平工作小組和退休保障計劃工作小組。

圖5.1 香港保險業聯會組織架構

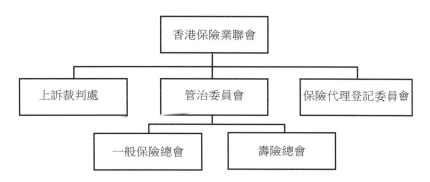

表5.2 1988-2009年香港保險業聯會歷任主席

中文姓名	英文姓名	任職保險公司	在任年度
沈茂輝	Michael Somerville	怡和控股有限公司	1988.7 - 1988.12
-	Stephen Glanfield	Carlingford Swire Assurance Ltd.	1988.12 - 1990
-	Simon Brett	嘉豐保險有限公司	1990 - 1991
-	Elvon Harris	宏利保險（集團）	1991 - 1992
謝仕榮	Edmund Tse	美國友邦保險有限公司	1992 - 1993
葉仲生	Joseph Ip	英國保誠集團	1993 - 1994
黃寶亨	Alex Wong	寶豐（香港）保險有限公司	1994 - 1995
潘德禮	Dennis Pedini	東亞安泰保險（百慕達）有限公司	1995 - 1996
劉漢強	Steven Lau	安盛保險有限公司	1996 - 1997
陳潤霖	Frank Chan	美國友邦保險（百慕達）有限公司	1997 - 1998
賈秉添	Robert Ka	安盛保險有限公司	1998 - 1999
夏百德	Bob Hubbard	滙豐人壽保險（國際）有限公司	1999 - 2000
蔡中虎	C. F. Choy	滙豐保險（亞洲）有限公司	2000 - 2001
鄭文光	M. K. Cheng	安泰人壽保險（百慕達）有限公司	2001 - 2002
鄭國屏	K. P. Cheng	香港民安保險有限公司	2002 - 2003

中文姓名	英文姓名	任職保險公司	在任年度
劉允剛	Edward Lau	宏利人壽保險（國際）有限公司	2003 - 2004
陳健波	K. P. Chan	恒生保險有限公司	2004 - 2005
安德生	Roddy Anderson	大新保險有限公司	2005 - 2006
馬陳鏗	Leo Ma	英國保誠保險有限公司	2006 - 2007
何達德	Michael Huddart	宏利人壽保險（國際）有限公司	2007 - 2008
管胡金愛	Agnes Koon	富勤保險(香港)有限公司	2008 - 2009
王建國	James Wong	大新人壽保險有限公司	2009 - 現在

資料來源：香港保險業聯會

保險代理登記委員會成立於1993年1月，其職責包括負責登記具有合法資格的保險代理、負責人、業務代表，同時處理針對上述人士的投訴，就這些人士的違規經營行為，為保險公司及投保人提供申訴的途徑。

保險代理登委員會最初由五人組成，主席是資深的立法局議員，其餘四人分別來自消費者委員會、一般保險總會、壽險總會及人壽保險從業員協會。直至1998年，為了增加委員的獨立性和公信力，加入了大律師及註冊會計師兩位非保險業界代表。保險代理登記委員會歷任主席，見表5.3。

表5.3　1993-2009年保險代理登記委員會歷任主席

中文姓名	英文姓名	在任年度
-	Michael Thornhill	1993 - 1995
黃錢其濂	Elizabeth Wong	1995 - 1997
黃宏發	Andrew Wong	1997 - 2005
張永森	Ambrose Cheung	2005 - 現在

資料來源：香港保險業聯會

1995年12月19日，保險代理登記委員會主席黃錢其濂向傳媒示範如何透過個人電腦，查詢代理的登記冊。

委員會於1995年12月安裝了電腦查詢系統，方便市民經該系統查詢保險代理、負責人、業務代表的登記資料，並於1997年4月在互聯網提供即時查詢服務，其運作獨立於保聯的其他功能，委員會及其秘書處均不必向保聯的管治委員會匯報工作，保聯的管治委員會也不干預該委員會的運作。

上訴裁判處成立於1995年10月，其職責主要是處理保險代理、負責人、業務代表就委員的裁決提出的上訴。根據《保險代理管理守則》第三十五條（c）款規定，任何因保險代理登記委員會的裁決而受損的保險代理，都可向上訴裁判處上訴。但是，無論有關人員是否已經提出上訴，或者將會上訴，委員會的裁決即時生效。上訴裁判處共有15位獨立人士擔任委員。每宗上訴案由三位委員負責審理。

1980年代保險業的發展

（1）保險公司數目減少，汰弱留強後質素進一步提高

經過1970年代的快速發展，到1970年代末1980年代初，香港保險業在區域內已初具規模。1980年，香港保險業總保費為37.71億港元，其中，一般保險業務總保費為30.37億港元，佔81%，人壽保險業務的總保費為7.34億港元，佔19%。一般保險總保費中，火險和水險（包括船舶保險和貨運保險）各佔28%，意外保險佔21%，汽車保險佔18%，其他雜項保險佔6%；而人壽保險總保費中，團體壽險佔三分之二，其餘為個人壽險。

據統計，至1981年4月底，獲准在香港經營規定保險業務的保險公司，達到348家，其中，在香港註冊成立的保險公司以及在香港以外註冊成立的保險公司各佔一半。這些公司中，經營的保險業務不盡相同，有些共同經營一般保險及人壽保險的，有些單獨經營一般保險或人壽保險，有些經營產險中一部分險種。1970年代中後期以來，交叉經營也在增加，有些一般保險公司開始設立壽險部；也有些壽險公司兼做了勞工賠償保險、人身意外保險乃至建築工程全險等。

這348家公司中，不參加任何公會或僅屬代理業務經紀人性質的約佔三成半；而外資保險公司在香港經營的業務約佔52%左右，它們大部分在香港並無機構，只是委託香港的銀行、財務公司、保險公司、保險代理行、洋行、商行、船公司等在香港簽發保單，並參加有關公會，也有一部分不參加公會而來競爭業務。[10] 這一時期，保險業的壟斷程度仍然較高，據保險業內人士估計，約十多家主要的保險公司控制了香港保險市場。[11] 當時，接受保險公司分保而不接受保戶直接投保的國際再保險公司，從十年前的三家增加到18家，包括1980年成立的中國再保險公司。

1980年代初，政府採取了一系列措施加強對保險業的監管，特別是1983年實施的《保險公司條例》，香港保險公司經過汰弱留強，數量雖然有所減少，但素質卻進一步提高。

1980年葵涌一間工場，當時已有不少廠商北移內地設廠，因而對原本興旺的一般保險有一定影響。

1981年底，獲准在香港經營規定保險業務的保險公司，總數為290家，比當年4月底減少了58家。1984年3月底，香港保險公司的總數進一步減少至280家。這主要是政府公佈實施了各種暫行修訂的保險法例以後，若干保險公司結束了營業，其主要原因包括：部分公司不願意增加資本而自動結業或改為代理保險性質；部分原來在香港只有代理人而未設機構的海外保險公司，由於在香港的營業額不大，無意為此而增加資本；部分公司因財力不足而結束業務或與人合併經營。

（2）海外保險公司紛紛來港發展，推動香港保險業國際化

踏入1980年代，儘管面對政府加強立法監管，以及全球經歷了世界性的經濟衰退，但是，隨著香港逐漸發展成為遠東及亞太區的國際金融中心，以及西歐、北美等地區保險市場的飽和，再加上作為一個自由港，外匯不受管制，公司利得稅低，通訊設備完善，市場潛力較大等等因素，海外保險公司仍紛紛來港發展：

——1983年，香港新註冊的十多家保險公司全都是外資公司；

——1984年，香港獲准經營保險業的25家新公司中，大部分是外國保險公司；

——1986年，保險業監督共收到21份要求在香港經營保險業的授權申請，其中15份來自海外承保人；

——1987年，獲准在香港經營保險業務的新保險公司共有八家，其中五家在海外註冊成立；

——1988年，保險業監督共收到十份要求在香港經營保險業的授權申請，其中八份為海外保險公司。

這種發展趨勢，進一步推動了香港保險業的國際化。為了進一步與國際市場接軌，1983年4月，香港保險公司開始改用倫敦保險市場自1982年初開始使用的新海上保單條款，以取代沿用了二百多年的舊式保單。新保單除了使用現代語言外，條款內容也有顯著不同。這一時期，市場競爭更趨激烈，各類保險公司都紛紛想方設法地加強自身的競爭能力。為提高服務效率和精簡管理，不少大型保險公司陸續裝置電腦系統，使用電腦處理業務工作。

（3）增設新品種、提高從業員專業水準，及周邊環境等因素，香港保險業從艱難走向繁榮

在市場開拓方面，香港成立已久且具規模的保險公司，均紛紛發掘潛力，增設新品種，以求保障其市場佔有率。有的公司過去主要是對物產提供保險，現在增加了對財務損失方面的保險；過去多是用固定的保單格式承保某一項的風險，現在逐漸出現多項綜合起來承保的保單。在保險業經營方面，也出現了一些新的做法：如某些自設保險部門或有附屬保險公司的銀行，或銀行與保險公司合作，利用信用卡推廣保險服務；利用置業安家熱潮推出"買樓貸款保險"；推出為商戶設計的"商業綜合保險"；以及根據社會狀況設計的"學童人身安全保險"等等。

為增強競爭力，提高從業員的專業水準以加強對保戶的服務，成為了當時保險公司的發

展趨勢。特別是作為保險業橋樑的外勤人員和代理人，更必須具有專業知識，他們除了為保險公司發展業務外，還必須作為顧客的諮詢顧問，才能受到客戶的歡迎。當時，職業訓練局（Vocational Training Council）有鑑於此，特別訂立保險業從業員訓練計劃，並成立職業訓練局保險業訓練中心（Insurance Training Centre），從1986年起，為全部新從事保險業務的僱員提供訓練服務。該中心舉辦的所有課程、研討會或其他培訓活動全部免費，均屬短期性質，由二至三小時到一星期不等，供不同程度的保險從業員修讀或參加。

1980年代初，受到世界石油危機而引發的經濟衰退影響，香港保險業經歷了困難的年頭。不過，隨著1984年12月中英兩國政府正式簽署關於香港前途問題的《聯合聲明》之後，香港政治前景漸趨明朗，香港的投資者恢復信心，資金迅速回流，再加上中國改革開放進展迅速，種種利好因素都刺激香港經濟的復蘇，並進入長達十年的繁榮時期。受此影響，香港保險業也得到了快速的發展。據統計，1984年，香港保險業的保費總額為75.35億港元，比1980年增長一倍；其中，一般保險業務總保費為59.72億港元，人壽保險業務的總保費為15.63億港元，分別比1980年增長97%及113%。根據滙豐銀行1986年6月《經濟月報》的資料，香港保險業總保費收入，估計高達每年100億港元，而本地註冊保險公司的總資產在1985年底可能已超過200億港元。

（4）不同險種個別發展，壽險成為業內發展最突出的險種

1980年代，火險仍然是所有一般保險公司的主要業務，期間受到高通脹的影響，火險業務的保費有較大的增長，佔了保險費收入的較大部分，並且是盈利最高的險種。此外，火險附加險的範圍也日趨廣泛，已擴大到包括地震、颱風、洪水泛濫、災後損失等。由於業務量大，各保險公司都致力割價爭取業務。在保費方面，火險以工業保險最高，商業次之，住宅最低。這一時期，由於香港工商界保險觀念深化，對消防也加強了督促和檢查，火災比率下降，保險公司也因賠償率下降而受益。不過，期間也發生數次損失嚴重的火災，包括1981年11月6日九龍大南西街廣隆泰、胡金祥、金馬三座大廈火災和1987年亞洲電視大廈火災，前者歷時12小時，27家工廠損失逾億港元；後者損失高達

1,000萬至1,500萬港元，這些都增加了保險公司的賠償。

在水險方面，由於受到1980年代國際航運低潮的影響，加上一些國家限制投保者投保本國保險公司，因此水險業務，包括貨運險和船舶險業務處於低增長時期。當時，香港保險業對香港船殼保險的做法，基本上是跟隨倫敦市場，而香港接受一艘船的保險能力也已提高到2,000萬美元以上，香港船東的船隊因而成為國際保險業的競爭對象。由於歐美保險公司的介入，競爭異常激烈，保費率不但不能跟隨通脹而提高，反而逐步下降，以致不足以支付賠償。一些保險公司被迫從市場撤離，原來經營水險的公司在承保時也更謹慎，分保合約也沒有以往那樣隨便訂立。但在費率上卻遠低於倫敦，幾乎無利可圖。這種狀況，直到1980年代後期香港轉口貿易再度蓬勃發展時才有所改善。

這段期間，香港的意外險，特別是僱員賠償保險業務有了長足的進步。1983年7月1日，政府頒佈的新《僱員補償（修訂）條例》，規定從1984年起，所有僱主必須為其僱員購買保險，並將僱員死亡賠償的最高金額增至24.2萬港元，永久完全殘廢的最高賠償金額增至27.6萬港元，僱員因受傷而需要他人經常照顧以維持其日常生活者的賠償增至11.1萬港元。此外，僱員及其家屬還可循普通法向僱主進行民事訴訟索償，而保險公司的賠償也沒有最高限制。條例的實施不僅推動了投保率的大幅上升，而且保費也迅速上漲。不過，賠償率也相應上升，從1983年的38.4%上升到1985年的42.2%。因僱主疏忽而導致傷亡者，利用普通法的賠償也逐漸比過去增加。

在壽險方面，1980年代初，投保人壽保險者只佔香港總人口的4%左右，而新加坡則佔20%，英國佔70%，因此香港人壽保險市場發展空間巨大。特別是團體壽險，在全香港十萬家公司中，九成以上仍未有正式的退休保險計劃，若政府通過公積金法案，則可為保險公司帶來可觀的業務。因此，不少公司設計了多種的終身保險保單和退休福利保單，受到市場的歡迎。這一時期，戰後出生的新一代已成為社會消費主力，他們的文化水準較高，受西方思想影響，比較重視保險的作用和功能，因而成為業界爭奪的重要對象。各人壽保險公司紛紛推出新品種，如短期無儲蓄性質的保險、退休金保險及團體保險等等，及採取多元化手法以拓展業務，如紐西蘭人壽保險（百慕達）有限公司就向小型商家市場推出"新浪型"保險計劃,將保費分為人壽保險與投資兩部分,投保人可按自身需要釐訂保險與投資的比例,以提高投保者的投資回報。

因此,壽險業務成為保險業內發展最突出的險種,連續多年均以30%或以上的速度增長。據香港市場研究社統計資料顯示,香港購買人壽保險的人數從1981年的10萬人增加到1988年超過35萬人。在這35萬投保人中,約75%為男性;25至34歲的佔40%,35至40歲的佔20%;三分之一為專業人士,四分之一為公司職員。[12]根據香港壽險總會發表的營業調查顯示,1987年香港壽險保費收入超過30億港元,受保總額的增長率達60%,總值為1,420億港元。而到1989年底,香港大約有60萬人購買人壽保險,佔總人口的10%,其中絕大部分為儲蓄保險。

1980年代期間,香港保險業界的一個重要險種——工程保險,亦相當矚目。其實,工程保險早在1970年代初已發展起來。1973年,香港的工程保險曾頗為旺盛,保險項目包

保險業界重要險種——工程保險,在70年代初已發展起來。圖為即將竣工的康樂大廈。

括市區建造天橋、康樂大廈及海水化淡廠等等，保費收入也較大。1970年代中期，香港建築業蓬勃發展，工程保險有了進一步發展，如"建築工程全險"、"機械安裝工程全險"等已逐漸流行。不過，這項保險只局限於少數具雄厚實力的外資保險公司承保，尚未廣泛推廣。正如保險業資深人士王熹浙所指出：當時，"民間和政府均積聚了充足的資源為基建發展，無論房屋、道路、橋樑、隧道都大興土木。這些大型基建牽涉到巨額的貸款和精密技術的支援，一般保險公司還未具充分的專業知識，自留額相當保守。因此，必須倚仗專業分保公司的支持。其中的佼佼者有慕尼黑再保險公司和瑞士再保險公司等。工程保險不獨為本險種帶來巨額保費，還為其他險種衍生大幅度的營業額，例如勞工、保證和責任保險等。"[13]

（5）外資保險機構仍處於主導地位，而保險業在香港經濟中的地位正穩步提升

據政府統計，1980年代末，獲准在香港經營保險業務的公司共有273家，大體分為三個集團：外資保險機構、香港銀行兼營的保險公司和本地華資經營的保險公司。其中，外資保險機構佔147家，仍然是實力最雄厚的集團，在香港保險業處於主導地位。這147家海外公司，分別來自28個國家和地區，其中，英資公司佔首位，約50家，主要經營一般保險；美資公司次之，約有80家；再其次是日本、澳洲及新西蘭的保險公司。美資公司實力最雄厚的有美亞保險公司和美國海外保險公司（AFIA）兩家保險集團，尤其是美亞保險，代理了十家海外和八家本地保險公司。日資公司則主要通過英資保險公司代理進入香港保險市場。香港銀行兼營的保險公司和本地華資經營的保險公司共有126家。此外，還有大批從事保險代理、經紀與其他保險業務的機構。而整個行業從業人員約在15,000人左右。1987年，香港保險費總收入估計超過100億港元，其中，一般保險費收入60多億港元，人壽保險收入30多億港元。當年，香港購買人壽保險的人數約佔全港人數的9%。[14]

這一時期，保險業在香港經濟中的地位亦穩步提升。據統計，以毛產值計算，保險服務在金融服務中所佔比重，從1980年的8.75%提高到1990年的11.01%（見表5.4）。保險業的滲透比例，即保費佔香港本地生產總值的比重從1982年的2.48%提高到1992年的3.60%（見表5.5）；同期，香港保險密度，即保費與人口的比例，從567.69港元增加至

3,919.87港元（見表5.6）。

表5.4　1980-1990年香港保險業與整體金融服務業的比較（以毛產值計）

年份	金融服務 （百萬港元）	保險服務 （百萬港元）	保險／（金融+保險） （%）
1980	11,726	1,125	8.75
1981	16,056	1,689	9.52
1982	18,606	1,853	9.06
1983	19,701	2,163	9.89
1984	21,792	2,265	9.42
1985	22,281	2,851	11.34
1986	27,624	3,208	10.40
1987	36,048	4,013	10.02
1988	40,249	5,104	11.25
1989	46,966	6,166	11.61
1990	55,851	6,910	11.01

資料來源：香港政府統計處，轉引自余德麟：《保險業的發展》，商務印書館（香港）有限公司，1997年，頁189。

表5.5　1982-1992年香港保險業毛保費及滲透比例（單位：百萬港元）

年份	本地生產總值	毛保費	滲透比例（%）
1982	192,488	4,771	2.48
1983	212,673	6,254	2.94
1984	256,493	7,535	2.94
1985	271,655	8,760	3.22
1986	312,561	10,658	3.41

年份	本地生產總值	毛保費	滲透比例（％）
1987	384,488	12,145	3.16
1988	455,022	13,585	2.99
1989	523,861	15,819	3.02
1990	582,549	18,975	3.26
1991	668,512	23,083	3.45
1992	779,335	28,021	3.60

資料來源：香港政府統計處，轉引自余德麟：《保險業的發展》，商務印書館（香港）有限公司，1997年，頁191。

表5.6　1982-1992年香港保險密度（保費與人口的比例）

年份	人口（百萬）	直接毛保費（百萬港元）	保險密度（港元）
1982	5.26	2,988.64	567.69
1983	5.35	3,925.95	734.49
1984	5.40	4,777.19	885.01
1985	5.46	5,240.30	960.42
1986	5.51	7,208.59	1,309.42
1987	5.58	8,147.44	1,459.97
1988	5.63	9,814.09	1,743.91
1989	5.69	12,204.72	2,144.94
1990	5.70	15,179.67	2,661.00
1991	5.75	18,931.92	3,289.76
1992	5.81	22,780.37	3,919.87

資料來源：香港政府統計處，轉引自余德麟：《保險業的發展》，商務印書館（香港）有限公司，1997年，頁193。

香港汽車保險局的建立與運作

1951年11月9日，香港總督葛量洪頒佈實施《汽車保險（第三者風險）條例》。根據該條例，所有在道路上使用汽車者，均須對可導致第三者人身傷亡應負的法律責任，作出投保，以保證在香港使用車輛以及由車輛所引起的死亡和人身傷害的責任。然而，隨著香港擁有車輛人士的快速增加，交通事故受害者無法獲得賠償的事件也不斷增加。其原因包括：肇事車輛並未投保，或車輛與駕駛員難以追蹤，又或駕駛者和投保人行為違反了保險條例，這些情況都大大削弱了該條例的作用。

1970年代末至1980年代初，香港的汽車數量迅速增加，道路交通事故隨之增加，但《汽車保險（第三者風險）條例》並未能有效保障受害人的權益。1978年初，香港意外保險公會建議政府組建類似英聯邦國家的汽車保險局，獲得政府的支持。1979年底，雙方就汽車保險局的原則及運作模式，達成協議，整個計劃呈現較為清晰的雛形。1980年6月27日，所有的汽車保險公司與香港政府簽署了《主要協議書》，承諾於六個月內，組成香港汽車保險局。

1980年12月10日，由香港102家保險公司共同組織的香港汽車保險局（Motor Insurers' Bureau of Hong Kong，簡稱 MIB），經政府批准註冊成立。按照規定，所有經法律批准，在香港經營汽車保險業務的保險公司和勞合社承保人，都必須成為香港汽車保險局的會員。汽車保險局作為一家非牟利、具法團地位的有限公司，將設立中央基金用以對汽車保險單責任以外造成車禍的受害者，以及對司機肇事後不顧而去的車禍受害者，考慮給予賠償。汽車保險局的事務由汽車保險局委員會管理，該委員會由七至十一人組成，從註冊會員代表中選舉產生，委員會定期展開會議，就所有涉及汽車保險的事務展開討論並採取相應措施。成立初期，香港汽車保險局委任羅兵咸會計師事務所為秘書，以協助委員會展開工作。秘書辦事處設於太子大廈，成為香港汽車保險局大部分活動的中心點。

就在香港汽車保險局成立的同時，政府加強了對汽車保險的監管。1980年6月，政府撤銷了一家未參加保險公會的保險公司在香港經營汽車保險業務的授權。政府註冊總署並於1981年1月16日致函所有在香港經營汽車保險業務的公司：從1981年7月8日起，所有已根據《汽車保險（第三者風險）條例》獲准經營汽車保險業務的公司，必須遵守關於資本額及保證償付能力餘額的新規定。

1981年2月1日，汽車保險局與香港政府簽署了《第一份基金協議書》，以貫徹其目標。該份協議書訂明，任何涉及在道路上使用的交通意外的人身傷亡索償，若賠償於法庭裁定後28天內仍未能清付，香港汽車保險局便有責任支付該賠款。但香港汽車保險局卻毋須負責那些因保險公司無力償債，而未能支付的法庭裁定賠款。同日，汽車保險局與授權汽車公司之間也簽訂內部協議。根據協議，汽車保險公司承諾加入汽車保險局，並向汽車保險局提供資金成立第一基金。第一基金在對全部汽車保單保險費的1%的徵費上建立起來。1986至1994年，這一汽車保險徵費率下調為0.5%，但從1995年起又恢復為1%。2001年起，香港汽車保險局停止對汽車保險費1%的徵費，但從2004年起再次恢復了1%的徵費。

1983年《保險公司條例》實施後不久，有五間保險公司被清盤，致使一些交通意外受害人者未能獲得賠償，最後由政府撥款解決。有見及此，香港汽車保險局認為有需要解決，不致於交通意外受害者雖有法庭的判令，卻因不能執行而蒙受損失，於是決定成立第二份基金，以支付無償債能力保險公司未能清理的索償案。1985年11月1日，香港汽車保險局與香港政府簽訂了《無償債能力基金協議書》，成立無償債能力基金。協議書訂明，香港汽車保險局須負責支付因汽車保險公司在該日之後無力償債而未能繳付的裁定賠款。同日，香港汽車保險局與獲授權汽車保險公司於1985年11月1日簽訂的《保險行業協議書》。根據該份協議，汽車保險公司須遵守《無償債能力基金協議書》的條款，作為該協議書的簽署者。無償債能力基金的資金，則來自向所有汽車保費收取2.5%的徵費。1995年開始，徵費減為2%。

1991年，香港汽車保險局租用了香港保險業聯會辦事處部分地方，設立處理索償辦事處；同時亦聘請了一位顧問，處理那些因汽車保險公司無力償債而未能清理的索償。1992年，該索償辦事處亦接手處理那些沒有汽車保險承保的交通意外索償。1994年

10月，香港汽車保險局購入了第一太平銀行中心九樓（現址為東亞銀行港灣中心）作會址。該樓宇除了為索償辦事處提供更多的辦公及儲物地方外，亦可提供出租的寫字樓，該寫字樓並於1994年12月出租予香港保險業聯會。

根據英國普通法，人身傷亡的受害者，可向行為失當的人士追索損失，而行為失當者須負的責任，在理論上是無限的。多年來，香港汽車保險公司都對第二者風險提供無限責任的汽車保險。這是由於再保險業可以為本地的汽車保險公司，提供無限責任的再保險保障。直至1994年，再保險業認為不可以繼續向保險公司提供無限責任再保險保障。它們遂通知香港的保險公司，聲稱於1995年起，停止提供無限責任保障的再保險。因此政府便需修訂本港的法例，容許汽車保單對第三者風險只作有限責任的承保。政府、保險公司及再保險公司經多番商議後，最終決定於1995年中修訂《汽車保險（第三者風險）條例》，容許保險公司在汽車保單上，註明每宗意外事件只承保不少於港幣1億元的第三者風險責任。遇有任何超越保單中註明限額的裁定賠償，香港汽車保險局便會以"最後保險人"身份來負責。為此，香港汽車保險局於1995年6月29日提供向政府一項承諾，以加強《第一份基金協

香港汽車保險局於1995年出版手冊，詳述保險局的成立背景、宗旨及運作等等。

議書》的效力，使判定賠款的數額超過了汽車保單的限額時，判定的債務人又不能賠付未有投保的部分賠款時，香港汽車保險局將代為賠付。香港汽車保險局歷任主席，見表5.7。

表5.7　1980-2009年香港汽車保險局歷任主席

中文姓名	英文姓名	在任年度
-	William Stewart	1980 - 1982
-	Michael Lamb	1982 - 1983
朱曾泳	George Chu	1983 - 1985
高膺	Ying Ko	1985 - 1986
連浩煊	Joseph Lynn	1986 - 1987
郭振華	Kenneth Kwok	1987 - 1988
-	Thomas Kerr	1988 - 1989
黃寶亨	Alex Wong	1989 - 1990
楊安迪	Andrew Young	1990 - 1992
-	Michael Gourlay	1992 - 1993
莫輝	Steve Moffatt	1993 - 1994
連浩煊	Joseph Lynn	1994 - 1995
郭毅能	Andrew Kirkland	1995 - 1996
杜承天	Fred Dougherty	1996 - 1997
陳金發	Tan Kim Huat	1997 - 1998
莫輝	Steve Moffatt	1998 - 1999
唐寧浩	Nicholas Donne	1999 - 2002
林啟富	Keith Land	2002 - 2004
余健南	Allan Yu	2004 - 2006
王覺豪	K. H. Wong	2006 - 2008
祈輝立	Philip Kent	2008 - 現在

資料來源：香港汽車保險局

1. J. W. Matthews, *Insurance Market of the World*, Swiss Reinsurance Company, 1964, PP.436-437.

2. 〈保險業〉，載《香港經濟導報》編：《香港經濟年鑑（1977年）》，第一篇，頁234。

3. 沈茂輝（Michael Somerville）：〈香港保險業聯會的誕生〉，香港保險業聯會《十年歲月1988-1998》，1998年，頁17。

4. 〈保險業〉，載《香港經濟導報》編：《香港經濟年鑑（1979年）》，第一篇，頁237。

5. 〈保險業〉，載《香港經濟導報》編：《香港經濟年鑑（1986年）》，第二篇，頁185。

6. 〈保險業〉，載《香港經濟導報》編：《香港經濟年鑑（1985年）》，第二篇，頁203。

7. 同註3，頁18。

8. 同註3。

9. S. G. Glanfield：〈1988-1989年主席報告〉，載香港保險業聯會《十年歲月1988-1998》，1998年，頁25。

10. 〈保險業〉，載《香港經濟導報》編：《香港經濟年鑑（1982年）》，第二篇，頁172。

11. 同上註。

12. 〈保險業〉，載《香港經濟導報》編：《香港經濟年鑑（1988年）》，第二篇，頁181。

13. 王熹浙：《香港保險業五十年來的演進》，2007年9月12日，頁2。

14. 楊奇主編：《香港概論》上冊，三聯書店（香港）有限公司，1999年，頁196。

第六章

保險市場的轉型與保險業的創新

"八十年代末期，香港經濟開始轉型，服務業發展迅速，保險亦從那時起逐漸為市民所熟悉及接受，並開始進入高增長期。為更有效地監管保險業及保障投保人的利益，政府遂將當時註冊總署轄下的保險部改組為隸屬金融科的一個監管機構，專責監管保險業。在1990年6月8日，保險業監理處（保監處）便正式成立。

"十年來，保險業不斷穩步發展。保費收入較十年前增長逾兩倍、保險從業員的人數持續上升、保險產品亦更趨複雜及多元化。因應市場的轉變，保監處不時修訂法例，引入適當的監管準則。保監處亦與業內團體合作，推行一連串的自律監管措施，為審慎監管保險業奠下良好的基礎。

"過去十年，香港經歷了不少重要時刻及事件，如主權回歸、亞洲金融風暴及跨越廿一世紀等。其中，亞洲金融風暴對香港經濟打擊極為沉重。在經濟負增長、高失業率的情況下，香港保險業雖不能獨善其身，但整體發展依然保持穩健。這是保監處在過去十年與業界衷誠合作，為發展一套完整的監管制度共同努力的成果。"

——香港保險業監理處：《保險業監理處十周年紀念（1990年6月8日－2000年6月8日）》，2000年6月。

1990年代香港保險市場的轉型與演變

（1）服務業迅速擴張，壽險抬頭

香港經濟結構的轉型，發生於1980年代中期。當時，香港製造業大規模向中國內地，尤其是廣東珠江三角洲地區轉移，雙方逐漸形成"前店後廠"的分工格局。從這時期起，製造業在香港本地生產總值中所佔比重急速下降，1986年，製造業在香港本地生產總值中所佔比重仍高達22.6%，其後逐年下降，1987和1989年先後被廣義的貿易業（即批發零售、進出口貿易及酒店業）和廣義的金融業（即金融、保險、地產及商業服務業）所超越，到1997年已降至6.5%，呈現出某種"產業空心化"的趨勢。製造業的內遷以及由此而增加對香港服務業的需求，刺激並推動了香港服務業的迅速擴張。這一時期，香港的服務業，無論從絕對產值還是相對比重都迅速上升。1986年，服務業在本地生產總值比重是69.2%，到1990年上升到74.5%，1997年更達85.2%，香港因此成為世界上最依賴服務業的經濟體系之一（見表6.1）。

1989年往來香港與內地邊界的貨車大增，充份反映香港"產業空心化"問題。

表6.1　　1986-1997年各主要行業在香港本地生產總值中的比重（％）

年份	製造業	批發零售、進出口貿易及酒店業	運輸倉庫及通訊業	金融保險地產及商業服務	社區、社會及個人服務	樓宇業權
1986	22.6	22.3	8.2	17.0	16.0	10.1
1987	22.0	24.3	8.6	17.9	14.5	9 8
1988	20.5	25.1	9.1	18.9	13.9	9.9
1989	19.3	25.0	8.9	19.5	14.1	10.3
1990	17.6	25.2	9.5	20.2	14.5	10.6
1991	15.4	25.9	9.6	22.7	14.9	10.9
1992	13.5	26.1	9.7	24.4	15.1	11.1
1993	11.2	27.0	9.5	25.8	15.7	10.8
1994	9.2	26.2	9.7	26.8	15.9	12.2
1995	8.8	26.6	9.8	24.4	17.3	13.3
1996	7.3	26.7	9.8	25.1	17.6	13.1
1997	6.5	25.4	9.1	26.2	17.9	13.9

資料來源：香港政府統計處

隨著經濟的轉型，香港保險業市場也發生重要變化，火險、勞工保險等工業類別的保險市場增長大幅放緩，而這些險種過去是保險業中盈利較高的主要險種，這對保險業構成了嚴重的打擊。據統計，1987年，香港保險費總收入約100億港元，其中一般保險保費收入60多億港元，所佔比重高達三分之二。然而，到1997年，保險業保費總收入為520.08億港元，其中一般保險保費收入為194.83億港元，所佔比重已下降至37%；而人壽保險業保費收入則達325.25億港元，所佔比重從1987年的約三分之一上升至63%。壽險業務超過了一般保險業務，反映了香港經濟結構的轉型以及市民生活水準的提高。

這一時期，特別是1991年接連發生的幾宗搶劫案，對一般保險業造成了相當大的損失。1991年6月9日，五名蒙面並身穿避彈衣、配有長短武器的悍匪到觀塘連劫五家珠寶金行，並且與圍捕的警員發生激烈槍戰，雙方駁火超過50發子彈。五家珠寶金行的損失超過了1,000萬港元。一個月後,即7月12日,再有四名部署精密的持槍悍匪,在機場行政大樓對開地段,劫走護衛公司押運的一筆價值高達1.6億港元的鉅款。該事件成為香港開埠以來最大的一宗劫案。該筆鉅款屬美國紐約一家公司所有,準備運往臺灣。臺灣方面表示,依據臺灣相關法律,損失由對方負責。

這一時期,對一般保險業務構成打擊的還有汽車失竊情況日趨嚴重。根據意外保險公會和一般保險總會的統計,僅1992年全年,由意外保險公會和一般保險總會所承保的私家車中,被偷竊車輛所造成的損失就高達5.58億港元,創歷年來最高紀錄。而這還不包括車主因盜竊險自負額或未購買該類保險所引致的損失,也不包括非上述兩會會員保險公司的失車賠償。若加上以上各項,根據保險業界的估計,僅1992年因汽車失竊所造成的損失就高達10億港元(見表6.2)。偷竊率偏高的汽車包括新舊平治房車、寶馬、豐田 Camry 及萬事得929等。

表6.2　1991-1994年意外保險公會及一般保險總會失竊汽車損失情況(單位:百萬港元)

		1991年	1992年	1993年	1994年
第一季度	已尋回	3.9	2.9	2.0	1.1
	未尋回	98.0	84.0	153.6	33.3
	合共	101.9	86.9	155.6	34.4
第二季度	已尋回	4.3	3.1	0.9	1.2
	未尋回	24.2	137.8	54.6	22.3
	合共	28.5*	140.9*	55.5*	23.5*
第三季度	已尋回	6.7	4.9	5.2	2.0
	未尋回	13.6	139.3	43.9*	42.1
	合共	20.3*	144.2*	49.1*	44.1
第四季度	已尋回	4.4	5.4	0.3	-
	未尋回	83.3	196.5	16.1	-
	合共	87.7*	201.9*	16.4*	-

		1991年	1992年	1993年	1994年
總數	已尋回	19.3	16.3	8.4	-
	未尋回	219.1*	557.6*	268.2*	-
	合共	238.4	573.9	276.6	-

資料來源：《今日保險月刊》，1994年12期（總第72期）。
*扣除從中國內地歸還的車輛。

（2）跨國保險公司進入香港壽險市場

在經濟轉型的背景下，人壽保險業務成為市場發展的新增長熱點，越來越多的跨國保險公司進入香港壽險市場，或加強在香港壽險業務發展：

——1991年，法國於仁保險（Union des Assurance de Paris-Vie）在香港拓展人壽保險業務。法國於仁保險是歐洲第二大保險公司，早已在香港設有分公司開展一般保險業務。1991年，該公司開始專注發展團體壽險及醫療保險產品，並取得理想成績。1994年，法國於仁保險在香港推出一項具紅利儲蓄性質的個人人壽保險，其後更推出一系列投資性保險產品。該公司並計劃進軍中國大陸保險市場。

——1992年，澳洲資本的國衞保險在香港集資上市。國衞保險的母公司為澳洲第二大保險集團澳洲國衞，該集團於1986年6月收購先衞保險〔Sentry Life Insurance（Asia）Limited〕在香港的業務，並於1987年易名為國衞保險（亞洲）有限公司。據資深保險從業員楊梵城的回憶，1982年他離開友邦保險加入先衞時，公司只有八個保險代理，到1986年已發展到800人。1986年國衞保險收購先衞後，公司快速發展。到1992年時，國衞保險的保險代理已增加至3,400人，保費收入達7.5億港元。

——1993年，美國全美人壽保險公司（Transamerica Occidental Life Insurance Company）在香港展開全面服務。該公司早於1933年已在中國上海設立辦事處，後來第二次世

國衛保險於1999年8月8日正式易名為ＡＸＡ國衛，並於香港會議及展覽中心舉行慶祝典禮，圖為其代理人及職員組成公司的標誌。

界大戰爆發，當時全美人壽的華籍保險代理李祖法妥善收藏數以千計的保單文件，並在大戰結束後主動找尋這些客戶，確保全美人壽得以繼續為客戶提供保障。到了1947年10月，全美人壽在香港設立分公司，但所採取的策略是透過總代理的形式推廣業務。由1992年起，陸續於臺灣、北京、天津及上海拓展業務。

——1994年10月，在1961年於香港開展業務的鷹星保險集團以香港為區域總部，成立亞洲業務部，名為鷹星亞洲。及至1998年，蘇黎世收購英美煙草集團（British American Tobacco Industries Plc.）的子公司，包括鷹星保險集團。合併後，鷹星成為蘇黎世金融服務集團成員之一，並繼續沿用鷹星之名營運，為公司長遠發展鋪路及進一步開拓亞太區市場。至2004年，才正式更名為蘇黎世人壽（Zurich Life Insurance Company Limited），並聯同蘇黎世國際人壽保險（Zurich International Life Limited）及蘇黎世保險有限公司（Zurich Insurance Company Limited），在港發展壽險及一般保險業務。

——1995年1月，力寶美衛人壽保險有限公司在香港開業。力寶美衛是東南亞的力寶集

全美人壽慶祝服務香港50周年，推出電車車身廣告，圖為亞洲區總裁阮金成（左五）與香港分公司職員及保險代理於1996年12月20日在屈地街電車廠拍照留念。

團旗下香港華人銀行集團與美國 Protective Life Corporation 合資經營的公司，各佔50%權益。當時，力寶集團在香港的保險網絡包括力寶保險集團（亞洲）、力寶海豐、歷山力寶及香港華人保險。力寶美衞的設立標誌著力寶集團開始積極進軍競爭激烈的香港人壽保險市場。該公司執行董事陳兆遠表示，力寶美衞除提供一般傳統的人壽保險及醫療保險外，將引入一項投資成分較高的新產品，以配合客戶的真正需要。他表示："我們預計在五年內，營業員從目前的數目增加至1,000名，而保費總收入亦將超逾6億港元。"[1]

（3）保險業界競爭激烈，引發"挖角"戰

隨著跨國公司的進入，業界的競爭更趨激烈。正如有分析指出："香港作為高度自由化的國際商業城市，近幾年各服務業之間競爭越演越烈，保險業也不例外。以前香港保險市場的過半數的市場佔有率是被幾家老牌保險公司壟斷，但在過去的一段日子中，有不少財力雄厚的保險公司加入競爭，它們憑著強大的財力及特定的發展戰略，取得了美滿的成績，

而一些中型的保險公司，亦憑藉自身的努力和推銷策略，成功地在香港市場擁有了一片日漸擴大的空間。而一些較細小的，就各出奇謀為求自保，令競爭日趨激烈。"²

這一時期，反映保險業界競爭激烈程度的典型事件，是90年代初爆發的大規模"跳槽"潮，又有人稱為"挖角"戰。事件起源於1991年，當時，加盟海裕國際的前香港聯合交易所行政總裁袁天凡，透過海裕國際收購紐西蘭保險〔The New Zealand Insurance Life（Bermuda）Limited〕，並易名鵬利保險（百慕達）有限公司。紐西蘭保險雖然成立多年，但業務一直沒有起色，被收購前全公司只剩下五、六名保險代理。袁天凡邀得當時任職澳洲國衞保險亞洲行政總裁的楊梵城加盟，出任鵬利保險行政總裁，全權管理公司業務。楊梵城"跳槽"鵬利保險後的兩個月內，約有900名保險代理跟他"過檔"（即"跳槽"），據說有數以萬計的保客也跟著這批保險代理轉投另一家保險公司。當時，保險業界形容，這是香港歷史上最大規模的"挖角"戰。三年後，再有任職友邦保險23年的李國華，連同140多名保險代理"過檔"鵬利保險，令這個競爭激烈的行業風雲再起。自此之後，香港保險業內"挖角"成風。

楊梵城　　民豐控股有限公司主席兼執行董事　　1957年入行

楊梵城攝於盈科保險周年頒獎典禮。

加入友邦：我入行前聽說這行業是會佔人家便宜的，我亦受了這項不正確傳聞的影響。入行時我不相信保險是幫助別人的，只把它當作一份工作，並非終身職業。但經過時間的洗禮，我對這行業的認識加深了，也改變了原有的看法。

我於1957年加入美國友邦，保險業仍是原始的行業。記得剛入行時，美國友邦在香港有200多位代理，辦公室位於皇后大道中18號（新世界大廈現址）一座舊大廈的六、七樓。在我印象中，辦公室的面積不是太大，大約有萬多呎，包括十幾間營業經理的房間，代理則沒有固定工作位置。那時，真正全職的代理並不多，只有經理是全職的。現在的生意是以保費計算的，當時則以 "gross pay for" 即保額，因為一二十年的儲蓄保險較流行。當時友邦最受歡迎的儲蓄保險是蘭花保單，其特點是20年的儲蓄保險，15年付款，成功吸引了不少投保人，因為投保者只需繳款15年，可享保單20年的保障。1957年，友邦在香港一個月的生意額大約有四、五百萬港元保額。

當時在香港一般的保額大多是港幣一、二萬港元或美金二、三千元。我曾看過澳門某個團隊賣的保單最低保額是1,000港元，相比之下，澳門的保額較香港為低。當時永安及先施還在運作，聽聞營銷同事的推售方法卻令公司運作得不太理想，以致公司的口碑不好。此外，當時很多公司的代理亦沒有接受足夠訓練便推銷保單，例如，代理告知投保人買了三年保險可拿回錢，但三年後投保人才發現原來拿不回全部的錢，結果鼓譟起來。

1957年，我當時17歲，在友邦做 "後生" （即辦公室助理）。我記得曾經有客人買保險，不知道這是客人抑或是代理的疏忽，沒有申報投保人曾動過手術。後來投保人在投保後數月因舊患去世，所以保單無效，他的家人得不到賠償，坐在公司門口大哭。

挖角潮興起：我以前的上司是不會聘請在其他保險公司工作過的人，但我認為這是自由經濟社會，不認同那種過時的想法，我認為保險公司應該要想辦法留住自己的代理人。我在國衞的時候也有聘請其他公司的代理，從1982年只有八個代理人，發展至1994年已有3,400人，其中有很多是從其他保險公司轉過來跟我的。當年傳媒說有1,200人因為我到鵬利工作，但其實真正只有900人。

保單移植：保單移植也是由我於1994年開始的，意思是客戶的保單跟隨代理人轉到其他公司，例如你在甲公司買了一個與乙公司相同的計劃，可連現金價值轉移過來，當作是在乙公司所買的保險。這樣做對原本的保險公司有壞處，因為少了生意，但可提醒保險公司善待代理人，才可留住人才。

其實我所做的事情都被人批評過，但我認為應該要用不同的角度去看一件事情，不能墨守成規。

鄭文光　　ING集團前亞太區香港/澳門地區總經理　　1973年入行

鄭文光（左二）於1980年代出席活動時合照，左起為美國友邦保險副總經理潘燊昌、新界鄉議局主席陳日新、美國友邦保險總經理謝仕榮。

加入友邦：在我入行前，保險給人的印象不太好，我讀書時也聽聞有人壽保險公司登報招聘員工，所以覺得保險十分負面。我入行的第一家保險公司是友邦，當時友邦及宏利是全香港最大的保險公司，由於友邦正規且屬大型的保險公司，所以加入了這間公司，之後我才真正了解到壽險如何幫助到別人。

從壽險看社會脈搏：壽險有個特別現象，在經濟好時，壽險行業都做得好；在經濟差時，壽險行業也不會太差，因為經濟差時，失業人士都會加入保險這個行業。依我記憶，只有在2003年非典那年的保費有下降之外，其他年份每年的保費都有增長。最早期主要是推銷儲蓄保險，到了1980年代，香港人以買人壽保障為主，因為他們漸漸明白保險的定義及重要性，所以多數的投保保單主要是終身壽險。到了七八十年代，大量在戰後出生的嬰兒已成長並開始出來工作，他們年齡約二三十歲，購買能力甚高，而且也願意購買保險，壽險也開始在這期間蓬勃增長。

1990年代的風波：1990年代可說是七國之亂。當時紐西蘭人壽被李澤楷收購，並易名為鵬利。在國衛的楊梵城帶了600名（原為900名）代理人轉到鵬利，令鵬利和國衛互相攻擊、並入稟法庭互告對方，弄得滿城風雨。後來鵬利納入盈科保險旗下，改名為盈科人壽。其後鵬利成功拉攏了

鵬利保險收購紐西蘭保險時，公司只有五、六名代理，及後1998年，代理人數增加至2,000多人。圖為鵬利保險的高級保險銷售人員出席"第三屆鵬利保險總裁大會釣魚台宴會"。

友邦的高級營業主管李國華，並在報紙刊登廣告說良禽擇木而棲，公然招兵買馬，這舉動令友邦十分不高興。其實友邦當時有四、五千名代理，本來蟬過別枝是很小的事，但因為刊登廣告把事情弄得街知巷聞，友邦便進行反擊，給"握手費"予那些被招攬過來的人。例如那人在甲公司有100萬港元生意，乙公司便給他100萬港元"握手費"轉職到自己旗下，這人便可以不勞而得到那筆"握手費"，因為壽險是長期保險，若果轉職到其他公司會失去續保的佣金，但"握手費"就可填補所失去的。聽聞最大筆的"握手費"可以超過1,000萬港元。雖然"握手費"所費不菲，但保險公司可以節省聘請和培訓新人的支出，其實損失不多。

1994年6月，鵬利保險被盈科集團旗下在新加坡上市的盈科亞洲拓展收購控制性股權。1996年7月，13名高級管理層和13名高級營銷經理成為該公司股東，所佔權益達24.9%，

而中國人民保險公司旗下的中保投資亦持有該公司20%股權。在新管理層的領導下，鵬利保險先後推出屬分紅保險產品的"Top Life"系列和"Glorious Life"系列，並取得了迅速的發展。從1993至1998年度，鵬利保險的保險代理人數從311名增加至2,333名；公司的保費收入總額亦從1.97億港元增加至14.2億港元，年增長率高達48.5%；同期溢利從210萬港元上升至25.18億港元，五年間增長675.19倍。[3]

1999年4月28日，即鵬利保險被收購五周年之際，盈科宣佈將鵬利保險改名盈科保險有限公司，並籌組上市。當時，盈科保險除了從事個人終身壽險、儲蓄人壽保險及定期壽險等業務外，還從事個人及團體意外、醫療與傷殘保險及團體退休金計劃等業務，擁有的有效個人人壽保單約24萬份，每年保費超過12億港元，以總保費計的市場佔有率為5.6%，在香港個人人壽保險市場排名第四位。據負責促銷盈保上市的怡富證券的報告估計，盈保的市值約52.16至57.11億港元，較五年前收購時增加了近十倍。[4]

這一時期，香港長期保險業業務有了強勁的增長。長期保險業務包括個人人壽保險、團體壽險、年金、永久健康及退休金計劃等，其中，大部分業務屬於個人保險，1997年的保費為230.12億港元，佔人壽保險保費總額的70.8%。1993年，個人長期保險的有效保單的數目為22.43萬份，到1997年增加至34.45萬份，五年間增長了53.6%；而同期，個人長期保險的保費從106.99億港元增加到230.12億港元，增幅高達115.1%。1990年代，個人長期保險市場仍由傳統人壽保險所支配，非聯繫業務佔1993至1997年間的新保單保費70%以上，1997年底有效的終身非聯繫保單的毛保費中，有80.4%來自分紅保單。以保單數目計算，分紅保險產品佔1997年非聯繫個人人壽保險業務的69.4%，而以毛保費計算，則佔63.4%。1997年，香港長期保險業務的保險密度（人均支出）為5,002港元，保險滲透率（保費佔本地生產總值的百分比）為2.4%，而個人壽險的滲透率（保單與人口比率）則為53.0%。[5]

表6.3　1993-1997年香港個人壽險業務發展概況

年份	保單數目（千份）	增長率（%）	毛保費（百萬港元）	增長率（%）
1993	2,243	-	10,699	-

年份	保單數目 （千份）	增長率（%）	毛保費 （百萬港元）	增長率（%）
1994	2,524	13	13,956	30
1995	2,838	12	16,578	19
1996	3,126	10	19,616	18
1997	3,445	10	23,012	17

資料來源：怡富證券有限公司，《盈科保險集團有限公司配售、發售新股及售股建議》，1999年，頁30。

（4）由於壽險市場競爭激烈，保險公司汰弱留強，及保監處加強監管下，保險公司數目減少

壽險市場業務的高速增長，引致日趨激烈的競爭，香港保險市場汰弱留強的趨勢明顯加強，在香港經營的保險公司數目持續減少。根據香港政府註冊總署的統計資料，從1989年底至1997年底，在香港經營的獲授權保險公司的數目從273家逐年減少至215家，八年間減少了58家，約佔總數的21%。香港保險公司數目減少，部分原因是一些外資公司為鞏固在香港的業務，將旗下的公司合併；部分原因則是保險業監理處加強了對保險公司的監管。與此同時，保險業從業員流失情況亦漸趨嚴重。據香港職業訓練局轄下保險業訓練委員會在1992年發表的《保險業1991年人力調查報告》顯示，業內保險業僱員總數（不包括受訓者），從1989年的13,839人，減少至1991年的11,970人，減幅為13.5%；減幅最大的是壽險業，從1989年的6,398人，減少至1991年的3,282人；一般保險業營業員亦從991人減至783人，反映保險業營業代表的流失嚴重。而一般保險從業員的生產力亦呈現下降趨勢，據了解，1990年代初，一般營業員在入職半年後平均每月可獲三張保單，1995年降為二張，1996年更跌至一張。[6] 面對激烈的競爭，不少公司甚至將經紀佣金提高至40%至50%，但這對保險公司財政狀況的穩健性卻構成了不良的影響。

余健南　　　1969年入行　　　蘇黎世保險一般保險業務董事

1988年8月4日嘉華安美保險舉行旺角分行開幕誌慶，一般保險部總經理余健南（右）與壽險部總經理林麗霞（左）及董事 Jos Moenen 合照。

保險業併購潮：香港保險業的併購潮在1980年代開始，差不多到1998年亞洲金融風暴時才開始靜下來。不少收購合併都始於歐美，香港的保險公司股權也因而受到影響。正因如此，收購合併反映不同保險集團的發展策略，以及它們對未來市場的看法。以瑞士豐泰保險集團（Winterthur Swiss Insurance Company）（簡稱瑞士豐泰）為例，自1970年代起，以它豐富的國際經驗，積極在香港投資發展30年，經過了多次收購合併的轉變，今日已成為香港保險歷史的印記。

瑞士豐泰個案研究：瑞士豐泰於1875年成立，是瑞士兩大保險集團之一。直至1970年代，瑞士豐泰決定與英國 Norwich Union 成立合營公司，命名為 Norwich Winterthur Insurance，專攻亞洲和非洲的保險市場。於1977年，在港成立諾允保險（國際）有限公司〔Norwich Winterthur Insurance（International）Limited〕。除了一般保險業務之外，也有意發展壽險業務，遂於1988年在港成立豐泰人壽保險（Winterthur Life Insurance Company）。

至1991年，Norwich Union 決意集中發展英國、歐美及非洲市場，將 Norwich Winterthur 合營公司的亞太區股權轉售予瑞士豐泰保險集團，正式更名為豐泰保險(亞洲)有限公司〔Winterthur Insurance（Asia）Limited〕，成為該集團的全資子公司。

瑞士豐泰銳意在港擴展業務，於是在1992年收購嘉華安美保險。嘉華安美保險的出現源於當年嘉華銀行有意發展 "銀行保險" 業務，故在1977年成立嘉華保險有限公司，並於1985年將一半股權售與荷蘭 AMEV，大力推廣人壽、醫療及一般保險各類業務。至1990年初，由荷蘭 AMEV 與比利時的 AG 集團合併而成的 Fortis（即今日的富通保險集團）因重整業務，集中發展歐、美及澳洲等主要保險市場，便聯同嘉華銀行將嘉華安美保險的全部股權售予瑞士豐泰保險集團。

瑞士豐泰保險完成了在香港的收購行動，將兩家在港的子公司業務合併，更名為瑞士豐泰保險（亞洲）有限公司〔Winterthur Swiss Insurance（Asia）Limited〕，並全力拓展業務，不久更成為本港十大一般保險公司之一。

1996年11月，瑞士豐泰在中國上海成功開辦分公司，是第一家歐洲保險公司獲得中國政府發牌的外國獨資保險公司，而豐泰人壽方面亦全力拓展人壽保險，成功入資內地泰康人壽保險股份有限公司，加上瑞士豐泰保險集團在歐洲、中國內地、香港、日本及澳洲業務發展迅速和業績理想，引來世界各大銀行及保險集團的垂青，成為收購的熱門對象。最終瑞士信貸銀行（Credit Suisse，簡稱瑞信）在1997年8月成功併購了整個瑞士豐泰保險集團，以配合其銀行保險及資產管理業務發展。

瑞信後來重整環球業務策略，在2001年2月將香港瑞士豐泰（亞洲）保險公司的國際客戶業務分拆出售予 XL Capital Limited，成為 XL Winterthur International Insurance Limited，後來更名為 XL International Insurance Limited。而本地的客戶業務則在2001年12月售予加拿大的楓信金融（Fairfax Financial Holdings Limited）。最後，楓信將瑞士豐泰售出的本地業務和於1998年成立的富勤保險有限公司（Falcon Insurance CompanyLimited）〔前身為歐美保險有限公司（Euro-America Insurance Limited）〕合併，更名富勤保險（香港）有限公司（Falcon Insurance Company（Hong Kong）Limited）。透過接連的收購合併，富勤保險在港的業務更上一層樓，從而建立了穩固的基礎。

另一方面，瑞信在2006年12月將其持有的瑞士豐泰在世界各地的壽險及非壽險公司，悉數售予法國 AXA 保險集團。而香港的豐泰人壽亦在2007初年通過 AXA 內部轉讓予 AXA APH，更名為 AXA Wealth Management（HK）Limited，繼續為豐泰人壽在香港的壽險客戶提供優質服務。而於香港的 Winterthur Insurance（Asia）Limited亦被收歸 AXA 旗下，轉名為 AXA General

Insurance China Limited，延續了瑞士豐泰原有在上海的財產險業務的中國夢。經過多番錯綜複雜的合併收購和業務分拆，隨着母公司股權的變更，在香港的瑞士豐泰保險亦正式成為歷史名詞。

我加入保險界不知不覺已經40載，亦見證了不少公司的併購，除了 AXA 收購上海豐泰保險那一次之外，我有幸親身見證瑞士豐泰在香港的變化，回想每次併購時面對的種種挑戰，真的感觸良多。

有鑑於此，政府進一步加強對保險業的監管，以推動香港保險業與國際水準接軌，並保障投保客戶應有的權益。1990年7月，香港政府將原來由註冊總署管轄的保險業監理處擴大規模，轉為一獨立部門，成為金融科轄下的保險業監理處。1992年4月，保險業監理處通知所有獲准在香港或從香港經營人壽保險業務的海外認可保險公司，若他們要在香港進行業務，必須在香港設立辦事處，其最低規模包括：必須委任出一位行政總裁，直接負責該公司在香港的業務；這些保險公司必須在香港設立及保持一個投保人服務中心，直接處理香港的投保人事務；在香港保持一個香港投保人登記冊及其他輔助記錄，以便隨時可以找出該公司對投保人的承諾。1992年5月，保險業監理處進一步向香港所有人壽保險公司發出指引，申明要訂明精算師在壽險公司內的職責，以及壽險公司與委聘精算師的關係，以加強對人壽保險公司的監管，促進該等公司營運的健康程度，從而保障投保人的利益。1994年1月，《僱員賠償條例（修訂）法案》生效實施，大幅提高法定賠償額。1995年，《保險公司（修訂）（第二號）條例》生效實施，要求一般保險公司有足夠的本地資產照應業務上的債務責任，同時要求人壽保險公司提高其償債能力。

1995至1996年間曾經發生一段有關監管中介人佣金的插曲。當時法定汽車保險及僱員補償保險的市場競爭非常劇烈，不少保險公司為了增加市場佔有率，爭相提高給予中介人的佣金，部分保險公司為了維持盈利，提出將中介人可得的佣金上限定於15%，保險業監理處認為此舉有助控制"佣金戰"，故此決定採取行政措施，於1996年1月發出指引，要求所有經營兩種法定保險的承保商簽署承諾書，同意將有關佣金上限定於15%。

此舉得到不少保險公司支持，簽署市場協約並同意在1996年2月5日開始將佣金上限定於

15%。與此同時中介人卻持不同意見，當中反對聲音最大的是香港保險中介人商會，該會認為此舉違反了自由市場原則，統一佣金上限形同統一定價，會令小型保險公司更快被淘汰，最終只有大型保險公司得益。在沒有充分諮詢中介人的情況下，當局不應倉促推出有關行政指令，況且即使保險公司簽署了市場協約將佣金上限定於15%，但不少保險公司亦透過其他途徑補貼中介人減少了的佣金收入，如津貼行政費用等等。

經過多番商議和書信往還後，保險業監理處最後於1996年10月把有關承諾書退還予簽署的保險公司，市場亦回復過去的競爭環境。

人壽保險市場：產品、服務及銷售渠道的創新

這一時期，保險業加強了對人壽保險市場的開發，特別是通過保險創新，包括開發新的保險品種和擴大保險服務範圍，通過向保戶提供全方位的保險保障服務來滿足消費者日漸提高的整體服務素質要求。正如有學者指出：“香港地區保險市場的競爭也是最為激烈的。而且，保險企業面對的不僅是保險業內的壓力，來自保險業界以外的強大競爭對手——銀行兼營保險的壓力更為沉重，再加上通貨膨脹和嚴格的保險業監管的壓力，迫使保險企業不得不進行保險的創新。”[7]保險公司推出一系列新的人壽保險險種，主要包括三類：

（1）儲蓄性人壽保險

這是一類兼具壽險保障的靈活儲蓄計劃，通過定期的儲蓄投資，即使不幸遭遇意外，被保險人不僅可以獲得全數保險金額，還可以得到投資收益。1980年代末，友邦、宏利、國衛都先後推出了一種名為“末期危疾保險”的險種。該保險的特色是：以往的人壽保險，一般都要等投保人去世後才能領取保險金額，而這一險種則允許投保人在患上重大疾病時可以利用這筆錢進行治療，或改善家居以享受人生的最後時光。這一險種最初只包括五種危疾，即癌病（cancer）、中風（stroke）、心臟病（heart attack）、冠狀動脈迴接手術／冠狀動脈搭橋手術（coronary artery by-pass surgery）和腎衰竭（kidney failure），其後發展到35至40多種疾病的保險。此外，友邦推出的“終身人壽保險”，打破以往只派中期息的慣例，每五年派發一次定期紅利；宏利、國衛推出的儲蓄性保險計劃還根據每年的通脹率增加保額，以抗衡通貨膨脹。此外，保險公司還推出一種形式類似銀行“零存整取”的保單，若按時供款至計劃期滿，不但可保證本金奉還，還可獲得理想的投資回報，並同時享有壽險保障。

（2）一籃子綜合保險

在各大小保險公司推出的芸芸新險種中，比較具有特色的是一種綜合保障計劃，保障期

長達十年，只須繳交一份保費，便可同時獲享壽險、危疾、意外保障及免繳保費權益，期滿後可繼續續保。1990年代初，國衞保險推出的名為"摯倩女性終身保障計劃"的險種，也是一種一籃子綜合保險。該保險集人壽保險、危疾保險和投資於一身，並且是專門為女性而設計的，首創承保妊娠期間保障，從婦女懷孕期間可能發生的意外，包括嬰兒胎死腹中、畸胎、宮外孕及瀰漫性血管內凝血病等，乃至婦女本身可能患有的紅斑狼瘡症、狼瘡性腎炎症、癌病等，都提供　籃了綜合保障。該險種廣受女性歡迎，曾被評為亞洲最佳的保險產品。一些保險公司推出的險種甚至可額外提供28種危疾及女性癌症保障，務求打動消費者。其後，大新人壽也推出與之相呼應的"英雄男性終身保障計劃"。此外，香港美亞保險公司同期推出的"開心萬應保"，其責任範圍包括醫療費用、住院津貼、子女看護、個人意外、個人行李丟失、現金遺失、緊急醫療護送費等，非常方便，也是一個綜合責任保單。

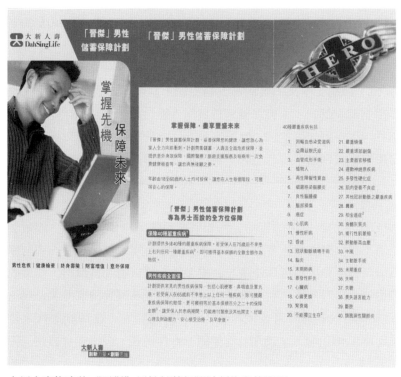

大新人壽推出的"晉傑"男性儲蓄保障計劃的宣傳單張。　　　　國衞保險的"Smart Lady"計劃。

李哲恒　　恒生保險有限公司行政總裁　　1985年入行

1987年任職於友邦保險部的李哲恒（左），與其上司林立權合照。

危疾保險：1990年代初期，保險公司在產品方面，推出了許多新的品種。印象深刻的有友邦保險推出的期末疾病保險，當時保障的是末期疾病（Dread disease），還未有保障危疾（Critical illness）。Dread disease 是指會致命的重大疾病；Critical illness 是重大疾病，是泛指現時10至20多種未必會致命的疾病，兩者有所不同。但在保險名稱上而言，都是叫做"危疾保險"。

危疾保險早期時是主要保障心臟病、癌症、中風、腎病等五種疾病。發展至21世紀，至少保障35至40種疾病。這種保險好像是由南非引進的。人壽保險是待被保人逝世後，受益人才能獲得賠償，但如果被保人在逝世前幾個月可以得到一筆款項，除了可以支付醫療費用，亦可以利來享受人生最後數個月的光景，又或是用來完成自己未了的心願，甚至可以利用這筆錢來安頓家人，這就是危疾保險可以做到的。

銷售手法：在1990年代中，保險公司開始利用電話直銷，例如美亞保險的 AIU Direct，即是透過電話直接銷售和報價，主要是汽車保險有直銷。有意投保的車主只要打電話到保險公司查詢保險的價目，就會得到小禮物，例如是禮餅券，這種做法是想鼓勵多些人打電話查詢價格，如果成功投保，保險公司會送出電油代用券。當時主要用利用電話直銷的有美亞及滙豐兩家保險公司，這方法可以減少支付予中介人佣金，日後索償時可直接理賠，減少行政開支。在1980年代末至1990年代初，也盛行郵寄銷售（Direct mailing），後來也有與銀行合作銷售，最後期發展在互聯網上銷售。

（3）保障與投資相結合的保險

1990年代，香港政府正醞釀籌建強積金制度，當時香港銀行利率偏低，因此，保障與投資相結合的保險險種應運而起。這類保險主要是一些長期性壽險險種，其主要特點是壽險與投資相結合，被保人既可享受壽險保障又可取得投資收益，減輕通貨膨脹的影響。如北美人壽保險公司1987年推出的"金牌計劃"，就是一種兼具終身人壽保險及穩健投資計劃功能的險種。該計劃可供選擇的投資方式有三種基金，分別為高風險高收益、中等風險中等收益和低風險固定最低收益。公司每天在報紙上公佈每種基金的收益率，投保人可以根據判斷申請轉換投資基金的選擇。這種將保障與投資收益的結合，可以減輕通貨膨脹的影響，保護被保人的利益。

這段期間，個人壽險市場的競爭相當激烈。由於保費的競爭意義不大，各保險公司紛紛在產品的差別上下功夫，特別是加入了服務性的元素，重視擴大保險服務的範圍，向保戶提供與保險有關的邊緣服務，包括保險諮詢、風險管理、信用投資等服務，有的甚至提供與保險業務完全無關的服務，包括向公司的保戶提供24小時各項緊急支援引薦服務。這類服務一般分為兩大類，一類是針對各保險公司提供的保險險種而設的，服務內容包括提供鎖匠、水匠、家庭服務、索償服務、緊急護士等等。如商聯保險公司的家居（辦公室、工商、診所、店舖）綜合保險，就向保戶提供緊急護士、鎖匠、水匠、電機匠、冷氣工程、殺蟲、家居清潔、普通家居維修及24小時索償諮詢服務等。此外，大部分保險公司還通過全球支援機構如亞援緊急救援中心（AEA），國際 SOS 及全美國際支援中心（AIAS），向保戶提供24小時的全球緊急支援服務。

另一類與旅遊有關，主要為保戶出外旅遊提供諸如簽證、匯率、天氣、交通等諮詢服務；為保戶因公外出或海外旅遊遇到問題時提供緊急支援，如患病、受傷、丟失行李、金錢、信用卡等，甚至旅遊受到延誤等，都可以向緊急服務熱線求援，獲得妥善解決。這些服務還包括各種緊急支援服務，如異地撞車、有病找醫生以及法律意見等等。此外還有一些實際的服務，如海外發生車禍後傷員或遺體運回香港等等。這一類服務大多與旅遊保險險種掛鈎；大部分保險公司的旅遊保險保單的保險責任都開設這類服務。

1990年代，香港保險業不僅開發新的保險險種和擴大保險服務範圍，還通過保險營銷方式的創新去推銷保單。這些創新包括電話直銷、通過郵電電訊網絡推銷保單，以及借助銀行業推銷保單。電話直銷（telemarketing）以北美人壽保險公司為代表。電話直銷並非通常所說的通過電話銷售保單，而是緊隨直接郵寄推銷（direct mail）的一種跟蹤服務。電話營銷的對象主要是與保險公司具有合作關係的銀行的持卡人。當保險公司與一家銀行確立合作關係後，即可利用銀行提供的客戶名單向每個持卡人郵寄一份有關險種介紹的投保建議書，隨後並由公司的電話營銷員（telemarketer）向該持卡人提供跟蹤服務，包括回答客戶詢問，解釋有關保險內容等，以促使持卡人作出投保選擇。電話營銷是提高投保回覆率（response rate）有效的途徑之一。根據北美人壽保險公司的統計，電話營銷員跟蹤服務後，投保回覆率可由0.7%至1.33%上升至25%至64%。[8]

保險營銷方式的創新的另一種形式，就是借助銀行業推銷保單。1990年代，香港保險業發展的一個新趨勢，就是保險業與銀行業的相互滲透與合作。這一時期，香港大部分銀行都已擁有自己的保險公司，那些沒有自己的保險公司的銀行，就成為了各保險公司爭取合作的對象。如北美人壽保險公司與美國運通（American Express）、花旗銀行（Citibank）、渣打銀行（Standard Chartered Bank）、中國銀行（Bank of China）等都有長期的合作關係，而且提供的保險服務令銀行滿意，受持卡人歡迎。在這種合作關係中，銀行是發起人（Sponsor），保險公司只利用銀行的客戶源即銀行信用卡用戶推銷保險，並在所推銷的險種上註明由某保險公司承保。按照有關規定，每家銀行最多只能與四家保險公司合作，於是各保險公司只有通過更優質的服務來保持與銀行的固定關係（見表6.4）。

這種保險公司借助銀行推銷保險的方式具有險種設計簡單，客戶交費方便，銀行與保險公司相互受益、相互牽制的特點。1990年代，銀行業與保險業的合作與滲透，使香港保險業界出現了一個新的發展趨勢——銀行保險（Bancassurance）。[9]

表6.4 1990年香港銀行與保險公司的策略性聯盟

銀行集團名稱	主要保險公司
香港上海滙豐銀行	嘉豐保險
中銀集團	民安保險、中國保險、太平保險
恒生銀行	銀聯保險、於仁保險
渣打銀行	美亞保險公司及信諾環球
東亞銀行	美亞保險公司、隆德及民安
道亨銀行集團	道亨保險
海外信託銀行	OTB Assurance
上海商業銀行	寶豐保險（香港）
國際商業信貸銀行	商聯保險
大新銀行	德高保險
萬國寶通銀行	鷹星保險
廖創興銀行	廖創興保險
廣安銀行	住友保險
嘉華銀行	嘉華安美保險
第一太平銀行	遠東保險

資料來源：Yeung, Terry C. S. (1990), "A Strategic Study of the General Insurance Industry in Hong Kong", Master of Business Administration Thesis, University of Hong Kong；轉引自余德麟：《香港保險業的發展》，商務印書館（香港）有限公司，1997年，頁120。

保險業自律監管制度的創新

1980年代以來，隨著保險業監管制度的建立和完善，香港保險業的專業水準已有了很大提高。然而，保險業從業人員，特別是保險中介人的素質仍然參差不齊，致令保險業的形象和名聲，往往因為個別缺乏專業道德人士的所作所為而蒙污。

1990年4月初，香港消費者委員會首次公開點名批評香港三家保險顧問公司，包括金狄斯（國際）保險顧問公司、威信國際（保險顧問）和雪鐵龍國際保險顧問。該委員會資料搜集小組副主席王津表示，委員會在1988年共接獲34宗有關保險顧問公司的投訴，1989年有關投訴個案上升到56宗，而1990年首三個月所接獲投訴竟達31宗，涉及款項55,000港元，而其中23宗便是涉及到被點名的三家保險顧問公司。這三家公司所採取的不正當經營手法，包括在報章刊登招聘兼職廣告指明歡迎17至26歲的青年申請，在面試時申請人須接受為期兩天的業務講解課程，但申請人卻要繳付約100港元的費用，並且公司其後又要求申請人購買人壽及意外保險，若他們身上沒有現金亦要他們到街上提款機提款，或向朋友借款，而由始至終均有公司職員陪同，以確保他們遵照公司的建議去做，才能成為這些公司的職員。當時，就有評論指出："相信很多從業員可能還記得，多年前的香港保險業，亦曾因為類似的事宜，而導致普羅大眾聞保險生懼，產生反感，經過這麼多年來的努力，保險業才逐漸重獲大眾信任，假如再有類似上述指摘的新聞發生的話，這將會是保險業的一大絆腳石，希望行業有關人士能及早正視這問題。" [10]

其實，早在1986年1月，由政府委任的法律改革委員會工作小組就曾提出報告，建議加強對保險業中介人的立法，加強監管。這份《香港法律改革委員會報告書》重點探討了引入一套管控保險經紀及代理人活動的制度是否可行的問題。當時，香港並無任何法例規管保險經紀及代理人的活動，但保險人本身則受到《保險公司條例》規管。該報告書建議，應規定任何欲從事保險經紀業務的人士須向保險業監督登記，亦就經紀公司或合夥的登記提議了一些詳盡的條文。[11] 當時，面對政府加強保險立法的建議，保險業提出自律作為回應，並得到了政府的接納。

踏入1990年代，面對社會公衆關注和政府立法監管的壓力，香港保險業聯會積極推動業內自律行動，有關行動分兩個階段進行。第一階段是保險公司在解釋保單時實行自律，以使保單持有人得到公平、合理的保障。該計劃包括兩個方面，一方面是制定一般保險業慣例聲明及長期保險慣例聲明，供一般保險總會和壽險總會的會員遵守；另一方面是成立保險索償投訴局。該計劃於1990年起實施，參與公司必須遵守行業的業務慣例聲明，並成為保險索償投訴局的會員。

1990年2月20日，由香港保險業聯會積極推動的保險索償投訴局（Insurance Claims Complaints Bureau）宣佈成立。保險索償投訴局是保險業界首家推行自律監管的機構，主要職能是調解個人保單持有人與承保人之間的索償糾紛。在投訴局成立的記者招待會上，香港政府金融司林定國（D. A. C. Nendick）給予高度的評價，並將該局比作英國的"冤情大使"（Ombudsman），他表示，投訴局的成立對於保障投購個人保險的消費者非常重要。[12] 林定國並希望所有認許的承保商都能參與這個自律計劃，成為投訴局的成員。保險索償投訴局歷任主席，見表6.5。

保險索償投訴局轄下的保險索償投訴委員會每年舉行新聞發佈會，公佈投訴數字及個案，圖為委員會首任主席李福善大法官（右二）主持1993年的新聞發佈會。

表6.5 1990-2009年保險索償投訴局歷任主席

中文姓名	英文姓名	任職主席年度
-	Simon Brett	1990 - 1992
-	Elvon Harris	1992 - 1994
黃寶亨	Alex Wong	1994 - 1995
莫輝	Stephen Moffatt	1995 - 1998
施德偉	Terry Smith	1998 - 1999
莫輝	Stephen Moffatt	1999 - 2001
安德生	Roddy Anderson	2001 - 2007
何達德	Michael Huddart	2007 - 現在

資料來源:保險索償投訴局

投訴局設有獨立的保險索償投訴委員會,負責處理有關投訴賠償事宜,該委員會由五名委員組成,任期為兩年,其中主席必須由政府金融司批准才可出任,首任主席是李福善,其餘四位委員,兩名來自保險業,兩名則為業外人士。保險索償投訴委員會歷任主席,見表6.6。

表6.6 1990-2009年保險索償投訴委員會歷任主席

中文姓名	英文姓名	任職主席年度
李福善	Simon Li	1990 - 1994
黃桂洲	Henry Wong	1994 - 2000
徐福燊	Michael Tsui	2000 - 現在

資料來源:保險索償投訴局

根據投訴局的規定，接受消費者的投訴有一定的限制，包括投訴有關的保險必須是以私人的身份投保的合約，而投訴的對象僅限於參加該局的保險公司，而索償額亦以25萬港元為限。[13] 其後，投訴局可裁決的限額亦經過多次修訂，由1993年40萬港元增至1996年的60萬港元，於2005年修訂為70萬港元，到2007年更增加至80萬港元。

投訴局在成立初期只有27家保險公司參加，不過到1994年上半年已經增加到154家，佔香港個人保險營業額的九成以上。[14] 其後，根據保險業監督的規定，所有承保個人保險的註冊承保商均須成為投訴局的會員，會員包括基本會員和附屬會員。其中，基本會員須向投訴局繳納年費，以分擔投訴局的日常運作費用；附屬會員不須繳納年費，也沒有投票權。1990年代保險索償投訴局曾處理的個案及結果，見表6.7。

2000年的保險索償投訴委員會成員：前排左起為會計師公會代表 Paul Winklemann、主席徐福燊、消費者委員會代表郭琳廣，後排左起為一般保險總會代表劉漢強、壽險總會代表劉允剛。

表6.7　1990年代保險索償投訴局接獲及解決的個案

年份	接獲的個案數目	圓滿解決的個案數目	圓滿解決的個案所涉及的索償金額 （萬港元）
1990	84	-	-
1991	88	31	-
1992	69	35	-
1993	97	44	-
1994	62	43	-
1995	90	36	180
1996	69	34	96
1997	91	30	260
1998	145	35	330
1999	214	44	224

資料來源：保險索償投訴局

1999年11月，香港保險業發生一件全城矚目的"蔡女事件"。當年，31歲的酒樓女侍應蔡巧玲在工作時不慎扭傷腰骨。由於她在意外發生前已向鵬利保險（1999年6月被盈科保險收購）購買了意外傷亡賠償保險，跌傷之後，她向盈科保險索取1.8萬港元意外損失賠償。但盈科保險以她"無表面傷痕"不符合保單條件為理由拒絕賠款。蔡女士便向保險業索償投訴局申訴。投訴局認為保險公司應發放保金。於是盈科保險申請司法覆核，結果香港高等法院法官指示，保險業內的章程或守則並沒有授權保險索償投訴局偏離合約條款來仲裁，因此，裁決推翻其決定，盈科保險獲得勝訴。然而，法院的裁決，非但引起投訴人的不滿，也受到索償投訴局及消費者委員會的批評。不過，高院判決盈科保險勝訴後，盈科保險還是決定向女事主發放1.8萬港元的恩恤金。

司法覆核的裁決宣判後，投訴局與保險業監督及消費者委員會商議後，決定修訂《公司

圖為"蔡女事件"的相關報導。

章程》，賦予保險索償投訴委員會權力，毋須死硬履行保單條款，可進一步考慮其他事宜，為投保人士提供更佳保障。

保險業第二階段的自律是業內中介人的管理，由1993年1月起實施。其實，自1989年底，香港保險業聯會就保險代理的管理事宜與政府有關部門進行磋商，期間約花了三年時間進行研究，包括參考外國的類似制度，與有關政府官員進行商議，並在同業間透過討論方式尋求一個適合香港本地市場環境的自律模式。1991年，香港保險業聯會完成了《保險代理管理守則》的草擬工作，該《守則》詳列香港保險業聯會、其下兩個總會、保險公司及獲委任代理各方之角色。

根據《保險代理管理守則》，保險公司必須確保所委任的代理人最少要符合最低入職條件。其中，代理超過一家保險公司者，其最低入職條件包括：

——最少具有三年有關的保險業務經驗，而該三年的工作經驗必須是在申請為保險代理入職前的最近三年；

——成功完成包括保險常識、代理守則及自律原則的認可課程。如果代理的業務屬一般保險，其認可課程須得香港保險總會（General Insurance Council of Hong Kong）的承認；倘若其業務為長期保險，其認可課程則由壽險總會（Life Insurance Council of Hong Kong）承認；

——獲得英國特許保險學院院士〔ACII（Chartered Insurance Institute）〕／美國個人投資協會會員〔AAII（American Association of Individual Investors）〕／美國壽險管理學會會士〔FLMI（Fellow, Life Management Institute）〕文憑或香港保險總會／香港壽險總會承認的同等資格。不過，只代理一家保險公司者，其最低入職條件相對簡單得多，只包括：中五程度或以上及年滿21歲；有兩年有關工作經驗；成功完成會員公司的初步課程，包括詳盡的保險常識、代理守則及自律原則。

根據《保險代理管理守則》，符合最低入職條件的保險代理必須有正式的保險代理登記，並且其所代表的保險公司數目不能超過四家的最高限額，而壽險代理不能超過兩家，並且，保險公司委任保險代理須以代理合約進行，其中包括必須遵守保險代理守則。此外，保險代理還須符合下列規定，包括代理在接受新的委任前必須通知其已代理的保險公司；在申請或延續代理登記時，代理須透過其代表的保險公司，向保險代理登記委員會闡明所代理的其他保險公司。

《保險代理管理守則》被認為是香港保險業首項保障消費者權益的創舉，不但表明保聯對自律監管的承諾，而且亦被視為保險業穩健發展及消費者權益得到保障的證明。1992年12月16日，在香港保險業聯會的積極倡議下，超過一百名保險總會和壽險總會的

保險公司的授權代表於1992年12月16日簽署市場協議書，承諾遵循《保險代理管理守則》。

會員，就保險代理管理自律計劃在保險業聯會辦事處正式簽訂一項同業協議，承諾落實保險業自律第二階段，遵守《保險代理管理守則》。當時，香港保險業聯會主席謝仕榮表示，協議的簽訂是一個里程碑，一方面標誌著三年來業界當時為訂定自律辦法所作的漫長努力的終結，同時亦為劃一代理管理水準的新紀元開始。[15]

1993年1月，《保險代理管理守則》正式實施。參與的保險公司需要確定所委任的代理符合最低的入職條件；以代理合約委任代理，合約中包括代理守則；為其代理申請登記；處理有關其代理的投訴；及在有需要時向其代理採取紀律行動。根據規定，現職的保險代理須在1993年6月底前登記，但有兩年時間達到最低的入職條件，而新入行的代理，則要在入職時達到最低的入職條件。

與此同時，香港保險業聯會成立保險代理登記委員會。1993年1月1日，保險代理登記委員會（Insurance Agents Registration Board，簡稱 IARB）正式運作，負責登記保險代理，並接受公眾針對保險代理的投訴。根據規定，登記手續必須在1993年7月前完成。據統計，到1995年底，共有3,379名公司代理及22,161名個人代理完成登記（見表6.8）。[16]

表6.8　1993-2008年保險代理登記委員會的保險代理登記資料

年份	公司代理		個人代理		總數
	負責人（RO）*	業務代表（TR）**	個人代理	業務代表（TR）	
1993	2,240	-	15,001	-	17,241
1994	2,591	-	16,754	-	19,345
1995	3,379	-	22,161	-	25,540
1996	3,388	-	24,697	-	28,085
1997	3,571	-	27,670	-	31,241
1998	3,424	-	35,799	-	39,223
1999	3,119	-	45,367	-	48,486
2000	2,834	12,428	30,942	47	46,251
2001	2,517	14,078	30,271	47	46,913
2002	1,957	14,818	29,527	23	46,325
2003	1,973	17,515	29,662	26	49,176
2004	1,989	19,005	29,218	32	50,244
2005	1,644	18,871	27,519	30	48,064
2006	1,815	20,564	27,900	27	50,306
2007	2,150	22,226	28,892	22	53,290
2008	2,304	24,193	30,855	22	57,374

資料來源：保險代理登記委員會
* RO：Responsible Officer
** TR：Technical Representative

保險代理登記委員會擁有一套清晰處理投訴的程序，假如投訴成立，委員會將根據情況，要求有關保險公司進行懲罰，輕者給予警告，重者則終止代理登記。1995年，該委員會共收到122宗個案投訴，投訴保險代理人挪用保費、偽造文件、誤導保戶、服務差劣等，其中，有48人被撤銷登記，有八人被警告。在近三萬的代理人中，僅有122宗投訴，這反映了香港保險業自律制度的功效。

1993年2月18日，應香港政府的要求，香港的兩個保險業經紀組織——成立於1979年的香港保險經紀協會（Hong Kong Insurance Brokers Association），以及成立於1985年的香港保險經紀公會（Hong Kong Society of Insurance Brokers Limited），經過一段時期的醞釀和磋商，合併成為香港保險顧問聯會（The Hong Kong Confederation of Insurance Brokers），創會會員共38名。當時保險顧問聯會主席甘希正（Adrian King）表示，聯會歡迎所有在香港從事保險經紀業務的公司或個人申請加入，成為註冊保險經紀，但申請人必須符合該會訂立的行政及專業標準。註冊保險經紀的條件包括：要有具備保險專業資格或具有多年實際運作經驗的人士主理，最低限度具實收資本10萬港元，以及購買不少於200萬港元的專業責任保險。

1992年，甘希正（左二）時為香港保險顧問聯會前身 Hong Kong Insurance Brokers Association 的主席，於保險界的酒會上與同業合照，左起為華樹寶（Davinder Rajpal）、高立基（Malcolm Clarke）及朱曾泳。

甘希正並表示，由於政府希望能有較具代表性的保險經紀組織與之磋商事宜，因而促使聯會的成立。香港保險顧問聯會將成為代表保險經紀的專業組織，負責管理保險經紀的職業操守及作為代表保險經紀的統一聲音。甘希正指出，保險經紀一向都在保險業及政府金融架構內扮演一定的角色，他們積極參與策劃管理保險中介人的工作，在業界有關的政府委員會內擁有席位。過去，保險經紀協會和保險經紀公會曾就行內發展向法律改革委員會提交意見，並與政府保險監理專員舉行多次會談，聯會成立後將會繼續這些方面的工作，並且會涉及更廣。

就在香港保險業推行自律第二階段的同時，香港政府亦著手研究對保險公司條例的修訂工作，以加強對保險中介人的監管。1993年11月，行政局通過《保險公司（修訂）（第3號）條例草案》，正式立法管制保險代理及保險經紀經營業務，並提交立法局辯論。1994年7月，《保險公司（修訂）（第3號）條例》在立法局三讀通過，並將於1995年6月正式實施，訂明保險代理人及保險經紀的不同職份，並規定他們必須根據條例的有關條文分別獲委任或授權。

《保險公司條例》第65條禁止任何人顯示自己是保險代理人或保險經紀，除非他已獲委任為保險代理人或已獲授權為保險經紀。任何人士均不得同時身兼獲委任為保險代理人及獲授權為保險經紀。《保險公司條例》更訂明如果保險公司透過未獲正式委任或授權的保險中介人訂立保險合約，或接受這類中介人轉介的保險業務，即屬違法。

保險經紀：

—— 須獲得香港保險業監理處正式授權，但他們不得同時擔任保險代理人和保險經紀。
—— 可以直接向保險業監理處申請授權並受其規管，或申請成為獲保險業監理處認可的保險經紀團體——香港保險顧問聯會及香港專業保險經紀協會的成員，並受其規管。
—— 要獲得授權／登記，保險經紀、其行政總裁及業務代表必須為擔當這些職位的適當人選。此外，保險經紀必須符合保險業監理處就"資格及經驗"、"資本及淨資產"、"專業彌償保險"、"備存獨立客戶賬目"及"備存妥善的簿冊及賬目"等項目所訂明的最低限度規定。

出任保險經紀的資格及經驗：

—— 最少須年滿21歲或以上的香港永久性居民或香港居民而其工作簽證條款（如有者）沒有限制他從事保險經紀業務以及須具中五教育程度或同等學歷。同時須具備：認可的保險業資歷及有最少兩年在保險業擔任管理職位的工作經驗；或最少五年保險業的工作經驗，其中兩年須擔任管理職位，以及必須通過保險業監督認可的保險中介人資格考試的相關試卷。

—— 備存不少於10萬港元的股本及淨資產值。

—— 備有專業彌償保險。賠償額最少為300萬港元，最高限額為7,500萬港元。

—— 須把客戶款項存入指定的客戶賬戶內，使與自己的款項分開。

—— 備存足以解釋交易及方便進行適當審核的賬目及其他紀錄。

保監處按該條例第70條的規定，認可香港保險顧問聯會（Hong Kong Confederation of Insurance Brokers）及香港專業保險經紀協會（Professional Insurance Brokers Association）為經紀團體，推行本港的保險經紀的自律措施。

至於保險代理方面，任何人士要成為保險代理，必須經由一間保險公司委任，並在香港保險業聯會成立的保險代理登記委員會登記。獲委任保險代理人不得同時代表超過四間保險公司，且其中不得有兩間以上為長期業務保險公司。根據《保險公司條例》第67條，保險公司須遵守香港保險業聯會發出並由保險業監督認可的《保險代理管理守則》。《守則》主要是有關保險公司對保險代理人的管理。香港保險業聯會會定期修訂《守則》以配合市場發展。

為配合《保險公司（修訂）（第3號）條例》的實施，香港保險業聯會屬下的專業水準委員會也編訂指引，以協助會員公司遵守該條例關於保險代理、保險經紀的新規定。該委員會於1995年修訂《保險代理管理守則》，《保險代理管理守則》主要訂明登記及撤銷保險代理人的規則和程序、登記委員會處理投訴和要求保險公司對其委任的保險代理人採取紀律行動的權力、作為保險代理人的適當人選準則及代理合約的最低要求。委員會更會不時發出指引,解釋它如何運作以及如何履行管理守則賦予它的責任。曾先後發出多項指引,包括"保險代理的定義"、"公司代表的過渡安排"、"公司及個人成為保險代理的最低資格及經驗"及"保險代理訓練課程指引"等,目的是加強及改善自律監管計劃,並使保險代理的自律監管制度取得法律依據。

1994年9月28日,香港保險業聯會屬下的壽險總會宣佈該會將於1994年12月1日起實行《壽險轉保守則》,以防止"誘導轉保"的情況發生。所謂"誘導轉保",根據《壽險轉保守則》的定義,"是指代理利用誤導性陳述、不披露某些資料、錯誤陳述及對保單作出不詳實的比較,誘使投保人更改現有壽險安排,轉而投購其他壽險保單,使投保人的利益遭受不利影響。"[17]《壽險轉保守則》規定,為了加強營銷過程的監管,投保人在決定購買新壽險保單前必須填寫一份《客戶保障聲明書》,該聲明書確保代理已經向投保人詳細解釋轉保可導致的重要後果及不利影響,並作為投保人與代理於購買壽險保單或轉保時的證明文件。

香港保險業聯會屬下壽險總會主席潘德禮(Dennis Pedini)(右)於1994年9月28日宣佈推出《壽險轉保守則》,旁為保險業監理專員葉澍堃(左)。

《壽險轉保守則》還訂明，當"誘導轉保"發生後，投保人及保險公司應採取的措施。一旦證實有"誘導轉保"的情況出現，營銷公司須按程式執行懲罰措施，包括：向保險代理登記委員會舉報該名代理，並建議採取適當的紀律處分；暫停該名代理銷售壽險的職務；收回就該等壽險已支付的佣金；如客戶同意，恢復已更改的保單所訂定的條件，這些條件必須盡可能使客戶恢復原來的利益狀況。營銷公司要與有關保險公司聯絡，依照投保人的要求，恢復其原有的壽險保單。若有關方面未能達成協議，保險代理登記委員會將會審理該個案，作出決裁。壽險總會屬下的專業標準委員會將監察整個程式的運作，並在必要時最終可建議壽險總會撤銷有關保險公司的會籍。當時，香港壽險總會及專業標準委員會潘德禮（Pennis Pedini）指出："壽險轉保守則的訂立是保險業自律辦法的延續，本會將繼續努力，保障消費者的合理權益。" [18]

1996年6月27日，香港保險業聯會屬下的壽險總會宣佈，由1996年7月1日起，總會將為購買新壽險保單的投保人提供"冷靜期"的權益。"冷靜期"旨在加強保障消費者權益，賦予香港的投保人在壽險保單簽發後14天，或填寫投保書的21天內（以最遲的日期為準），審慎考慮其決定。假若投保人在冷靜期內決定改變初衷，可以向保險公司取消有關保單並取回保費。大部分人壽保險計劃的保客在冷靜期內行使這項權利，都可獲保險公司退回全部保費，並且不需繳交任何手續費。至於整付保費或含有投資成分的保險計劃，由於其市值受投資市場影響，倘若保單在冷靜期內已經貶值，則消費者可取回經市值調整後折減的保費。

當時壽險總會主席陳潤霖表示："提供冷靜期權利乃壽險公會最新推行的自律監管計劃，旨在為消費者於承擔長期保險計劃前，提供一段合理之期限，再詳細考慮其決定。本人喜見所有壽險會員皆已簽回由壽險總會建議之冷靜期條款承諾書，同意遵守是項條款，為消費者提供冷靜期。" [19] 對此，香港署理保險業監理專員林家泰及香港證監會投資產品監察科高級總監高麗詩均發表聲明表示歡迎，認為是保障消費者權益的一大進步。

1998年5月5日，香港保險業聯會屬下壽險總會推出"非投資性壽險銷售標準說明"，確保所有購買非投資相連壽險保單的人士，都清楚了解除了死亡賠償以外，可以享有其他保障利益。方法是列出每個投保年度完結時，投保人保證可得的金額及預期可得的金額。

當時壽險總會主席施德偉表示："統一非投資相連壽險產品的銷售說明，再次反映壽險總會維護和加強消費者權益的決心，為消費者購買保單前，提供客觀參考資料。"[20]保險業監理專員黃志光大力支持壽險總會推出的新措施。

1999年5月，為進一步提高自律監管制度，加強市民對保險業的信心，保險業聯會經諮詢保險業監督後，制訂《承保商專業守則》，鼓勵保險公司採納優良慣例，提高保險業專業水準。內容包括：承保商提供建議及銷售慣例、處理索償的程序、保險代理及僱員管理、承保商的違規行為，以及處理查詢、投訴及糾紛的途徑。

消費者委員會主席胡紅玉稱："消費者委員會歡迎香港保險業聯會引進《承保商專業守則》，並深信透過推廣優良的經營慣例及市場紀律，保險業的競爭力全以提供優質服務和有利於廣大投保人士為依歸。"香港保險業聯會主席賈秉添表示："引進《承保商專業守則》是香港保險業聯會邁向自律監管目標的重要里程碑，足證承保商上下一心，精益求精，致力提升保險業的服務水平，向公眾展示了保險業摯志為香港市民提供最優質服務的決心。"[21]

2002年1月1日，香港保險業聯會屬下壽險總會推出"客戶所需保險分析"，透過有系統的財務分析，包括：投保人的收入、支出、可動資產、債務、財務承擔、保障需要等等，確保投保人了解自己的需要，以及排列所需的優先次序，如未來退休儲蓄、按揭供款、子女的教育開支等等，協助投保人選擇最切合所需的保險險種和投保金額。當時壽險總會主席何淑明稱："客戶所需保險分析力求為準投保人提供妥貼得宜的服務，較傳統集中推介保險產品優點的銷售方式更加以客為尊。[22]"

香港再保險市場的發展與轉變

再保險業務的發展最早可追溯到14世紀中葉。1370年，一位意大利海上保險人首次發出了一份轉嫁風險責任的保單，標誌再保險的萌芽。所謂"再保險"公司，其實是指保險公司的保險人。再保險交易是指再保險公司基於某一代價，同意補償另一家保險公司（稱為分出保險公司）因其所發出的保單而承擔的全部或部分風險。再保險業務與保險業務的關係，見圖6.1。

圖6.1　投保人、原保人和再保險人的關係

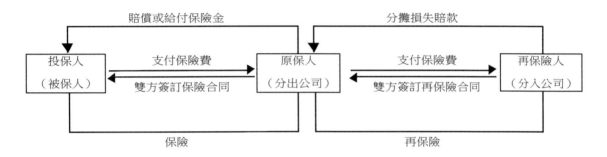

再保險業為全球性行業，不受地域限制，直接保險公司可與全球各地的再保險公司進行再保險交易，以減低所承擔的風險。1980年代末至1990年代後期，全球再保險市場取得可觀的增長，再保險公司的已承保保費淨額，從1988年的294億美元增加至1997年的899億美元，平均每年複式增長15%。1997年，全球來自直接保險公司的分出保險業務總額為1,240億美元（約9,610億港元），其中一般保險佔83%，而人壽及健康保險佔17%。不過，這一時期，尤其是1990年代以來，全球再保險行業的發展特點是保險及再保險市場均進行合併。再保險公司透過收購合併進行業務全球化，這使再保險市場更趨集中，而市場競爭亦更趨激烈。以淨保費計算，1997年全球最大五家再保險公司所佔的市場份額接近43%，而1987年則僅為36%。[23] 目前，世界上主要的再保險交易主要集中於倫敦、慕尼黑、巴黎、蘇黎世、紐約、東京、新加坡及香港等。

長期以來，隨著保險業務的發展，香港的再保險業務也獲得迅速的發展，香港亦發展成為區域的再保險業務中心。根據保險業監理處的資料，至1998年底，香港共有28家認可專業再保險公司分入再保險業務。根據標準普爾1998年的評級，以再保險公司數目計算，香港在亞洲區排名第二。香港再保險業務中，財產損失為最主要的再保險業務類別，佔再保險市場超過40%。1998年，香港再保險保費淨額中，財產損失佔48.2%，比例合約再保險佔18.8%，汽車保險佔7.3%，貨運保險佔6.0%，醫療及意外保險佔5.8%，一般責任保險佔5.3%，非比例合約再保險佔4.6%，船隻保險佔3.0%，財務損失佔0.8%，飛機保險佔0.2%。

不過，1990年代中期，由於國際災難及意外事故頻頻發生，加上香港企業資產通脹、賠償款額上升，部分國際性再保公司經營困難，業務減縮甚至停止經營，香港的再保險市場出現低沉不振的局面，使一般保險公司欲透過再保險來分散風險日感困難。例如，由於僱員賠償大幅增加，以及汽車盜竊嚴重，許多再保公司從1995年起不接受無限責任的僱員保險和汽車保險；部分再保公司通過提高再保險保費，縮小承保範圍和更選擇性地承擔風險來收緊承保業務及加強對業務的控制。據統計，1994年香港專業再保險保費總額及淨額分別為25.12億港元及20.19億港元，到1998年分別下降至17.48億港元及15.65億港元；而五年間，承保虧損的年度達四年（見表6.9）。

表6.9　1994-1998年香港專業再保險業務概況（單位：百萬港元）

	1994年	1995年	1996年	1997年	1998年
保費總額	2,512.4	2,873.3	2,189.6	2,018.5	1,747.8
保費淨額	2,019.3	2,375.9	1,945.3	1,778.1	1,565.0
技術儲備	2,286.5	3,572.6	3,144.4	3,655.6	3,933.1
承保溢利／（虧損）	（9.1）	（582.9）	78.7	（278.1）	（165.0）
保費總額增長（%）	24.1	14.4	（23.8）	（7.8）	（13.4）
自留風險比率（%）	80.4	82.7	88.8	88.1	89.5
佣金比率%	30.8	29.9	30.0	29.0	30.9

	1994年	1995年	1996年	1997年	1998年
索償淨額比率（%）	63.5	90.6	61.9	79.3	72.6
承保溢利率（%）	（0.5）	（25.7）	4.0	（15.7）	（9.8）
技術儲備比率（%）	113.2	150.4	161.6	205.6	251.3

資料來源：《中保國際控股有限公司招股書》，2000年6月20日，頁57。

香港的再保險市場亦相當集中。1998年，香港十大再保險公司的保費總額佔再保險市場約45%，其他專業再保險公司佔1.4%，而一般保險公司佔53.1%。根據2005年的統計，以毛保費計算，香港最大五家再保險公司分別為東亞再保險有限公司（The Toa Reinsurance Company）、瑞士再保險公司（Swiss Reinsurance Company）、中國國際再保險有限公司、慕尼黑再保險公司（Munich Reinsurance Company）和大西洋再保險有限公司（Transatlantic Reinsurance Company）（見表6.10）。其中，瑞士再保險

慕尼黑再保險公司香港分公司的員工在1980年代的合照，後排左五為總裁 Ture Baron von Huene。

公司及慕尼黑再保險公司為全球最大再保險公司；而中保國際控股有限公司旗下的中國國際再保險有限公司亦高居香港再保險公司的第三位。

表6.10　2005年按毛保費收入計的香港五大專業再保險公司

排名	再保險公司名稱	毛保費（百萬港元）	市場佔有率（%）
1	東亞再保險有限公司 （The Toa Reinsurance Company Ltd）	437	21.6
2	瑞士再保險公司 （Swiss Reinsurance Company）	417	20.5
3	中國國際再保險有限公司 （China International Reinsurance Co. Ltd.）	346	17.0
4	慕尼黑再保險公司 （Munich Reinsurance Company）	318	15.7
5	大西洋再保險有限公司 （Transatlantic Reinsurance Company）	137	6.7
	五大再保險公司所承保的毛保費總額	1,655	81.5

資料來源：香港保險業監理處

香港再保險業市場的發展潛力相當優厚。事實上，香港是具備發展條件的，如地理位置優越，接近中國內地、臺灣、日本三大市場；香港交通及通訊發達；人才相對其他東南亞地區為多。但是，香港的再保收入一律徵收16.5%的利得稅率，加上成本昂貴，這都限制了香港再保市場的發展。因此，從1990年代中，政府即積極推動香港致力邁向國際再保險中心。1995年，時任香港政府財政司司長的曾蔭權在1996年度財政預算案中表示，香港政府有意推動保險業務的多元化發展，已於年內成立工作小組，積極研究拓展香港作為亞太區內的再保險中心的可行性，並探討香港發展"專屬自保"的機會。

周耀明（右二）於1982年在瑞士保險培訓中心受訓。

亞洲區專屬自保中心：1980年代有區域性保險中心的框架，法例出台後，香港向保險中心的方向走。到了1990年代中，新加坡和香港競爭做亞洲區專屬自保中心，但兩地都未成功，反而馬來西亞的納閩島（Labuan）是成功的例子（納閩有亞洲"稅務天堂"之稱），那是一個頗受承認的專屬自保中心。專屬自保是否可行要看受保的風險。風險也分好壞，例如物業的發展商旗下有很多住宅物業，香港住宅火災率很低，但發展商每年都要付幾百萬的保費，這樣低的風險不妨由自己的保險公司自保。

所謂"專屬自保"（Captive Insurance），是指一家機構自行成立保險公司，以承辦該機構有需要的風險。根據《香港保險公司條例》（第41章）的定義，專屬自保保險公司，即由母公司所成立，專責承保母公司、集團或其他相連公司保險業務的保險公司。該公司在自保之餘，也可將部分保險分散於其他保險公司。專屬自保保險的概念可追溯至1950年代初期，到1990年代中期，全球專屬自保保險公司的數量已超過4,500家。[24]

專屬自保保險的好處在於該公司的保費不用外流，而且自己能夠親自控制有關風險。專屬自保保險計劃的運作，可避免一般商業保險公司所需承擔的龐大行政費用，包括市場推廣、宣傳及營運開支等，因而較一般保險計劃的成本要低。值得重視的是，專屬自保保險公司可直接參與成本較低的再保險市場。當該公司尋找再保險時，由於手上有大量保單，故可向對方提出更相宜的價格。此外，發展專屬自保，可以處理有投保困難的風險。某些風險包括容易有害物料及特定專業賠償的保險，往往很難在直接保險市場上投保，又或要繳付高昂的保費。由於再保險市場較富彈性及能承受較高風險，發展專屬自保成為投保這類風險的唯一有效途徑。

發展專屬自保，不但方便一些跨國公司和集團在香港開展業務，而且也可為香港保險市場提供多元化的保險服務。因此，從1990年代中期開始，香港政府就積極推動香港向專屬自保中心發展。1997年5月1日，香港政府正式通過實施《1997年保險公司（修訂）條例》，為香港及跨國公司在香港成立專屬自保保險公司提供規管上的豁免條款（見表6.11）。

根據條例，專屬自保保險公司須繳付的年費及授權費用為22,600港元（約為2,900美元），僅為香港其他獲授權須繳付費用的十分之一。香港保監處並承諾，對有關在香港成立專屬自保保險公司的申請，將在兩個月內辦妥。

表6.11　1997年香港對專屬自保保險公司的豁免條款

項目	一般保險公司	專屬自保保險公司
最低股本要求	1,000萬港元	200萬港元
償付準備金水準	以下列較大者為準： （1）一般為有關保費收入的20%； （2）一般為有關未決申索的20%； （3）1,000萬港元。	以下列較大者為準： （1）淨保費收入的5%； （2）未決申索淨額的5%； （3）200萬港元。
在香港維持資產的規定	必須在香港維持不少於其香港一般保險業務所產生的負債的80%及償付準備金	豁免
估值規例	必須根據《估值條例》對資產及負債進行估值	以公認會計原則對資產及負債進行估值

資料來源：香港保險業監理處，《香港——理想的專屬自保中心》，1997年。

1997年7月1日回歸中國時，香港已成為世界上擁有保險公司最多的地區之一，在面積只有1,100平方公里的土地上擁有各類保險、再保險公司215家，另在中央登記委員會登記的公司代理人有3,571名，個人代理31,241名，數量之多，為亞洲之冠。這些保險公司中，151家公司經營一般保險業務，45家公司經營人壽保險業務，其餘19家公司則經營綜合業務，其中僅獲授權經營再保險業務的有29家。以註冊地點計，有101家保險公司在香港註冊成立，其餘114家公司分別在27個國家註冊成立；其中以英國最多，有25家公司，其次是美國，有21家，全球十大保險公司中有五家在香港設立分支機構，反映了香港保險業的國際化水準。如此眾多的跨國保險公司雲集香港，推動香港成為亞太地區重要的保險市場之一。

1. 參見〈力寶美衞人壽在港開業〉，香港：《今日保險月刊》，1995年1月第73期，頁12。
2. 〈保險業〉，載《香港經濟導報》編：《香港經濟年鑑（1996年）》，第二篇，頁151。
3. 怡富證券有限公司：《盈科保險集團有限公司配售、發售新股及售股建議》，1999年，頁40。
4. 同上註，頁5、29。
5. 同註3，頁29-31。
6. 〈保險業〉，載《香港經濟導報》編：《香港經濟年鑑（1997年）》，第二篇，頁111。
7. 趙春梅：〈90年代香港保險市場的保險創新〉，載《南開經濟研究》，1997年第5期，頁65-66。
8. 同上註，頁66。
9. 同上註，頁67。
10. 參見〈保險業之名又再蒙污〉，香港：《今日保險月刊》，1990年4月第16期，頁6。
11. 香港保險改革委員會：《香港保險改革委員會報告書》，1986年1月15日。
12. 參見〈保險索償投訴局成立提供投訴新途徑〉，香港：《今日保險月刊》，1990年3月第15期，頁7。
13. 余德麟：《香港保險業的發展》，商務印書館（香港）有限公司，1997年，頁120。
14. 參見〈保險索償投訴委員會接獲投訴個案續有增加〉，香港：《今日保險月刊》，1994年6月第66期，頁4。
15. 參見〈保險業自律第二階段經落實，代理人須向聯會登記〉，香港：《今日保險月刊》，1992年2月第48期，頁4。
16. 參見〈監管保險中介人條例將於六月底正式執行〉，香港：《今日保險月刊》，1995年5月第77期，頁4。
17. 香港保險業聯會壽險總會：《壽險轉保守則》第二版，1994年12月。
18. 香港保險業聯會新聞稿：〈壽險總會制訂守則保障消費者〉，1994年9月28日。
19. 香港保險業聯會新聞稿：〈壽險總會提供冷靜期：消費者七月起可享權利於期內改變初衷〉，1996年6月27日。
20. 香港保險業聯會新聞稿：〈壽險總會推出新措施，助消費者評估保單利益〉，1998年5月5日。
21. 香港保險業聯會新聞稿：〈香港保險業聯會引進承保商專業守則〉，1999年4月29。
22. 香港保險業聯會新聞稿：〈壽險總會推出新壽險保單"客戶所需保險分析"〉，2002年1月7日。
23. 參見〈中保國際控股有限公司配售新股及公開售股章程〉，2000年6月20日，頁52-55。
24. 香港保險業監理處：《香港——理想的專屬自保中心》，1997年。

第七章

回歸十年長期保險與銀行保險的發展

"銀行保險在近30年間於全球的發展迅速，香港作為國際金融中心亦緊隨大勢，漸與世界接軌。在這五年間，香港的保險公司也紛紛與本地銀行組成策略聯盟，增建新的保險營銷管道，提高自身於市場的競爭力。隨之而來的是金融服務在零售銀行的整合，以及財務策劃服務需求的興起。這一連串的轉變，經濟地推動了本地保險營銷管道走向更多元化的百花齊放新局面。

"然而，在新形勢為保險公司帶來新優勢的同時，又是否對傳統保險代理制管道構成直接的競爭與威脅呢？業者應如何著手裝備自己以回應這些急劇變化？傳統保險顧問在新形勢下所扮演的角色功能有何價值與優勢？

——〈銀行營銷保險與傳統代理管道之別：市場概況與優勢〉，香港《保險專才》，2002年7月號。

金融風暴、"九一一"事件及"非典"疫症的衝擊

1997年7月1日，香港順利回歸中國，成為中華人民共和國的特別行政區。香港回歸前後，正值香港政府在立法局新設立"金融界、保險界、地產界及商界"等界別功能組別代表，香港保險業聯會積極推動業內從業員登記為選民，並積極鼓勵從業員參選保險界議員。1997年3月24日，由香港保險業聯會創立的聯席會議就1998年香港特別行政區立法會的產生辦法向特區政府籌委會提交建議書，指出保險業作為香港金融業不可或缺的一環，在金融市場上擔當極其重要的角色。建議書並強調保險業已完全符合籌委會第一屆特別行政區立法會產生辦法訂定的甄選功能組別的四大原則。1998年，香港保險業聯會在香港特別行政區首屆立法會成功取得保險業有史以來的首個獨立功能議席。當時，參選的保險界人士包括亞洲保險常務董事陳智思、友邦保險副總裁黃寶亨、於仁保險總經理劉漢強以及國衞保險首席區域總監陳炎光，最終由陳智思當選出任首位代表保險業的立法會議員。

在香港保險業聯會倡議下，保險界組成香港保險業聯席會議，於1996年3月前往北京拜會港澳事務辦公室副主任陳滋英，尋求支持爭取於特區立法會設立保險界功能界別的獨立議席。

（1）金融風暴對保險業的衝擊

香港回歸不久，金融風暴席捲亞洲各國，香港於當年10月受到猛烈的衝擊。作為香港貨幣金融政策的基石和核心的港元聯繫匯率制度，在1997年10月、1998年1月、6月及8月四度受到嚴重衝擊，期間，香港銀行同業拆息率一度攀升至280厘的歷史高位，股市、地產連番暴跌。恒生指數從1997年8月7日的最高16,673點跌至1998年8月13日的6,600點，短短一年間跌幅高達60%。房地產價格也從高峰大幅回落五成以上。金融危機期間，港元匯率雖然沒有下跌，但包括股票、地產在內的港元資產，實際上已大幅貶值，形成整體經濟中的"負財富效應"。受此影響，香港的投資、消費急速萎縮，香港經濟的各個環節，包括銀行、證券、地產、零售百貨、飲食、酒店、旅遊，以至保險業均受到嚴重影響。經濟的不景氣所導致的破產、結業、裁員事件，使香港的失業率上升到20年以來的最高水平。從1997年第四季度起，香港經濟連續五個季度出現負增長，1998年香港經濟錄得5.1%的負增長，陷入二次大戰後以來最嚴重的衰退之中。

1990年代後期，香港的一般保險業務進入一個困難時期。1997年亞洲金融風暴爆發後，各行業都處於低潮，保險公司的營業額及保費都大幅下降。再加上保險公司過多，承保能力過剩，導致競爭更趨激烈，保費率下降，經營成本上升，經營日趨困難。1998年，一般保險保費，無論毛保費還是淨保費都出現負增長；1999年，一般保險業務的毛保費及淨保費分別為165.32億港元和111.28億港元，比1998年下降8%和9%，其中，貨運業務的毛保費下跌24.4%，佔毛保費總額28%的最大業務類別財產損壞業務下跌13.3%，汽車業務下跌12.5%；而承保虧損額則高達13.79億港元（見表7.1）。

表7.1　1997-2008年香港一般保險業務發展概況（單位：億港元）

年份	毛保費	淨保費	承保利潤/（虧損）
1997	194.83	126.35	（0.59）
1998	179.31	122.21	（7.04）
1999	165.32	111.28	（13.79）
2000	176.78	121.32	（5.59）

年份	毛保費	淨保費	承保利潤/（虧損）
2001	194.36	127.93	（4.73）
2002	234.48	159.03	12.43
2003	247.66	170.45	13.43
2004	234.78	165.78	19.57
2005	238.88	170.28	18.47
2006	229.58	161.98	20.67
2007	240.57	170.08	23.01
2008*	270.19	191.58	15.10

資料來源：《香港經濟導報》編，《香港經濟年鑑》。
*2008年數字是源於香港保險業監理處發出的臨時統計數字。

2000年，隨著香港經濟狀況的好轉，一般保險業務市場出現復甦的跡象，當年一般保險的毛保費及淨保費分別增長6.9%和9%。其中，一般法律責任業務（主要是僱員補償業務）增長18.5%。2001年3月，澳洲的 HIH Insurance Limited及其在本地的17家公司被澳洲法院頒令臨時清盤，受此影響，該集團在香港的三家附屬公司——澳洲興業保險有限公司、安興保險有限公司及 FAI First Pacific Insurance Company Limited 被指未能符合償付能力而被保監全面接管。因此，2002年初，為加強監管香港保險公司的財務狀況，香港保險業監理處宣佈，限制經營一般保險業務的公司，分保給海外母公司或集團內再分保公司的比例，規定子公司向母公司或姐妹公司索回的再保險可收回淨額，上限為公司股東資本金的10%。

（2）"九一一"對保險業的衝擊

2001年9月11日，美國發生震驚全球的"九一一"恐怖襲擊事件，美國兩架民航客機被恐怖分子劫持，撞毀紐約兩幢世界貿易中心。事件對全球一般保險業務構成了極為嚴重的打擊。根據估計，全球保險業損失達500億至700億美元，當中的主要部分由再保險公

「分保」公司重創引發危機

由於不少國際保險公司因世貿中心遇襲事件而承受巨額承保虧損，保費勢必大幅調高。雖然「九一一」事件對香港保險業的直接影響不大，但因為大部分香港保險公司都會把保險向外分保，即變相與其他國際保險公司共同承保分散風險，所以本港保險公司也有加價壓力，特別是財產及責任保險。

一般保險總會主席陳健波預計：「加價情況年底會較明顯，增加幅度要視情況而定」。

保險業務的架構主要分零售及批發層面，香港保險公司多屬前者，即為本地企業及個人提供保險。然而，一旦投保人出現意外，保險公司可能面對龐大的索償，所以保險公司也要「自保」，將相當部分的保險交由其他再保險公司分保，即「保上保」分散風險，如勞合保險市場、慕尼黑再保、瑞士再保等都是國際知名的分保機構。

本地保險公司多屬零售

陳健波說：「以勞工保險為例，香港保險公司本身對每宗保險的承保額一般約三至五百萬港元，若投保額達一億元，保險公司會將其餘部分由國際分保公司分保。

世貿事件涉及的賠償實際金額目前仍在計算中，但預期不少於四百億美元（逾三千億港元），由於再保公司亦不會將所有難重放於同一籃子，再保公司亦會分散風險，雖然不少國際級再保公司會受今次事件影響，相信其實力可以應付。

國際保險公司受美國遇襲事件影響，自然會全面計算風險，陳健波預計：「保險公司重訂分保合約時，可能會面對不同程度的保費加幅。」

有市場人士預計，其中經年虧損的勞保及汽車保險將會有顯著的加價，其他責任險及財產保費亦會顯著增加，「羊毛出在羊身上」，保費自然會轉嫁客戶，企業的經營成本亦會相應增加。

記者 陳玉珍

■世貿中心遇襲，分保公司萊斯保險亦受嚴重影響

保險業分散風險方式

某建築公司獲1千萬元工程合約
投保並繳付保費
本港保險公司接受投保，但本身只承擔300萬元，其餘向外分保
向分保商繳付保費
國際分保公司，如慕尼黑再保、瑞士再保等，分保700萬元，並收取本港保險商保費

"九一一"事件後，業界擬成立恐怖襲擊勞保基金的相關報導。

司承擔。[1] 由於大部分本地註冊的香港公司均沒有承保在美國的風險，因此只有五家本地保險公司匯報在"九一一"事件中受到損失，損失金額約為6,000萬港元，相對香港的保險毛保費總收入，直接損失不算太大。不過，間接的衝擊則相當大，在事件發生的翌日，宏利國際的股價插水式下跌，跌幅超過兩成，當日市值便蒸發220億港元。另外的兩家上市公司，包括中保及盈科保險，雖然主要市場不在美國，但其股價也下跌逾兩成。此外，香港一家小型的日本保險公司受事件影響引致嚴重虧損，需要向法庭申請債務重組，幸而保險業監督已將其在香港的資產加以適當保護。[2]

"九一一"恐怖襲擊事件不僅直接造成了許多保險公司的巨額賠償，而且對美國乃至全球保險業產生長遠的影響，許多保險公司不再提供由恐怖活動所造成的損失的保險，並且大幅提高由政治風險引起的保費，首當其衝的是全球的航空業。除了有航空公司即時停業或削減航班外，各保險公司為免日後承擔過大風險，不但要求航空公司增加保額，而且大幅減低航空公司購買的戰爭保險的承保額至最高每班航機5,000萬美元，有的保險

公司甚至宣佈取消航空公司的戰爭風險及恐怖活動風險的承保。這給國際航空業造成了極為沉重的壓力，一旦航機出事，即使獲得賠償，都不足以應付實際損失，更有可能會因而倒閉。為此，美國政府聯同國會通過撥款180億美元，援助多家航空公司，避免陷入破產危機。

香港的情況也不例外，2001年9月24日，香港特區政府立法會財務委員會通過決議，為香港三家航空公司、機場管理局及透過機管局的相關服務提供者，就戰爭、劫機和其他嚴重危險事故所引起的第三者保險，政府在每宗事故所承擔的最高賠償額達620億港元，為期一個月。決議通過後，國泰航空及港龍航空即與保險公司達成承保戰爭風險的協議，避免了航班延誤。10月4日，特區政府民航處批准15家航空公司申請增加機票的戰爭保險附加費，由每班航程徵收10至47港元不等，為期三個月。

受到恐怖襲擊事件的影響，保險業還大幅收縮了對其他行業恐怖活動的保險業務。2001年底至2002年初，國際再保險公司與保險公司重新釐定合約時，都拒絕承保恐怖活動的再保險安排。這對僱員保償保險、汽車保險構成了不利的影響。香港的僱員保償保險一向只列明不保戰爭造成的損害，因恐怖襲擊不在此列，故屬受保範圍。"九一一"事件後，由於國際再保公司要作巨額賠償，故有再保險公司知會香港的保險商表示"不保恐怖襲擊"，拒絕分保，致使承辦僱員保償保險的公司要求不包括"恐怖襲擊"在保單內。根據香港法律，如果僱主未能為僱員提供全面的保障，則全港300萬僱員隨時面臨停工的威脅。汽車保險的情況也是如此，在缺乏第三者保險的情況下，汽車在道路上行走，將抵觸法律，問題若不能及時解決，除了使車主無法駕駛出外之外，對整體經濟將造成極大影響。在這種情況下，特區政府向保險公司提供總額達100億港元的財務安排，對因恐怖活動所引發的僱員傷亡補償作出保障。參與的保險公司需向政府繳付相等於有關保費3%的徵款。

受到恐怖襲擊事件的影響，香港保險業的保費率大幅提高，受影響行業包括航空、貨運、汽車、勞工、旅遊、意外等。其中，貨運的戰爭保險保費增加至十倍以上，珠寶商的保費亦增加了數成。長期以來，香港一般保險業務中的法定保險業務，由於競爭的激烈以及嚴重的定價不足，導致連年虧損。其中，僱員保償保險連續十年虧損，汽車第三者責任保險也連續六年虧損（見表7.2）。"九一一"事件加速了一般保險市場的價格上升。根據怡和保險顧問公司向旗下企業客戶進行的一項調查，2003年1月，一般保險險種保費已普遍加價，其中，勞工保險加幅最大，與一年前相比，一般性勞保加幅從20%至175%，針對建築等外判行業的勞保，亦加價40%至100%。[3] 至於汽車保險的保費亦即時增加了25%，若以一般第三保保費5,000港元起計算，新投保者須多付約1,300港元，並在2002年進一步增加至約7,500港元。

表7.2　1991-2000年香港法定保險業務的盈利（虧損）情況（單位：百萬港元）

年份	勞工保險	汽車第三者責任保險
1991	（171.8）	（26.8）
1992	（212.2）	（86.9）
1993	（294.0）	560.0
1994	（16.9）	537.1
1995	（16.6）	（21.8）
1996	（130.7）	（162.8）
1997	（283.8）	（471.4）
1998	（730.2）	（546.7）
1999	（1,370.0）	（166.3）
2000	（1,091.4）	（407.2）
虧損總數	（4,317.6）	（1889.9）

資料來源：香港保險業聯會

2003年2月，由保險業界籌組的保險公司（僱員補償）無力償債局正式成立，從4月1日起每份僱員補償保險合約須繳付毛保費的2%，作為賠償基金供款，以處理因承保僱員補償業務的保險公司無力償債所引起的賠償。該局成立後將以一年時間累積資金，到2004年初才正式提供賠償。該局首任主席陳健波表示，精算師報告原來建議的供款率為3%，但考慮到前階段經濟情況，才將供款率降至現水平。除了僱員補償無力償債供款外，僱主購買勞工保險時，仍須額外付出僱員補償（毛保費的6.3%）及恐怖襲擊賠償（毛保費的3%）的供款，合計供款率為毛保費的11.3%。

"九一一"恐怖襲擊事件後，公司及市民都較傾向於向大型保險機構投保，導致業務流向大保險公司，而保險公司在中國加入世界貿易組織（WTO）後，亦紛紛向北看，覬覦中國內地龐大的保險市場，這兩大趨勢推動了業內收購兼併活動的增加。2002年，香港六家銀行合作成立香港壽險公司，部分公司如中保等亦重組。2005年，加拿大第二大保險集團永明金融以現金5.6億加幣（約35億港元），收購澳洲聯邦銀行在香港的保險、退休金及強積金業務，包括康聯亞洲及恒富金融服務。收購完成後，永明金融在香港的排名，以新生意保費計算，已從原來的第十九位上升至第七位，保險從業員增加至1,700人，客戶達35萬。2006年，國衞（香港）人壽保險有限公司亦宣佈斥資5.75億澳元（約33億港元），收購萬誠保險旗下香港及印尼的全部業務。收購完成後，國衞在香港壽險市場的份額增加至8.69%，代理數目也將增加至3,200人。

（3）"非典"疫症對保險業的衝擊

2003年，香港受到非典型流行性感冒病毒的襲擊，全港有超過1,750人受到感染需要入院治療，其中有300人死亡。"非典"疫症對保險業造成了衝擊，據香港保險業聯會對40家香港保險公司的一項調查顯示，截至2003年5月底止，保險界共支付492宗與"非典"有關的索賠，涉及金額為1.049億港元。然而，有關保險索償投訴的數字並未因"非典"而大幅攀升。

2003年非典型流行性感冒襲港，對香港保險業造成了相當大的衝擊。

表7.3 2000–2008年保險索償投訴局接獲及解決的個案

年份	接獲的個案數目	圓滿解決的個案數目	圓滿解決的個案所涉及的索償金額（萬港元）
2000	238	67	191
2001	279	53	289
2002	292	55	315
2003	256	60	355
2004	292	56	266
2005	344	57	322
2006	392	61	283
2007	354	53	321
2008	424	49	214

資料來源：保險索償投訴局

受到"非典"疫症的衝擊,保險業的承保風險及相關保費進一步提高。年中,醫管局為了維持在7月後的繼續運作,就該局僱員的勞工保險與保險公司達成協議,但醫管局要承擔的風險和保險費都顯著增加,包括要承擔"非典"及其他傳染病的風險。8月,一家私營醫院──仁安醫院與保險公司續約時,保費增加了四倍,新合約並不包括員工感染"非典"的賠償。到12月,有12家私營醫療機構在合約期即將屆滿時,未能成功購買相關保險。當時,香港保險業聯會屬下的一般保險總會表示,從2004年1月起,部分保險公司可能會拒絕承保醫護界的僱員補償風險,原因是"非典"疫症出現後,國際再保險公司以審慎管理風險為由,減低對有關風險的承擔。這對醫護界及香港社會造成了相當大的困擾。

2003年12月10日,保險界議員陳智思在立法會提出動議,促請政府研究傳染病對僱員補償保險市場可能產生的影響。陳智思表示,政府應考慮傳染病,特別是"非典"對僱員補償保險市場的深遠影響,因為保險界,特別是國際再保公司,翌年在勞工保險方面,未必願意承保傳染病保障,即使可以,保費也可能非常昂貴,私營醫院、安老院舍等未必可以負擔。該動議經修訂後獲得通過。12月16日,香港醫學會發表聲明,促請香港保險公司盡快為醫院及診所提供合理條款,保障其僱員補償的風險,使其能履行《僱員補償條例》的責任。其後,在政府的介入斡旋下,保險界與醫護界達成協議,有十多家保險公司願意向私營的醫護機構提供包括"非典"等傳染病在內的勞工保險,但保費則增加了四至六倍不等。

議員議案
2003年12月10日
1.嚴重急性呼吸系統綜合症對僱員補償保險產生的深遠影響

陳智思議員動議下列議案:

本會促請政府研究各種在工作地方傳播的傳染病(例如嚴重急性呼吸系統綜合症)對僱員補償保險市場可能產生的深遠影響,包括社會負擔這類保險的能力,以及其他對有關

保險業界立法會議員陳智思（左）在立法會會議上發言。

各方有潛在影響的事宜。

就陳智思議員議案提出的修正案

(i) 鄭家富議員動議下列修正案：

在"本會促請政府"之後加上"在確保僱員的法定權益得到充分保障的前提下，"；及在"以及其他對有關各方有潛在影響的事宜"之後加上；"同時，本會亦促請政府研究改善工作間風險管理的各種方案，以減低在工作地方傳播傳染病的機會"。

(ii) 劉千石議員動議下列修正案：

在“其他對有關各方有潛在影響的事宜”之前刪除“以及”，並在之後加上，“以及設立中央僱員補償計劃是否可取及可行”。

與此同時，“非典”的襲擊也提高了香港市民購買醫療保險的意欲，醫療保險成為了保險業界拓展的其中一個熱點。2004年，香港西醫工會與亞洲保險合作，推出較廉價的專業責任保險（即診治令病人蒙受傷害或損失而衍生的責任及賠償問題）計劃。西醫工會會長楊超發指出，按現時的法例，醫生的專業責任投保只屬自願性質，“近年有醫生因無法負擔保費而不投保，一旦出現事故被索償，只能自費賠償，曾有人因而破產，病人亦無法得到全數賠償”。其後，澳洲昆士蘭（上海）聯保也透過宏利保險，接受中醫專業責任保險的投保。當時，香港有5,000名註冊中醫，對保險業來說，也是極具發展潛力的市場。

2001年“九一一”事件及2003年“非典”爆發以後，香港市民關注到相關風險的投保有困難，並且醫療界等高風險行業需要支付較高的保險費。2003年，特區政府應立法會的要求，著手研究在香港設立中央僱員補償制度的問題。當時，香港保險業聯會作為保險公司的代表，也立即對設立中央僱員補償制度的可行性進行研究，並提交意見書。意見書認為，設立中央僱員補償制度可能會對僱員、僱主、香港政府、保險中介人和保險公司各方面都帶來種種不良後果。香港保險業聯會建議實行“僱員補償聯保計劃”，並成立由所有提供僱員補償保險的保險公司組成的“僱員補償聯保計劃管理局”，為那些在保險市場上購買不到僱員補償保險的人士提供有關保障。

踏入21世紀後，香港一般保險市場發展漸趨平穩。據統計，從2000至2007年，香港一般保險直接承保保費從142.50億港元增加至240.57億港元，年增長率為8.6%。從市場結構看，2007年，香港前最大十家一般保險公司分別為滙豐保險（亞洲）、美安保險、中銀集團保險、香港民安保險、蘇黎世保險、亞洲保險、昆士蘭聯保保險、安盛保險、永隆保險及安達保險，十家保險公司的毛保費收入約佔市場的39.9%（見表7.4）；從產品結構

僱員補償聯保計劃管理局於2007年4月18日正式成立，主禮嘉賓右起為管理局理事會主席鄭國屏、顧問委員會主席馬陳鏗、保險業監理專員張雲正、立法會議員陳智思、勞工及福利局常任秘書長鄧國威、僱員補償聯保計劃臨時委員會主席管胡金愛、管理局理事會副主席林偉權主持切燒豬儀式。

看，主要產品包括一般責任保險，意外及健康保險，財產損毀保險，汽車、損毀及責任保險，以及洋面保險（主要包括船殼及機械保險以及運輸中貨物保險）。這一時期，香港成為亞洲第九大一般保險市場。[4]

表7.4　2007年香港一般保險市場十大保險公司（按整體毛保費計）

排名	保險公司名稱	毛保費（百萬港元）	市場份額（%）
1	滙豐保險（亞洲）有限公司	1,602	6.6
2	美安保險公司	1,399	5.8
3	中銀集團保險有限公司	1,175	4.9
4	香港民安保險有限公司	932	3.9

排名	保險公司名稱	毛保費（百萬港元）	市場份額（%）
5	蘇黎世保險集團（香港）	920	3.9
6	亞洲保險有限公司	802	3.3
7	昆士蘭聯保保險有限公司	743	3.1
8	安盛保險有限公司	703	2.9
9	永隆保險有限公司	667	2.8
10	安達保險有限公司	659	2.7
	總計	9,602	39.9

資料來源：香港保險業監理處

回歸十年：長期保險業務增長強勁

1997年香港回歸時，香港領有保險牌照的公司數目，按人口密度計排在世界前列位置。但是，當時香港居民購買保險意欲較歐美國家卻明顯地偏低。當年，香港購買壽險的保單總數為344.47萬張，約佔全香港人口的53%；[5]而歐美發達國家的壽險受保人士往往佔總人口的八成，日本甚至高達九成。顯而易見，香港的長期保險業務儘管已取得較快的發展，但相對於發達的國家而言仍然滯後。由於業內收益和盈利增長潛力巨大，為新舊保險商和覷覦香港保險市場的海外跨國公司提供了潛在的拓展空間。當時，香港的人壽保險市場可以說是仍然未被充分開發的市場，再加上香港特區政府即將推出強積金計劃、香港成為國際保險業進軍中國大陸保險市場的門戶等等有利因素，香港的人壽保險市場的發展前景可以說遠超過歐美市場。1997年，國際信貸評級機構標準普爾宣佈，給予香港壽險業務前景正面評價。

亞洲金融風暴後，香港的人壽保險業務錄得強勁的增長。1999年，香港長期新造業務的保單總額達113.82億港元，比1998年大幅增長了33.4%；其中，個人人壽包括投資相連和非投資相連產品的新增保費達97億港元，增加了71億港元。該年，香港個人人壽的營業額收入中有很大部分由美元保單轉化為港元保單。過去，由於港元保單必須繳納遺產稅，香港銷售的保單大多數為美元保單。1999年特區政府取消遺產稅，港元保單迅速增加。

1990年代中後期，國際保險公司都加強了對香港市場的拓展。1997年，宏利保險在香港成立亞洲地區總部，宏利人壽保險（國際）有限公司獲標準普爾給予 AA+評級。宏利分別在香港及上海慶祝公司開業100周年。1999年，宏利人壽保險公司向其保單持有人推行股份化計劃，並籌備在香港聯合交易所作第二市場上市。同年7月29日，宏利人壽保險公司在加拿大多倫多總部舉行合資格保單持有人日報會議，結果其股份化計劃獲得合資格保單持有人以98.5%的壓倒性票數通過，宏利繼續推行其股份化計劃，並轉為由股東擁有的上市公司。[6] 1999年9月27日，宏利集團以宏利金融有限公司的名義在香港聯合交易所正式上市。

宏利金融有限公司於1999年9月27日上市，圖為該公司亞洲區行政副總裁兼總經理業達榮（Victor Apps）（左五）與香港聯合交易所主席利漢釗（左六）握手慶祝。

香港友邦保險也以更專業的服務加強了其在香港人壽保險市場的拓展。1998年，友邦保險訂立企業理念——"友邦保險，您的第一選擇（AIA, Your 1st Choice in Life），並且定下公司的五個核心價值，即"同心協力"、"專業操守"、"不撓精神"、"無盡魄力"及"培育後進"，並透過一系列大型活動及培訓，加強推廣。2002年，友邦保險取得新版 ISO9001：2000證書，而早在1996年香港友邦成為全港首家保險公司以全線業務運作獲得 ISO9002：1994證書。同年，友邦保險獲選成為由美國《財富》（Fortune）和《時代》（Time）雜誌聯合舉辦的客戶服務調查的"全球最佳形象保險公司"（The No.1 insurance company in "Global Financial Images 2002" survey）。香港友邦保險的營銷團隊人數也從1997年的5,500人擴展到2007年的8,700人，同期業績從1.63億美元上升至4.49億美元。[7]

其他一些大型跨國保險公司憑著本身的雄厚實力及特定的發展策略積極拓展香港市場，爭取在市場佔有更多的份額。中小保險公司也各出奇謀，力求在市場上分一杯羹，保險

友邦保險訂立企業理想，圖為該公司的香港及澳門主席林文德（左）主持1999年的誓師大會。

業內競爭更趨激烈。各保險公司積極創新，不斷推出各種符合消費者需要的各種保險產品，如鷹星保險就推出新產品——一站式家庭綜合保障計劃——"家全之保"。該計劃分為基本保障及自選保障兩部分，基本保障包括"定期人壽"及"個人意外"（意外死亡及永久傷殘、意外醫療費用），自選保障包括"入息保障"、"住院現金"、"樓宇結構"、"家居財物"及"家庭僱傭"等。客戶可因應自己的需要，自由選擇合適的保障項目。"家全之保"全面照顧家庭成員的不同保障需要，省卻重複的申請程序及行政費用，為鷹星保險的首創。一些保險公司甚至一改傳統推銷方式，有的以巡迴展覽推銷保險，有的則舉辦嘉年華會吸引客戶，方便日後推銷。

2000年2月，特區政府經過長期醞釀，正式推出強積金計劃，開始接受合資格人士申請。政府立法規定，從2000年10月起，香港所有僱員和僱主都須定期向私營的退休金計劃作出供款。對於參與該計劃的保險公司來說，強積金計劃的推行將帶來重要的商機，估計該計劃將有約200億港元供款交由保險公司或銀行聯營的信託公司管理，並有助於擴大保險公司的客戶基礎及向這些客戶推銷公司的保險產品。2000年，受到種種利好因素的刺激，香港長期新造業務的保單保費總額達151.10億港元，增幅高達33.7%；其中，以退休計劃增幅最大，達1.92倍，涉及金額達35.74億港元，個人人壽業務（包括投資及非投資相連）增長14.4%，達110.40億港元。

21世紀初，隨著互聯網和新經濟的興起，香港經由互聯網管道銷售保險產品的情況越趨普遍。根據保監處2001年3月的一項調查，有94家保險公司和85名保險經紀分別透過112及94個網站提供服務，但來自網上交易的毛保費並不多（2000年7月至12月網上交易總額不足200萬港元），個人意外保險、旅遊保險、家居保險和定期人壽保險是最普遍的網上保險產品。[8] 有鑑於此，保監處發出指引，對保險業機構在互聯網上銷售保險產品作出規管。根據指引，保險機構若要在互聯網上列明產品銷售給香港人，必須向保監處註冊；如果使用信用卡等方式付款，需要用國際保險組織及香港金融管理局等機構的保安標準；保險交易單據不能只是用電子郵件發送，同時也需以文件寄發；即使在網頁上刊載廣告，如果包括“保險”兩字，也需要得到保險監理處批准。

2001年，中國加入世貿組織和美國“九一一”事件的爆發，對香港保險業產生了深遠的影響。中國“入世”和開放保險市場，刺激更多的國際性保險集團以香港作為其亞太區總部拓展中國市場；而“九一一”事件則令更多的香港人對生命、保健，甚至對物質的價值觀改變想法，對防止恐怖活動的意識提高，對積累財產和退休保障的意識也在提高，對保險產品的需求明顯加大。這一年，香港的長期保險業務錄得驕人的成績，新造人壽保險業務（不包括退休計劃業務）保單保費達170.20億港元，比上年度大幅增長47.5%，其中，投資相連的個人人壽及年金的增幅高達88.4%，而非投資相連的個人人壽及年金的增長亦達24.3%。

這一時期，香港的人壽保險業務發展進入黃金時期。據統計，從2000至2007年，香港非投資相連個人人壽業務的保單保費從65.79億港元增加至203.14億港元，八年間增長2.09倍；同期，投資相連個人人壽業務的保單保費更從44.61億港元增加至600.40億港元，八年間增長12.46倍。投資相連個人人壽業務的大幅增長，推動了新造成人壽保險業務從

2000年的151.10億港元增加到2007年的807.77億港元，八年間增長4.35倍（見表7.5）。2007年，按有效業務保單保費計，香港人壽保險業務十大保險公司分別是美國友邦（百慕達）、宏利人壽（國際）、滙豐人壽、英國保誠、恒生人壽保險、中銀集團人壽、國衞（百慕達）、香港永明金融、蘇黎世國際人壽及 Royal Skandia Life Assurance Limited，合共佔市場份額74.2%（見表7.6）。

表7.5　2000-2007年香港人壽保險業務（新造業務）的保單保費（單位：億港元）

年份	個人人壽及年金 （非投資相連）	個人人壽及年金 （投資相連）	總額 （不包括退休計劃）
2000	65.79	44.61	151.10
2001	81.77	84.06	170.20
2002	122.71	74.57	203.20
2003	161.58	85.38	250.97
2004	197.22	185.15	385.95
2005	242.90	212.51	458.79
2006	209.28	321.28	534.18
2007	203.14	600.40	807.77

資料來源：香港保險業監理處

表7.6　2007年香港人壽保險業務十大保險公司（按有效業務保單保費計）

排名	保險公司名稱	保單保費（百萬港元）	市場佔有率（%）
1	美國友邦保險（百慕達）有限公司	25,394	14.4
2	宏利人壽保險（國際）有限公司	24,818	14.1
3	滙豐人壽保險（國際）有限公司	24,703	14.0
4	英國保誠保險有限公司	15,661	8.9
5	恒生人壽保險有限公司	9,468	5.4

排名	保險公司名稱	保單保費（百萬港元）	市場佔有率（%）
6	中銀集團人壽保險有限公司	8,438	4.8
7	國衞保險（百慕達）有限公司	8,307	4.7
8	香港永明金融有限公司	6,013	3.4
9	蘇黎世國際人壽	4,339	2.5
10	Royal Skandia Life Assurance Ltd.	3,451	2.0
	總計	130,592	74.2

資料來源：香港保險業監理處

保險中介人規管制度的檢討與完善

香港回歸以後，隨著個人壽險業務蓬勃發展，從事保險代理的人數亦大幅上升。據統計，1997年，從事保險代理的人數為3.12萬人，到1999年已增加到4.85萬人，三年間增幅高達55%。而有效人壽保單的數目也大幅增加，由1997年的3,444,687張，上升至2001年的4,932,062張。由於保險業產品和規管制度日趨複雜，保險中介人的專業水平必須相應提高，藉以保障投保人士的利益。2001年7月，香港保險業監理處推出一份名為《保險中介人規管制度檢討諮詢文件》，對自1995年以來實施的保險中介人自律規管制度進行了檢討。該文件指出，過去幾年，有關保險代理人及保險經紀的投訴不斷上升，例如，從1998至2000年，有關對保險中介人的投訴從208宗增加到459宗，三年間數字增加了一倍以上，這反映了市民對保險中介人的專業水準及操守日益關注（見表7.7）。文件認為，有必要對現行規管制度進行全面的檢討，以期找出制度可改善之處。

表7.7　1998-2000年保險業監理處接獲有關對保險中介人的投訴

投訴性質	1998年	1999年	2000年
偽造文件	43	79	65
處理保費失當	68	75	82
失實陳述	39	61	80
失當行為	34	35	89
破產	0	0	45
其他	24	32	98
總計	208	282	459

資料來源：香港保險業監理處，《保險中介人規管制度諮詢文件》，2001年7月。

該文件認為，在現制度下，在保險代理人方面，某些自律規管守則缺乏法律依據，因而對違反守則行為難以實施法律制裁；在一些重要的運作範疇上，例如保費的轉交或就索償給予通知方面，守則沒有作出規定或給予實務指引；確保代理人向客戶妥善披露和解釋，重要資料的指引亦不足夠；並且缺乏有效措施解決"挖角"的問題。在保險經紀方面，該文件認為香港的兩個認可保險經紀團體，包括香港保險顧問聯會及香港專業保險經紀協會，其執行委員會均來自保險經紀，缺乏獨立代表並存在潛在利益衝突，"難以有效地執行其監管職能"；兩個團體之間並無從屬關係，內在執行規定方面準則不一致；且最低限度規定相對較為寬鬆；保險業監督亦缺乏制裁能力。[9]

因此，該文件認為，有必要加強對保險中介人的監管，並以證監會的"投資中介人"的規管標準作為規管的參考。它指出："在香港，《證券及期貨條例草案》已在2000年11月24日刊登憲報，就投資中介人的規管架構作出規定。證監會會對中介人進行背景審查，以確保其為擔任該職位適當人選。由於'證券'一詞的定義擬擴大至包括'集體投資計劃中的權益'，因此參與買賣屬集體投資計劃權益的保險產品或就這方面提供意見的保險公司及保險中介人，將被納入證監會的規管架構內，因而須領取牌照。保險公司及保險中介人的與投資有關的長期業務活動，便將受兩個規管當局規管。"[10]

2000年，為確保保險中介人有足夠的保險知識和服務水準，香港保險業監理處推出一項全新的素質保證計劃——"保險中介人素質保證計劃"。根據該計劃，香港所有保險中介人，包括保險代理、保險經紀及其行政總裁或負責人、業務代表，必須通過由香港職業培訓局主辦的資格考試，才能符合登記或獲得授權的資格。資格考試包括四部分，即必考試卷（保險原理及實務）、資格試卷（分一般保險、長期保險和投資相連長期保險三類）、旅遊保險代理人考試試卷和獨立試卷（強制性公積金中介人考試）。所有保險中介人，必須在2000年初至2001年底的兩年內，通過資格考試，獲得牌照；而從2000年起所有新入職的保險中介人均需通過資格考試。計劃並規定，保險中介人日後必須參與持續的專業培訓計劃，以確保中介的專業水準和服務質素。

2002年1月1日，保險中介人資格考試兩年過渡期結束，兩年前獲過渡安排而仍然從事保險代理業務的10,663名登記人士中，有9,213名代理通過資格考試，佔總數的86%。根據

保險業監理處於1999年5月7日舉辦研討會介紹保險中介人素質保證計劃，講者包括左起為香港保險業聯會主席賈秉添、保險業監理專員黃志光及助理保險業監理專員林家泰。

香港保險業監理處提供的數據，過渡期間，約有20多萬人次參加三項資格考試，合格率為47.3%（見表7.8），當中不少人在考試後並沒有從事保險中介業務，也有部分人曾多次參加考試。當時，香港人壽保險從業員協會會長李東江表示，在2001年的一年內，約有近萬名保險業中介人轉行"離場"。他認為，資格考試的實施是使這些保險中介人"離場"的主要原因。不過，他相信，"離場"者以只掛牌登記的"游離分子"居多。[11]無疑，這項保險中介人考試發牌制度，大大提升和確保保險中介人的素質。

表7.8　保險中介人資格考試及格率（截至2001年12月31日）

考試項目	應考人次	及格人次	及格率（%）
保險原理	103,463	46,417	45.30
一般考試	49,595	20,303	40.94
長期保險考試	88,389	47,492	53.73
總數	241,447	114,212	46.66

資料來源：香港保險業監理處

到了2001年1月，有見及投資相連保險產品日漸普及，保險業監理處在保險中介人資格考試中加入了"投資相連長期保險考試"，規定保險中介人必須通過有關考試，才能銷售投資相連保險產品。

2006年5月，保險業監理處與業界多番商討後，決定引入"旅遊保險代理人考試"，考試及格的旅行社職員便可以登記為旅遊保險代理，但服務對象只限於由他們安排的旅行團、包辦旅遊、旅程或其他旅行服務的旅客，不可以銷售其他保險產品。

譚仲豪　　香港保險業聯會行政總監　　1990年入行

2006年埃及大車禍發生後，香港保險業聯會立即召開會議商討救援工作。圖為譚仲豪（中）主持會議。旁為香港旅遊業議會主席何柏霆（右）及總幹事董耀中（左）。

旅遊保險倍受重視：香港人喜歡旅遊，業界經常透過不同渠道，宣傳出門應購備旅遊保險，因為旅遊期間，一旦發生意外，旅遊保險除了可以提供傷亡和醫療費用等賠償外，更可以在緊急時提供支援。多年來，不少人認為旅遊保險可有可無，但是南亞海嘯和埃及車禍卻改變了很多人的看法。

埃及致命車禍：猶記得2006年的大年初三，一早起來便收到埃及發生致命車禍的噩耗，香港有旅行團在埃及洪加達遇上車禍，釀成14死9傷。香港保險業聯會立刻成立緊急應變小組，我第一時間致電香港旅遊業議會，當時旅遊業議會總幹事董耀中正與肇事旅行社管理層召開緊急會議，董先生回電時證實所有旅客都已購有旅遊保險。

我們於是立即聯絡承保是次旅遊保險的八家保險公司，兩家受委託進行國際緊急救援的公司則於數小時內派遣醫療隊前往洪加達。首批到達救援的醫療人員來自開羅，能操當地語言，對於協助各項救援工作產生極大作用，加上來自香港醫管局的醫護人員，協力穩定傷者的傷勢。

接下來的24小時，我們需要處理的事情更多。第一步是設立電話熱線服務，供公眾人士查詢有關旅遊保險保障及有關埃及車禍的緊急救援工作。與此同時，我們召開了兩次會議，邀請有關的保險公司、兩家緊急救援公司、旅遊業議會和旅行社的代表出席，全面了解救援工作的進展和商討跟進行動。另一方面，我們跟保險業監理處、民政事務處、入境處、保安局等部門保持緊密聯繫，務求盡快安排傷者回港，以及運送遺體返港。

在意外後36小時內，緊急救援服務公司安排航機將重傷傷者送到醫療設備較完善的巴黎和蘇黎世就醫；至於傷勢較輕而適合乘坐飛機的傷者，則獲安排由家屬或醫療人員陪同分批返港。在民政事務處和醫院管理局的協調和安排下，返港的傷者由專人從機場直接送抵醫院，接受適切治療。至於最後一批傷者亦獲安排於意外發生後一星期返港，而所有死者的遺體亦於隨後兩天陸續運抵香港。

在這次事件中，肇事地點遠在8,000公里以外的埃及，受影響的人數亦不少，誰都知道遠水救近火殊非容易，幸而肇事各人都購有旅遊保險，在保險業緊急應變小組悉心部署和細緻安排下，終能順利完成所有救援任務。經此一役，香港人對旅遊保險的信心加強了，購買旅遊保險的外遊人士亦有增無減。

保險業界組織及專業團體

隨著保險業不斷發展，從事保險業的人數亦與日俱增，不少代表不同業務、職級、工作崗位的保險團體成立，令保險業界的聲音更百花齊放。

（1）保險中介人團體

香港不少保險組織是由保險中介人組成的，其中以香港保險協會（Hong Kong Insurers' Club）的歷史最悠久。早在60年代，保險業界人士除了在公事上的接觸之外，鮮有聚會。而一群保險公司的行政人員，多數是派駐本港的外籍人士和本地高層行敢政人員，不時有些私人聚會，後來發展下去變成定期的每月活動，逐漸吸引其他高級行政人員參加。隨著人數越來越多，遂於1964年正式成立香港保險協會。協會規定會員必須是達管理級的保險從業員。香港保險協會歷任會長名單，見表7.9。

表7.9　1964-2009年香港保險協會歷任會長

中文姓名	英文姓名	在任年度
-	A. K. Basu	1964 - 1965
-	R. C. Eltringham	1965 - 1966
-	H. P. Chanson	1966 - 1967
-	M. J. Miles	1967 - 1968
朱曾泳	George Chu	1968 - 1969
-	A. W. Robertson	1969 - 1970
	W. S. Woo	1970 - 1971
-	W. P. Stewart	1971 - 1972
簡悅明	Anthony Kan	1972 - 1973
-	G. A. Foster	1974 - 1975
王熹浙	H. C. Wong	1975 - 1976

中文姓名	英文姓名	在任年度
-	A. H. Bennett	1976 - 1977
周啟聰	K. C. Chau	1977 - 1978
-	Ronald Magg	1978 - 1979
高膺	Ko Ying	1979 - 1980
-	H. D. R. Edwards	1980 - 1981
賈秉添	Robert Ka	1981 - 1982
-	Donald M. Smith	1982 - 1983
	K. K. Leong	1983 - 1984
-	David Harrison	1984 - 1985
程偉成	W. S. Ching	1985 - 1986
	H. Hepburn	1986 - 1987
蔡惠勵	P. Choy	1987 - 1988
-	Doug GM Chalmers	1988 - 1989
林裕輝	Wallace Lam	1989 - 1990
陳識禎	Robert Chan	1990 - 1991
	Michael CD Barnes	1991 - 1992
秦鈺池	Jackie Chun	1992 - 1993
-	Walter Dewar	1993 - 1994
方鳴石	Peter Fong	1994 - 1995
	Colin J Sims	1995 - 1996
梁彼得	Peter Leung	1996 - 1997
-	Michael Saunders	1997 - 1998
陳俊偉	Gary Wong	1998 - 1999
劉煥興	Patrick Lau	1999 - 2000
-	Mike Metheley	2000 - 2001
麥讚生	Mark Johnson	2001 - 2002
黎志誠	Ronald Lai	2002 - 2003

中文姓名	英文姓名	在任年度
-	Michael Wellsted	2003 - 2004
黃永恒	Patrick Wong	2004 - 2005
胡德強	Aaron Wou	2005 - 2006
陳本民	Ricky Chan	2006 - 2007
-	Philip Chiu	2007 - 2008
黃子遜	Winnie Wong	2008 - 2009

資料來源：香港保險協會

香港人壽保險從業員協會（The Life Underwriters Association of Hong Kong，簡稱 LUA）於1973年3月29日成立時，稱為香港人壽及退休金協會（Hong Kong Life and Pension Society），創會主席是陳炎光，當時共有52名會員，之後不斷有保險從業員加入，到1980年7月11日才改名為香港人壽保險從業員協會，到了2008年會員人數超過8,500人。

香港人壽保險從業員協會成立初期，主要是發展教育和培訓，並舉辦壽險從業員大會，亦有訂立和執行專業守則。1993年保險代理登記委員會成立之時，香港人壽保險從業員協會獲邀加入成為委員之一。

該會創會會長陳炎光憶述當年雖然壽險業尚未蓬勃，但從業者都熱愛行業。他們不分中外，不分職位，均各展所長支持協會。首六屆的會長全是行政人員（陳氏當時也是），其中兩名並非華人，從這兩點便可見一斑。香港人壽保險從業員協會歷任會長，見表7.10。

香港人壽保險從業員協會成立初期以午餐聚會形式進行，讓會員互相交流心得，圖為三位早期的會長合照，左起為 Robert L. Wilson、陳炎光及 P. M. Binstead。

表7.10　1973-2009年香港人壽保險從業員協會歷任會長

中文姓名	英文姓名	在任年度
陳炎光	Y. K. Chan	1973
I. L. Philips	I. L. Philips	1974
蘇鴻熹	Albert Soo	1975
杜國鎏	Clement Tao	1976
楊梵城	Andrew Yang	1977
卞仕達	P. M. Binstead	1978
何國挺	Robert Ho	1979
劉鼎言	Anthony Lau	1980
鮑德明	T. M. Pau	1981
韋力生	Robert L. Wilson	1982

中文姓名	英文姓名	在任年度
林麗霞	Juliana Lam	1983
陳裕光	Joseph Chan	1984
林麗霞	Juliana Lam	1985
周錦鑫	Raymond Chow	1986
麥永光	Tony Mak	1987 - 1988
駱國光	Peter Lok	1989 - 1990
容永祺	Samuel Yung	1991
黃永棣	Harry Wong	1992
林潔貞	Betty Lam	1993
蘇婉薇	Teresa So	1994
林義揚	Vic Lam	1995
黎子雄	Christopher Lai	1996
何兆權	Frankie Ho	1997
陳鳳玲	Queenie Chan	1998
余達強	Terence Yee	1999
吳澤偉	David Ng	2000
歐陽旻蔚	Irene Au Yeung	2001
李東江	Bee Lee	2002
黃錦輝	Kelvin Wong	2003 - 2004
黃英傑	Sidney Wong	2005
陳志堅	Johnny Chan	2006
黃錦成	Matthew Wong	2007
吳翰城	Chris Ng	2008
劉國明	Samuel Lau	2009

資料來源：香港人壽保險從業員協會

保險從業員華員會組成的足球隊於1977年披甲上陣，後排左四為球隊隊長何榮昌，其他曾任該會會長的隊員包括：後排左五起為林澤財、潘華江、鄭耀男、秦鈺池及前排右二的陳應賢。

保險從業員華員會（Chinese Underwriters Club，簡稱 CUC）於1976年由一群志同道合的保險從業員創立，包括：陳應賢、司徒松、鄭耀男、曾就強、何榮昌、麥錦泉、林澤財、曾松煒、陳沛深、鄭桂深、鄭文成、李浩權、尹良揮等十多人。創會的目的是為華人保險從業員提供非正式的場合作經驗交流和進行公餘社交活動。聚會以每兩月一次的晚飯形式舉行，並以中文為主要溝通語言。

創會的由來，是基於當時香港同類型的協會只有一個，即香港保險協會（Hong Kong Insurers' Club），專為保險公司的高層人員而設，當時很多是外籍人士，一般中下層華籍員工並沒有參加的機會，而且主要以英語溝通，並以午飯專題演講的形式聚會，而非輕鬆消閒的社交活動。保險從業員華員會便是在這種環境下成立的。

該會為了維持聚會的素質，會員人數限定於100人，但後來由於需求甚殷，便不設人數上限，會員數目高峰期曾超過1,000人，到了2008年，會員人數超過300人。保險從業員華員會主要服務對象為保險業界的華人。保險從業員華員會歷任會長名單，見表7.11。

表7.11 1976-2009年保險從業員華員會歷任會長

中文姓名	英文姓名	在任年度
陳應賢	Y. Y. Chan	1976 - 1978
鄭耀男	Tommy Cheng	1978 - 1979
潘華江	Daniel Poon	1979 - 1980
程偉成	W. S. Ching	1980 - 1981
方鳴石	Peter Fong	1981 - 1982
歐陽永健	Francis Au Yeung	1982 - 1983
林澤財	Paulus Lam	1983 - 1984
秦鈺池	Jackie Chun	1984 - 1985
梁彼得	Peter Leung	1985 - 1986
李英偉	Charles Lee	1986 - 1987
郭渭洪	Andy Kwok	1987 - 1988
陳耀棠	Raymond Chan	1988 - 1989
馮英達	Andrew Fung	1989 - 1990
夏國雄	Frederick Ha	1990 - 1991
杜偉燦	Henry To	1991 - 1992
陳聲偉	Carmond Chan	1992 - 1993
連浩煊	Joseph Lynn	1993 - 1994
郭超君	Johnson Kwok	1994 - 1995
吳和松	Joe Ng	1995 - 1996
陳永強	Philip Chan	1996 - 1997
陳沛良	P. L. Chan	1997 - 1998
葉普達	Thomas Ip	1998 - 1999
龍漢貞	Claudia Lung	1999 - 2000
周耀明	Andrew Chow	2000 - 2001
朱永耀	Alex Chu	2001 - 2002

中文姓名	英文姓名	在任年度
張健強	Kelvin Cheung	2002 - 2003
朱向明	Stephen Chu	2003 - 2004
黃德強	Sammy Wong	2004 - 2005
張浩波	Walter Cheung	2005 - 2006
仇向遠	Francis Chau	2006 - 2007
梁潤清	Ken Leung	2007 - 2008
李啟泰	Ricky Lee	2008 - 2009
王德國	Germany Heng	2009 - 現在

資料來源：保險從業員華員會

香港保險顧問聯會（The Hong Kong Confederation of Insurance Brokers，簡稱 HKCIB）是一個保險經紀組織之一，由 Hong Kong Insurance Brokers Association（1979）和 Hong Kong Society of Insurance Brokers（1985），在1993年正式合併而成，當時有38名會員。

香港保險顧問聯會於2008年慶祝成立15周年，圖為該會會長洪偉文（左六）頒發紀念品予委員。

Hong Kong Insurance Brokers Association 早在1979年起，便自發地訂立會員專業監管制度，並在1980年代初參與法律改革委員會的多項諮詢工作。1986年，法律改革委員會在其保險法律研究報告書中，建議以自律監管方式對保險中介人實施監管措施，並獲得香港政府認可，《保險公司條例》其後亦於1994年完成修訂，為保險中介人的自律制度提供了法律依據。按照該法例，保險經紀須符合最低限度的規定。

該修訂條例在1995年6月30日生效，同日，保監處按該條例第70條的規定，認可香港保險顧問聯會為經紀團體，推行本港的保險經紀的自律措施。到了2008年，該會已有252名會員。香港保險顧問聯會歷任會長名單，見表7.12。

表7.12　1993-2009年香港保險顧問聯會歷任會長

中文姓名	英文姓名	在任年度
甘希正	Adrian King	1993 - 1994
陳成興	Francis Chan	1994 - 1995
許文基	Michael Haynes	1995 - 1996
薛廸生	Raymond Sit	1996 - 1997
紀增城	Albert Kee	1997 - 1998
薛廸生	Raymond Sit	1998 - 1999
-	Gavin Tyndale	1999 - 2000
郭殷美玲	Clare Kwok	2000 - 2001
-	Andrew Eden	2001 - 2002
麥讚生	Mark Johnson	2002 - 2004
蘇榮強	Ricky So	2004 - 2006
洪偉文	Jimmy Hung	2006 - 2008
杜國威	Douglas White	2008 - 現在

資料來源：香港保險顧問聯會

香港另一個代表保險經紀的組織是香港專業保險經紀協會（Professional Insurance Brokers Association）。該會於1988年1月29日成立，當時只有12名公司會員，時至今天已增加至超過280家會員公司及超過3,000名註冊行政總裁／業務代表。

香港專業保險經紀協會十分重視會員的專業行為及操守，並要求所有會員堅守保險經紀規例。協會亦不時組織研討會及專題講座，以加強會員的專業知識。1995年6月30日，香港專業保險經紀協會獲香港政府授權獨立審批會員及監管其會員的操守。

該會創會會員戴理容憶述當年籌備初期的情況：“當政府於1985年公佈了一連串有關保險經紀人自我監管的條例及措施後，我們便開始搜集相關資料，包括參考外地如澳洲及新加坡的保險經紀協會的運作及經營模式，並經過反覆討論及多次會議，最後在律師的協助下完成了創會的法律程序，籌組的過程確是艱辛備嘗。”香港專業保險經紀協會歷任會長名單，見表7.13。

香港專業保險經紀協會於2008年慶祝20周年，圖為會長何炳焯（右六）與一眾委員及嘉賓留影。

表7.13　1994-2009年香港專業保險經紀協會歷任會長

中文姓名	英文姓名	在任年度
黃興華	Wong Hing Wah	1994 - 1996
羅少雄	Paul Law	1996 - 1998
戴理容	Henry Tai	1998 - 1999
朱信光	Ricky Chu	1999 - 2001
周積德	Alfred Chau	2001 - 2002
呂志興	Sammy Lui	2002 - 2004
任家鑫	Raymond Yam	2004 - 2006
何炳焯	Richard Ho	2006 - 2008
梁淑蘭	Angie Leung	2008 - 現在

資料來源：香港專業保險經紀協會

1994年2月4日，經過一年多時間的籌備，香港保險中介人商會（Hong Kong Chamber of Insurance Intermediaries，簡稱 HKCII）宣佈成立。首屆主席由方富強出任，前保險業自律小組主席朱曾泳獲邀出任名譽顧問。在該會成立的酒會上，香港保險業監理專員葉澍堃、香港立法會議員詹培忠應邀主持亮燈儀式。

香港保險中介人商會的會員包括壽險及一般保險的代理及經紀，2008年共有會員160人。商會的主要工作是研究業界關注的事項、推動教育及培訓等等。

該會的創會會長方富強表示："香港保險中介人商會的宗旨從商會的英文'HKCII'簡寫可見一斑：和諧（Harmony）、知識（Knowledge）、關注（Concern）、操守（Integrity）和資訊（Information）。歷年來我們致力促進中介人間的聯繫、提倡業界的公平合理競爭，以及爭取中介人應有的權益，務求達致消費者、保險公司和中介人三贏的局面。香港保險中介人商會歷任會長名單，見表7.14。

香港保險中介人商會經常與內地同業交流，包括舉辦足球友誼賽。

7.14　1994-2009年香港保險中介人商會歷任會長

中文姓名	英文姓名	在任年度
方富強	Gregory Fong	1994 - 1995
李鎮成	Johnson Lee	1996 - 1997
朱信光	Ricky Chu	1997 - 1998
伍華	William Ng	1999
麥順邦	Philip Mak	2000
刁志成	C. S. Diu	2001
林美華	Rita Lam	2002 - 2003
龍達明	Geoffrey Lung	2004 - 2005
曾振平	Roger Tsang	2006 - 2007
薛祖麟	Joseph Sit	2008 - 現在

資料來源：香港保險中介人商會

香港人壽保險經理協會（General Agents and Managers Association of Hong Kong，簡稱 GAMA）於1994年自美國引入香港，是目前香港唯一人壽保險經理協會。宗旨是藉著訓練課程及工作坊，提升經理的管理技巧，包括在增員、培訓、督導及激勵各方面。協會每年都會舉辦研討會，邀請業界及行外有建樹的精英分享心得，交流經驗，把不同公司的文化連成一線，提升保險業的專業地位。協會於2006年成立了專業發展中心（PDC），加強及推廣人壽保險業界在教學研究及相關理財服務上之專業資格。

據香港人壽保險經理協會的首任會長林潔貞憶述，當年協會創立時，發行"創會會員"證書，於數月間，會員人數增至數百人，香港人壽保險經理協會成為當年美國總會境外會員人數最多的機構組織。同一年度，業績彪炳的會員，首度於香港人壽保險經理協會之頒獎台上，接受國際榮譽獎項的殊榮及同業的祝賀，為本地同業邁向國際性的領域。香港人壽保險經理協會歷任會長名單，見表7.15。

香港人壽保險經理協會於1999年主辦管理研討會及國際榮譽獎項頒獎典禮，會後籌委會成員向各位來賓及得獎者祝酒。

表7.15　1994-2009年香港人壽保險經理協會歷任會長

中文姓名	英文姓名	在任年度
林潔貞	Betty Lam	1994 - 1995
容永祺	Samuel Yung	1995 - 1996
劉國明	Samuel Lau	1996 - 1997
黃永棣	Harry Wong	1997 - 1998
鄭鏗源	Henry Cheng	1998 - 1999
梁錦輝	Jacky Leung	1999 - 2000
周善泉	Kenny Chow	2000 - 2001
陳兆鴻	Raymond Chan	2001 - 2002
陳鳳玲	Queenie Chan	2002 - 2003
王君傑	Jeff Wong	2003 - 2004
李慕潔	Maggie Lee	2004 - 2005
李冠群	Davey Lee	2005 - 2006
黃文滔	Johnson Wong	2007 - 2008
張耀光	Thomas Cheung	2008 - 2009
劉家駒	Apollo Lau	2009 - 現在

資料來源：香港人壽保險經理協會

無獨有偶，香港一般保險代理協會（Hong Kong General Insurance Agents Association，簡稱 HKGIAA）與香港特別行政區於1997年同年成立。協會成立目的是專為從事一般保險代理業務的代理人而設，以便把業界的聲音反映給有關當局。在1997年公司會員數目約100家，到了2008年，公司會員數目維持在80多間。

香港一般保險代理協會創會會長梁浩鎏先生憶述當時保險業情況："政府決意把可代理的保險公司數目減至四間，一般保險代理當時是沒有可代表業界的協會與政府溝通。但最終因得不到大金融機構的保險代理參與和支持，令談判籌碼削減，以致形成現時僅可

香港一般保險代理協會慶祝成立十周年，一眾委員會成員與嘉賓留影。

代理四間保險公司的局面，造成對客戶服務的掣肘。但憑藉各委員多年的努力，協會在業界獲保聯和保監的認同。"香港一般保險代理協會歷任主席，見表7.16。

表7.16　1997-2009年香港一般保險代理協會歷任主席

中文姓名	英文姓名	在任年度
梁浩鎏	H. L. Leung	1997 - 1999
陳次東	C. T. Chan	1999 - 2001
伍華	William Ng	2001 - 2003
葉耀榮	Tony Yip	2003 - 2005
潘康寧	Jackson Pun	2005 - 2007
馮漢榮	Thomas Fung	2007 - 2008
麥培禎	Tony Mak	2008 - 2009
林裕添	Teem Tam	2009 - 現在

資料來源：香港一般保險代理協會

香港保險業總工會（Hong Kong Insurance Practitioners General Union，簡稱 HKIPGU）成立於2003年1月，會員包括如代理人、經紀人、受薪僱員等等，是香港唯一的保險業權益工會，協助會員處理在業內遇到的不公平待遇。

香港保險業總工會現任會長梁頌恩表示："2003年，香港受沙士（非典）侵襲，當時的失業率偏高，並且錄得破天荒的破產數字，不少保險從業員也身受其害，工會於此時成立，希望能為同行出手相助，代表保險從業員身份向各界反映業界情況。工會創會的宗旨是 '團結、專業、公義'，就是要團結不同崗位及職責的同業，如代理人、經紀人和受薪僱員，舉辦專業課程為會員提供專業信息交流及持續進修的渠道，並協助業內受壓的一群，以公義為標準為會員爭取合理權益。" 香港保險業總工會歷任會長名單，見表7.17。

表7.17　2003-2009年香港保險業總工會歷任會長

中文姓名	英文姓名	在任年度
賴萬德	Joe Lai	2003 - 2005
梁頌恩	Juan Leung	2006 - 現在

資料來源：香港保險業總工會

香港保險業總工會於2007年8月召開記者招待會，關注前線保險從業員在酷熱天氣下的工作服飾問題，圖中為該會會長梁頌恩。

（2）保險界專業團體

除了上述的中介人團體外，香港保險業界尚有不少專業團體，歷史最悠久的是香港保險學會。香港保險學會（Insurance Institute of Hong Kong，簡稱 IIHK）於1967年成立，以提升保險業界的專業水平、增強業者的競爭力為本，歷年來舉辦不少專業教育和培訓課程。香港保險學會歷任會長，見表7.18。

表7.18　1967-2009年香港保險學會歷任會長

中文姓名	英文姓名	在任年度
-	J. Dickson-Leach	1967 - 1968
-	A. L. Bowden	1968 - 1969
曹伯中	P. C. Tsao	1969 - 1970
-	H. Goldsbrough	1970 - 1971
-	W. P. Stewart	1971 - 1972
	A. Y. M. Kan	1972 - 1973
-	A. H. Bennett	1973 - 1974
吳肇基	Willy Woo	1974 - 1975
-	J. G. Mallee	1975 - 1976
-	G. R. Lennox-King	1976 - 1977
- / 賈秉添	Willie Wu / Robert Ka	1977 - 1978
- / 王熹淅	A. D. Stelfensen / H.C. Wong	1978 - 1979
-	A. G. Young	1979 - 1980
范佐堲	John Fan	1980 - 1981
胡德光	Stan Wu	1981 - 1982
- / 盧志誠	Irene White / Andrew Lo	1982 - 1983
藍義方	Steve Lan	1983 - 1984
王覺豪	K. H. Wong	1984 - 1985

1995年香港保險學會周年晚宴，左起為吳國英、馬陳鏗、梁錦輝、黃團宏、陳肇賢、秦鈺池及鄭國屏。

中文姓名	英文姓名	在任年度
方鳴石	Peter Fong	1985 - 1986
李彥鴻	Lawrence Lee	1986 - 1987
曾漢強	Howard Tsang	1987 - 1988
黃寶亨	Alex Wong	1988 - 1989
蕭奕煌	Y. W. Siu	1989 - 1990
程偉成	W. S. Ching	1990 - 1991
馬愛華	Teresa Ma	1991 - 1992
梁潤生	Wilson Leung	1992 - 1993
黃團宏	Raymond Wong	1993 - 1994
林裕輝 / 陳肇賢	Wallace Lam / Elex Chan	1994 - 1995
陳肇賢	Elex Chan	1995 - 1996
鄭國屏	K. P. Cheng	1996 - 1997
秦鈺池	Jackie Chun	1997 - 1998

中文姓名	英文姓名	在任年度
馬陳鏗	Leo Ma	1998 - 1999
羅錦成	Stephen Law	1999 - 2000
-	Michael Haynes	2000 - 2003
張健強	Kelvin Cheung	2004 - 2005
周耀明	Andrew Chow	2006 - 2007
-	Michael Haynes	2008 - 現在

資料來源：香港保險學會

香港精算學會（Actuarial Society of Hong Kong，簡稱 ASHK）是香港唯一專業精算師組織，前身的英文名稱為 Actuarial Association of Hong Kong，於1968年成立，到1994年學會的英文名稱正式改名 Actuarial Society of Hong Kong，中文名稱則不變。會員包括在保險界、顧問公司、金融投資企業、政府及教育機構工作的精算師，當中近七成來自保險業界，到了2008年，學會會員已達700多名。

1967年，在港從事精算行業的人數甚少，當時只有兩名外籍精算師，精算考生也僅有四至五名。香港精算學會召開的第一次會議，是於該年11月3日在中環友邦保險公司（新世界大廈現址）的頂樓舉行，創會會員共有五人：Kevin Claridge（英國精算師協會會員，即Fellow of the Institute of Actuaries of English，簡稱 FIA）、Fred Stephens（英國精算師協會會員）、莫乃鏗（前統計處處長）、陳炎光及謝仕榮。

隨著學會的成立，首批本地精算師陸續在1970年代初出現。1972年，陸健瑜取得英國精算師協會會員資格，成為首位本地精算師（他後來曾歷任多屆學會會長），同年林喆則取得北美精算師學會會員資格（即 Fellow of the Society of Actuaries of the United States of America，簡稱 FSA）。潘燊昌和楊裕生均於1975年成為英國精算師協會會員，之後陳潤霖也在1977年獲得同等資格。香港精算學會歷任會長名單，見表7.19。

早年的本地精算師於1970年代合照，前排中為首位本地精算師陸健瑜，後排左起為陳潤霖、潘桑昌及楊裕生。

表7.19　1968-2009年香港精算學會歷任會長

中文姓名	英文姓名	在任年度
-	Fred W. Stephens	1968
-	Kevin V. Claridge	1969 - 1970
-	Terry D. Jenkins	1971 - 1972
陸健瑜	Peter Luk	1973 - 1974
-	Johnny Yang	1975 - 1976
林喆	Che Lin	1977
陸健瑜	Peter Luk	1978
陳潤霖	Frank Chan	1979
-	Kevin V. Claridge	1980
李仕達	Stuart H. Leckie	1981
-	Andrew J. Bowtell	1982
陸健瑜	Peter Luk	1983

中文姓名	英文姓名	在任年度
潘燊昌	Patrick Poon	1984
-	A. Grahame Stott	1985
-	Stanley Vyner	1986
葉仲生	Joseph Ip	1987
-	Ian Laughlin	1988
-	Winson Siu	1989
-	Bernard J. Thomas	1990
-	Colin Pakshong	1991
陸健瑜	Peter Luk	1992
-	Trevor C. Raper	1993
-	Terry D. Jenkins	1994
葉康民	Richard Ip	1995
-	Danny Quant	1996
任志輝	C. F. Yam	1997
麥樂仕	Michael R. Ross	1998
李仕達	Stuart H. Leckie	1999
陸啟順	Russel Lok	2000
陳建忠	K. C. Chan	2001
麥樂仕	Michael R. Ross	2002
陸健瑜	Peter Luk	2003
大衛休斯	David P. Hughes	2004
趙黃舜芬	Estella Chiu	2005
安德生	Roddy S. Anderson	2006
黃森琼	Sim Ng	2007
鄭建淳	Tony Cheng	2008
馮世昌	S. C. Foong	2009

資料來源：香港精算學會

香港壽險管理學會（LOMA Society of Hong Kong）的前身是 FLMI Society of Hong Kong，由一群考獲了美國壽險管理學會會士（Fellow, Life Management Institute，簡稱 FLMI）專業資格的保險行政人員於1978年組成。由於當時的市民對保險運作認識不深，學會於是積極拓展培訓課程，同時推廣 FLMI 的專業資格，為發展中的保險業培訓高素質的人才。

王建國是香港首名考獲 FLMI 專業資格的保險從業員，他表示："美國 LOMA 學會主辦的 FLMI 專業考試是在1970年引入杳港的，當時每次考試只有15人，需要通過相關的八科才可獲取 FLMI 專業資格。"隨著社會的要求日增，FLMI 的要求已經增至十科，現在每次考試都有數百人應考。累積至今，擁有 FLMI 資格的保險從業員超過3,700人，大部分任職保險公司的後勤行政職務。由於 LOMA 的專業資格考試發展到超過十項，不再僅是FLMI，故此 LOMA 總會在2004年決定把全球的 FLMI Society 改名為 LOMA Society，香港分會亦於同年易名為 LOMA Society of Hong Kong，而中文名稱則保持不變。香港壽險管理學會歷任會長名單，見表7.20。

香港壽險管理學會成立以來，首次衝出香港是於2002年到上海參加 LOMA 國際會議。左起為該會的何顯貴、歐之珊、蔡靈芝、李潔儀及仇國林於會議期間在黃埔江畔合照。

表7.20　1978-2009年香港壽險管理學會歷任會長

中文姓名	英文姓名	在任年度
-	L. K. Lam	1978
-	-	1979
-	-	1980
-	-	1981
何迪敏	Aaron Ho	1982
吳耀華	Terence Wu	1983
林麗霞	Juliana Lam	1984
劉堅	Kelvin Lau	1985
王鑑球	Eddie Wong	1986
林麗霞	Juliana Lam	1987
鄧巧蓮	Catherine Tang	1988
鍾佩芝	Karia Chung	1989
陳禹昌	Thomas Chan	1990
黃志榮	Henry Wong	1991
童麗瑤	Rita Tong	1992
盧耀聲	David Lo	1993 - 1994
周錦鑫	Raymond Chow	1995 - 1996
張煥文	Richard Cheung	1997
李潔儀	Teresa Lee	1998 - 1999
歐之珊	Charity Au	2000
蔡靈芝	Vivian Choi	2001 - 2002
張汝榮	Alex Cheung	2003 - 2004
任佩儀	Angela Yam	2005
高翠芬	Amy Ko	2006
仇國林	Gollum Shau	2007

中文姓名	英文姓名	在任年度
許英華	Gabriel Hui	2008
仇國林	Gollum Shau	2009

資料來源：香港壽險管理學會

香港保險師公會（Hong Kong Society of Certified Insurance Practitioners，簡稱 HKSCIP）於1998年8月成立，會員全為具備英、美、澳洲等地保險專業資格，並有五年或以上管理經驗的業內人士。

該會的創會會長梁安福憶述當年成立時正值香港回歸中國後不久，一群早已考獲國際認可保險專業資格的"保險人"，在業界早已獨當一面，煮酒論英雄時，愛國愛港情懷高漲，覺得香港應該有一個本地的保險專業團體，藉以提高香港保險的專業地位和從業員的專業形象，香港保險師公會就是在大伙熱切討論下產生的，當年的發起人包括：梁安福、陳肇賢、秦鈺池、方鳴石、賈炳添、劉鼎言、莫顯堯、甄健沛、吳俞霖、曾漢強及曾松煒。

香港保險師公會定期舉行午間講座，圖為行政會議成員張炳良（站立者中）擔任主講嘉賓，旁為該會會長秦鈺池（左）及名譽顧問陳智思（右）。

香港保險師公會歷任主席名單，見表7.21。

表7.21　1998-2009年香港保險師公會歷任主席

中文姓名	英文姓名	在任年度
梁安福	O. F. Leung	1998 - 2004
劉鼎言	Anthony Lau	2004 - 2007
秦鈺池	Jackie Chun	2007 - 2009
麥永光	Tony Mak	2009 - 現在

資料來源：香港保險師公會

香港財務策劃師學會積極推動理財教育，由認可財務策劃師義務
為青少年提供"青出於藍"理財教育訓練。

香港財務策劃師學會於2000年6月以非牟利專業學會之形式成立,宗旨是代表財務策劃師成為區域首要的專業學會,並致力提高財務策劃師的專業標準,以裨益公眾。學會獲得財務策劃標準制定局(FPSB)授權為唯一可以在香港及澳門頒發 CFP^{CM} 資格認證的專業學會。

香港財務策劃師學會是香港財務策劃界的代表。現時共有超過10,000名會員。他們來自不同的專業背景,包括銀行、保險、獨立理財顧問、會計及法律。

現時全球有超過118,500名 CFP^{CM} 認可財務策劃師,分佈於23個國家／地區,其中以美國、加拿大、澳洲及日本佔大多數。而香港現時的 CFP^{CM} 認可財務策劃師有超過3,500名。香港財務策劃師學會歷任會長,見表7.22。

表7.22　2000-2009年香港財務策劃師學會歷任會長

中文姓名	英文姓名	在任年度
林建璋	Henry Lam	2000 - 2004
林麗霞	Juliana Lam	2004 - 2006
麥永光	Tony Mak	2006 - 2008
傅酈穎婷	Francine Fu	2008 - 現在

資料來源:香港財務策劃師學會

銀行保險的興起與發展

長期以來，傳統的保險業都是藉著代理人制度建立業務和銷售網，著重以人為本的一對一的面談銷售方式，以提供全面及貼身式的銷售服務見稱。隨著銀行業在全球不斷擴充其業務範圍，為客戶提供更多的增值服務，銀行保險（Bancassurance）獲得了迅速的發展。其實，早在一百多年前，一些歐洲保險公司已開始透過銀行管道銷售保險產品。不過，銀行保險的真正普及和全面運作，則是近30年的事。從1980年代開始，大部分的歐洲銀行已加入銷售保險，並獲得越來越高的市場份額。據統計，1992至1996年的五年間，銀行保險在英國的市場佔有率從7%上升至15%，每年平均增長率超過21%。而在其他歐洲主要國家，包括法國、意大利、荷蘭及西班牙，透過銀行銷售保險的市場佔有率甚至達到50%（見表7.23）。[12]到了2005年，法國及意大利的銀行保險市場佔有率分別上升至62%及59%，而銀行保險在葡萄牙更是一枝獨秀，佔了整體市場的86%。[13]

表7.23　1986、1994年銀行保險在歐洲的市場佔有率（單位：%）

年份	英國	法國	意大利	荷蘭	西班牙
1986	3	32	0	13	3
1994	15	50	26	23	14

資料來源：韋樂、文浩：〈銀行營銷保險與傳統代理管道之別：市場概況與優勢〉，《保險專才》，2002年7月號。

銀行保險的銷售方式，大致可分為三種運作形式，即由保險公司主導、由銀行主導，以及雙方協商下的整合方式。在保險公司主導下的聯營方式運作中，保險公司運用銀行轉介而來的客戶資料庫，並透過採用資訊技術分層分析有關客戶的統計資料，為特定客戶市場設計合適的產品服務和更有效的推廣方式。最常推廣的產品服務包括較簡單的壽險產品如定期壽險計劃、意外保險等。在銀行主導的聯營方式運作下，保險公司借助銀行的銷售團隊，將各類保險產品推介給銀行客戶。在這種模式中，擁有保險中介人牌照的專業理財顧恒生銀行牽頭創辦的銀聯保險，可說是香港最早的銀行保險。圖為銀聯保險的股票樣式。

問會為客戶提供全面的理財策劃分析，推介銀行的金融產品以及保險公司的保險產品。

銀行保險在香港的發展，其實可追溯到1960年代銀聯保險和70年代的信諾環球保險（CIGNA）。1965年，由恒生銀行牽頭，股東包括永隆銀行、永亨銀行和東亞銀行創辦的銀聯保險，可以說是香港最早的由銀行主導的銀行保險業。信諾環球保險也是香港銀行保險的先驅者之一，1979年信諾環球保險即開始與銀行及信用卡公司合辦市場直銷活動，透過郵寄宣傳單張及電話銷售擴大自己的銷售網絡。不過，香港銀行保險的全面運作，應該從90年代中期開始。1995年，瑞士豐泰人壽保險有限公司的全資附屬公司——瑞士豐泰個人理財服務的創辦，可以說是銀行保險業務在香港全面起動的開始。[14]

1997年7月爆發的亞洲金融風暴，導致香港地產泡沫的爆破和銀行高息的市場環境，直接影響到銀行邊際利潤日益收窄。恒生財險（香港）總經理及承保業務主管周耀明指出：銀行做保險早在1970年代已開始，但一般而言，由於當時利息是銀行的主要收入來源，銀行都沒有認真發展銀行保險。但是，1990年代中後期，由於利息不再是銀行收入的主流，需要發掘其他增加收入的渠道，保險業務就成為了銀行開源的新趨勢，如恒生銀行，2007年度182億港元的利潤中，就有20多億港元來自保險業務。因此，1997年以後，大部分大中型銀行憑藉其龐大的客戶網絡和專業服務，透過本身直屬的保險公司或透過聯盟的合作形式，大舉進軍香港保險市場，將銀行保險推廣至零售銀行的前線業務上。隨著金融危機後貸款需求及利息收入不斷下降，保險計劃作為銀行非利息收入業務，進一步發展成為銀行銷售的重要產品之一。到了1999年，由於強制性公積金計劃實施在即，保險公司紛紛與銀行結盟，當時在保險代理登記委員會登記的銀行代理商有56家，是高峰期所在。後來經過一輪併購，如中銀集團在2001年合併旗下10家姊妹銀行，登記為保險代理商的銀行數目才下降至35家（見圖7.1），但銀行職員登記為保險代理業務代表的數字卻有增無減，2003年的人數達15,360人。個別銀行甚至更以高達兩成溢價招聘有經驗的理財顧問。[15]其中，滙豐、恒生、中國銀行等三大銀行集團，在香港長期保險市場的份額大幅上升，大力推動銀行保險的發展（見表7.24）。

圖7.1　1993-2003年保險公司與銀行代理商的統計數字

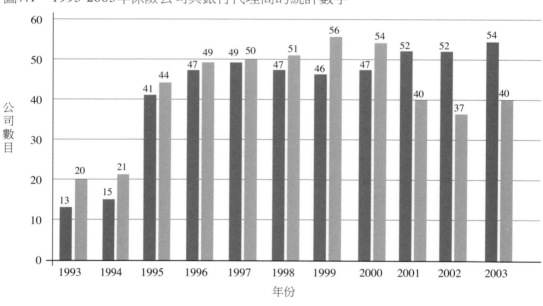

表7.24　2002年香港銀行保險發展及合作模式

保險公司	銀行	合作模式
滙豐人壽	滙豐銀行	全資附屬機構
恒生人壽	恒生銀行	全資附屬機構
中國人壽	中國銀行	提供壽險產品
英國保誠	渣打銀行	策略聯盟及提供駐分行理財顧問
永明金融	中信嘉華銀行	策略聯盟及提供駐分行理財顧問
瑞士豐泰	港基銀行	提供理財顧問服務

資料來源：韋樂、文浩：〈銀行營銷保險與傳統代理管道之別：市場概況與優勢〉，《保險專才》，2002年7月號。

三大銀行集團中，滙豐銀行旗下的滙豐人壽可說是其中的表表者。滙豐人壽成立於1974年，1993年開始通過銀行網絡為客戶提供個人壽險產品及服務，但銀行保險的真正大發展則是在1997年金融風暴後。當時，香港銀行業利差收入減少、市場競爭激烈及客戶需求變化，種種因素都迫使銀行在傳統業務外尋求新的收入渠道。滙豐銀行由於擁有自身廣泛的業務網絡和良好的市場品牌，通過銀行與保險的資源充分共享，有效將保險業務內化到銀行產品體系中，為客戶提供真正的一體化金融服務，取得了巨大成功。1997年，滙豐的人壽保險業務在香港市場還未進入前十名，到2001年已進入前五位，經過2003和2004年的迅速發展，之後便一直穩居香港銀行保險公司的首位。

銀行保險最強大的優勢，就是它所擁有的龐大客戶資料庫及遍佈全香港各區的分行網絡。銀行保險所採用的推廣方式，最受歡迎的可說是銀行透過旗下分行與客戶的聯繫，以及邀請客戶參加由銀行舉辦的一連串介紹投資知識、新產品、基金市場新資訊等等的研討會，透過這些為客戶增值的聚會，銀行理財顧問與客戶有更多的溝通機會與空間，比傳統代理銷售方式更容易被客戶所接受。而且，銀行保險內的理財顧問所提供的保險服務，都屬制度化的標準服務，可減少很多因人而異的"做法"所帶來的服務質素的差異，有利於加強監管，保障客戶對銀行服務的信心。

與銀行聯盟而實力大增的英國保誠，位於尖沙咀的保險大樓於2000年5月19日啟用，多位高層職員在揭幕儀式上觀賞舞獅表演。

在香港，銀行保險所推銷的保險產品，可謂五花八門，各種各樣，一應俱全（見表7.25）。其中，與理財相關的主要有以下幾方面：

—— 推出與按揭貸款相聯繫的保險產品，如渣打銀行推出的樓宇按揭供款保障計劃，為那些因非自願失業或傷殘導致喪失工作能力的樓宇按揭客戶代為繳付樓宇按揭供款，該計劃的賠償期限為六個月，最高賠償金額為20萬港元，可為失業者暫緩失業後的供款負擔，保證失業者的正常生活；

—— 推出與信用卡有關的壽險產品，如花旗銀行與友邦保險聯合推出的"保事雙成"計劃，友邦保險為寶通信用卡和大來信用卡持有者提供10萬港元的免核壽險保單，保戶可以用信用卡支付保險費；

—— 推出強積金產品，如滙豐銀行通過旗下公司提供一站式強積金服務，包括信託、託管、投資及行政管理，並通過滙豐和恒生的所有分行網絡銷售強積金產品。又如中銀國際與英國保誠合組聯盟，銷售強積金。

蔡中虎（左）與同樣曾在滙豐保險共事的 Simon Brett 合照。

銀行保險的誘因：我在1982年加入滙豐集團，被派往保險部工作，自此便與銀行保險結下不解緣。早期的銀行保險發展較受局限，這是因為銀行本身的業務已十分成功，沒有誘因推動銀行開拓新的業務。我還記得曾經有位十分資深的銀行家對我說："我真不知道你們做保險的在幹啥，我們銀行簽署一紙合約，動輒有數百萬元的利潤，你們簽的保單，只能賺取數百元的利潤，可說是花生米般的生意（peanut business）。" 可想而知當時銀行沒有把保險放在眼內。

但是到了20世紀末，亞洲金融風暴影響了全世界的金融市場，令銀行生意一落千丈，只好紛紛找機會將業務多元化，保險就成為了開源的途徑了。瑞士再保險就曾經進行全球化的統計，發現銀行和保險各自獨立營運，平均的股東權益回報率（return on equity）只有大概10.6%，但是若果將銀行和保險結合起來以綜合財務營運模式經營，則平均回報率可以高達21.8%。

銀行保險的理念：在我來說，銀行保險的理念很簡單，最核心的思想是了解客戶和他們的需要，我們採用的是財務策劃的模式，全盤了解客戶的資產分佈和處理資產的意向，譬如應該將多少財產用來儲蓄、多少用來投資、多少用來買保險。其實每個人都有保險需要，只要能夠加以分析，然後計算出應該用來買保險的金額，確保保費不超過儲蓄的某個百份比，然後為他度身量體制定可負擔的保險計劃，那就可以肯定客戶買對保險，也不會動輒取消保單，換句話說，便不會蒙受損失。

銀行銷售保險，講求的是"融合"，好像資源上結合共享，例如電腦系統、後勤職員，以至客戶的網絡，舉個例，有銀行客戶跑到銀行櫃位兌換外幣，銀行職員只消多問一句出門旅遊是否需要購買旅遊保險，便可以順道銷售旅遊保單；又例如客戶在銀行做物業按揭時，負責的銀行職員可以順道幫他購買按揭人壽保險計劃，對客戶來說可以滿足實際的保險需要，對銀行來說不用付出額外資源便能做到生意，最重要的是能夠照顧客戶各方面的需要，不怕流失了這客戶。

香港的銀行保險發展是否成功，自有公論，在此順帶一提，剛才提及那位認為銀行保險不值一提的資深銀行家，在退休後竟然在一家銀行保險公司出任獨立董事，這大概可以道出銀行保險與日俱增的重要性了！

表7.25　2006年香港銀行推出的主要保險產品

銀行	保險產品
花旗銀行	享裕人生保障計劃、"智選雙全保"保障計劃
滙豐銀行	旅遊萬全保、保險計劃
渣打銀行	人壽保障計劃、人壽保險服務
恒生銀行	"月薪退休保"計劃、"每月教育基金保"計劃、"豐盛人生"保險計劃、"全面為你"女性保險計劃、"黃金十年"保險計劃、"源源生息"保險計劃、"優遊生活"退休保險計劃、"今日未來"人壽保險計劃、"置安心"保險計劃、家庭僱傭保障計劃、個人意外保障計劃、"歲歲健康"醫療保險計劃、"每年定期保"壽險計劃、住院保障計劃、"鐘點家傭"保障計劃、中國內地意外急救醫療保障計劃、女性門診醫療保健計劃、兒童門診醫療保健計劃、"信用卡周全保"意外保障計劃、家居保障計劃
東亞銀行	中國旅遊保、中國緊急支援保、家居保、全年旅遊保、住院醫療保障計劃、住院現金保障計劃、優越醫療保障計劃、綜合危疾保、綜合意外保、目標儲蓄保、寫意人生退休計劃、耆康保、智迅人壽終身保、開心100保、至愛女性保、盈康保、創富儲蓄保、高爾夫球綜合保、門診醫療保障計劃、家備保、開心置業保、定期人壽保險、寶寶儲蓄保
中國銀行	康俊住院保險計劃、康儷住院保險計劃、康健住院現金保險計劃、家備綜合險、個人保險、工商保險

銀行	保險產品
中國工商銀行（亞洲）	家居保、商舖綜合保險、家庭僱傭保險計劃、"保一世"院現金保險計劃、商業辦公室保障計劃、旅遊保險計劃、"智才21"儲蓄保障計劃、"尊貴人生"儲蓄保障計劃、"金輝歲月"退休保障計劃、"五光拾息"儲蓄保險計劃、"八年好合"儲蓄計劃、"無憂歲月"終身保險計劃、富盈終身分紅保險計劃、"彩虹歲月"終身保險計劃、親子戶口
星展銀行	"Life 100"終身保障計劃、"萬健寶"醫療保障計劃、意外保障，家備保障、旅遊保障、全年旅遊保障，家居保障、中國醫療支援計劃、"人生共步"儲蓄投資人壽系列——親子、"人生共步"儲蓄投資人壽系列——俊傑、"人生共步"儲蓄投資人壽系列——慧妍、"Retire Rich"退休入息計劃
美國銀行	個人意外保險、醫療保險、穿梭中國醫療保證卡、家備保險、綜合人才保險、旅遊保險、終身醫療保障計劃、"你的健康"保障計劃、家居財物保險
交通銀行	"醫療保"保障計劃、i.15／20壽險計劃（特別版）、"愛逍遙"退休計劃、保費歸還住院保障計劃、"快儲保"儲蓄計劃
永隆銀行	家居綜合保險、旅遊保險
永亨銀行	"醫療快線"中國保證卡、"樂優遊"旅遊保險計劃、業主保障計劃
富邦銀行	家居財物保險計劃、旅遊保險計劃、"至富"儲蓄保障計劃、保險服務
大新銀行、豐明銀行	"秀慧"真女性儲蓄保障計劃、"晉傑"男性儲蓄保障計劃、尊貴人生保障計劃、"中港樂"人身意外綜合保障、"安居樂"家居物品保障計劃、附加保障計劃、"旅遊樂"旅遊保障計劃、超級教育保障計劃、儲蓄保障計劃
中信嘉華銀行	旅遊保險計劃、"展望成才"壽險計劃、"生命儲蓄保"壽險計劃及"生命多利保"壽險計劃、家居財物保險計劃、智裕儲蓄保、保證退休入息保、尊貴一生、宏利智富錦囊、永明"豐庫錦囊"計劃

資料來源：陳連華主編，《香港金融理財產品手冊》，上海財經大學出版社，2006年12月。

據估計，1997年，香港保險產品的銷售管道中，有九成是通過傳統的保險代理的，只有一成是通過銀行銷售。但其後，銀行保險的發展便勢如破竹，所佔比重穩步上升至三成以上。2004年，以傳統保險代理年度新增保費計算，滙豐及恒生兩大銀行以30.3億港元遠遠拋離友邦保險的10.8億港元，市場佔有率急升至32%；而友邦保險的市場份額則下降至11%。該年，表現理想的銀行還有富邦花旗，保費由2003年的1.9億港元增加至3億港元；東亞銀行的藍十字保費也從上年度的0.9億港元增加至1.3億港元。而中小型保險公司的保費收入自然全線下跌，跌幅較大的有紐約人壽，其保費由上年度的2.6億港元下跌至1.3億港元，蘇黎世人壽由1.3億港元下跌至0.6億港元，安泰也從4.2億港元下跌至3億港元。[16]

銀行保險的發展，從保險代理的登記數字也可見一斑，保險代理登記制度於1993年成立時，只有13間保險公司委任20家銀行為保險代理商，銷售保險的銀行職員只有36人，到了2008年，共有50家保險公司委任40家銀行代理商，銷售保險的銀行職員數目亦增加超過500倍至19,746人（見圖7.2）。

圖7.2　1993-2009年6月銀行職員登記成為保險代理的人數

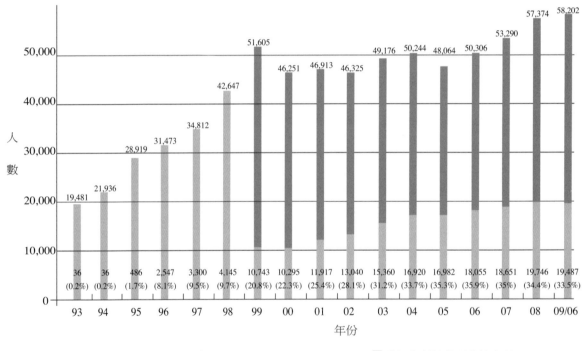

銀行保險的發展使保險市場出現一系列重要的變化，包括投資相連產品的比重大幅上升，保險中介人的角色從單純的核保員轉變為理財顧問，人壽保險業的競爭更趨白熱化，人壽保險市場也發展到"優勝劣汰"的階段。

滙豐保險推出的強制性公積金產品。

恒生保險推出的旅遊綜合保險計劃。

中銀集團人壽推出的危疾百科小冊子。

非主流市場的興起與發展

隨著市場發展逐漸成熟，一般保險主流市場的競爭十分白熱化，為了爭取更多保費收入和開闢更廣闊的客源，保險公司紛紛求變，發展非主流的保險市場，令保險產品更加百花齊放。

相對於傳統的一般保險產品如勞工保險、汽車保險、旅遊保險等而言，非主流保險市場是指為迎合個別投保人要求而設的保險險種，例如：馬匹、收藏品、珠寶、遊艇保險等等。

據資深保險顧問龍達明表示，這類保險興起的主要原因，除了因為上文提及保險公司需要拓展客源之外，銀行保險的興起亦扮演了一定的角色，因為銀行加入競爭行列，令保險公司需要另覓出路，故此會投放資源開發非主流市場。此外，近年香港保險市場出現收購和合併風潮，外國的大型保險集團收購本地公司後，把專門技術也轉移到香港來，令到本地的保險公司也有能力承保一些從前只有外國保險公司才有的專門核保的項目。加上這些外國的保險公司較具國際視野和前瞻性，也有能力投放較多資源發展另類的保險市場，故此近年非主流保險產品市場日漸興旺，其中承保馬匹便是一個好例子。

為馬匹投保並非甚麼新鮮事物，早於香港賽馬會開始賽馬事業以來，已有馬匹投保，但以往主要是透過英國倫敦的勞合社（Lloyd's）安排的，如大型經紀行 Mollers' 便於1970年代從事承保純種馬匹保險的中介生意。到了近年，本地公司也開始對承保出賽馬匹的興趣大增，香港現役的1,400匹賽馬中，約有800匹備有死亡或喪失競賽能力的保險。而馬匹由海外如澳洲、紐西蘭運往香港時，亦需要購買一般的貨運保險，透過勞合社授權代理人（Lloyd's coverholder）便可以提供一站式的保險服務。

另一類開始抬頭的險種是私人收藏品保險，這類保險的對象是私人收藏家，承保的範圍非常廣泛，如一般較為人熟悉的古玩、郵票、名畫、鐘錶等等，亦有投保人認為自己的私人珍藏有特別價值，所以購買保險，如紀念襟章、羽毛扇、紅酒、書信、明清家具等等，由於部分收藏品並無特定的客觀價值，故此承保的金額是由專業估價行或物主與保險公司經討論後定出的。

珠寶首飾的保險亦是本地保險公司近年開始垂青的項目。以往亦曾經有本地保險公司承保珠寶首飾店的生意，但由於1990年代的罪案率較高，承保這類生意最終要虧本。到了近年，珠寶店的防盜系統大為進步，加上警方在掌握本地以至國際情報的表現十分出色，令賊匪不容易將贓物脫手，加上持械行劫的成本和風險較以往為高，故此賊人搶劫珠寶店的情況已鮮有所聞，令保險公司承保的風險亦降低。其實香港的珠寶業市場除了門市外，大部分以出口歐美市場為主，所以保險公司除了承保門市外，亦會保障付運中的珠寶。

有些非主流保險市場的興起，與香港的發展環環相扣，例如香港近年不斷舉行大大小小的國際與本地會議，專門針對會議取消的保險便應運而生，又如廣告事業發展神速，便出現專門保障廣告拍攝導致身體受傷，或引起意外而需要負上責任的保險。

華資、中資保險公司在香港的發展

在香港的保險市場，長期以來一直佔主導地位的是外資保險公司，特別是英資保險公司和美資保險公司。不過，華資、中資保險公司亦佔有重要地位，包括二次世界大戰前的永安水火保險公司、永安人壽保險公司、先施人壽保險公司等，以及戰後的民安保險公司、銀聯保險公司、亞洲保險公司等等。

根據1983年香港華商保險公會成立80周年紀念冊的資料，1980年代中期，在香港保險市場仍然活躍的華資（包括中資）保險公司有：香港民安保險、亞洲保險、永安水火保險、永安人壽保險、先施保險置業、先施人壽保險、華僑保險香港分公司、新鴻基保險、銀聯保險、香港寶豐保險、香港上海聯保保險、建安保險、太平洋保險、新鴻基地產保險、先寶保險、遠東保險以及中國保險香港分公司、平安保險、中國再保險（香港）等。[17] 其中，恒生銀行全資擁有的銀聯保險，因1965年恒生銀行被英資滙豐銀行收購，實際上已不能算作華資公司。到1990年代以後，包括香港民安保險、中銀集團保險、中銀集團人壽保險、中國人壽保險香港分公司、中保國際控股等中資保險公司獲得迅速發展，中資保險公司逐漸成為香港保險市場上一股越來越重要的資本力量。

香港民安保險公司的前身是上海民安物產保險有限公司香港分公司。1947年，民安物產委派專員沈日昌到香港籌設分公司，當年開業。1949年，民安物產香港分公司因股東權益內外變動關係，決定結束。同時，香港民安保險有限公司〔The Ming An Insurance Company（Hong Kong）Limited〕於當年9月29日在香港註冊成立，10月1日開業。當時，公司註冊資本100萬港元，實收資本50萬港元，首任董事長為梁次漁，總經理為石景彥，經理為沈日昌。

香港民安從經營香港對內地貿易的貨運保險起家。1950年代，香港民安主要為經香港轉口內地的物資承辦貨運保險及有關火險業務，其後並代理英國保險公司 Legal and General Assurance Society Limited 的香港貨運保險業務。當時，中國人民保險公司承保內地各線輸港貨物的貨運保險業務量甚大，受人保的委託，民安作為該公司的香港理賠人，會派專人辦理檢驗、理算、賠付及處理損品工作。1960年代，香港對外貿易從過去以轉口為主，發展為以本地工業品的生產出口和轉口並重，民安也逐漸將業務重點轉移到與工業有關的火險和意外險方面，並於1961年6月在九龍開設第一間分公司。1960年代末，香港地產市道蓬勃，建築工程發展快，工業趨向多元化及高質化，民安進一步加強火險和意外險業務發展。

1970年代，香港民安開始發展再保險業務，1970年5月成立國外分保部專責辦理各種分保合約。1979年，民安還參與了由香港怡和集團、滙豐銀行及英國倫敦保險經紀商鮑林（Bowring Group of London）發起創辦的再保險公司——香港宇聯再保險有限公司（East Point Reinsurance Company of Hong Kong Limited）。1980年代，香港民安保險與中國人民保險公司、太平保險公司及中國保險股份有限公司等合資，創辦中國再保險（香港）有限公司。1982年，香港民安以2,000萬港元購入國際大廈14樓全層作為公司總部，並於同年在中國深圳開設分公司，成立第一家在內地經濟特區開設分公司的香港保險公司。1984年，民安設立電腦部，並逐步推行電腦化。

1973年中國人民保險訪日代表團與香港民安保險公司全體員工合影。

從1949至1999年，香港民安的最終控股公司一直為中國人民保險公司，該公司成立於1949年，並於1999年改組。其後，中國保險股份有限公司成為民安保險的最終控股公司。2000年，中國保險決定加快香港一般保險業務發展，將該集團其他兩家成員公司——中國保險及太平保險在香港分公司的一般保險業務，合併於香港民安旗下。合併後，香港民安展開一系列的改革，包括統一承保政策、加強產品組合、實施僱員獎勵計劃等等，以加強管理及開拓經營平台來尋找商機。據民安（控股）有限公司執行董事兼總經理鄭國屏介紹，合併前，民安的營業額為10億港元，約佔香港產險市場的10%；合併後，香港民安營業額增加至20億港元。經過一系列改革及業務精簡，香港民安的營業額雖然從20億港元下降至2002年的9億港元，但利潤並未受到影響，競爭力更強了。

2004年5月，香港民安獲中國保監會批准，將深圳分公司重組為民安保險（中國）有限公司。2006年5月，民安（中國）取得中資保險公司地位，獲准全面參與中國財產保險市場。與此同時，香港民安獲中國保監會授權，成為可在中國從事機動車交通事故責任強制保險業務的22家保險公司之一。[18] 同年10月，香港民安在中國廣東開設分公司，並計劃於未來兩年在北京、上海、江蘇、浙江、山東及河北等地設立業務據點。

2006年6月，香港民安先後與中國保險的全資附屬公司香港中國保險（集團）有限公司、長江實業集團，以及中保國際控股有限公司訂立買賣協議，進行股權交易。交易完成後，香港中國保險、長江實業集團及中保國際分別擁有香港民安66.1%、29%及4.9%股權。經此交易，香港民安引入強勁的增值策略夥伴——長江實業集團。長實集團及其在香港上市的聯屬公司總市值高達7,430億港元，相當於香港股市總值的7%。長實集團內部的一般保險需求龐大，協議將有利於拓寬香港民安發展一般保險業務的基礎。

同年12月22日，香港民安保險有限公司以民安（控股）有限公司名義在香港聯合交易所掛牌上市。上市後，香港中國保險、長江實業集團及中保國際持有的民安股權分佈減至49.6%、21.7%及3.7%股權。根據香港保險業監理處的資料，按毛保費收入計算，民安在上市前的九年間一直是香港前五大一般保險公司。2005年，香港民安錄得直接承保保費共10.97億港元，佔香港一般保險市場毛保費收入約3.5%；其中，香港業務佔75.9%，中國內地業務佔24.1%。當時，香港民安在香港擁有53名保險專業人才、134名內部銷售員工，並透過約4,208名代理、333家經紀以及34家金融機構組成的銷售網絡銷售一般保險產品，主要包括洋面、財產、責任及汽車保險。按毛保費收入計算，民安在香港直接一般保險公司中名列第四位，成為"香港具領導地位之一般保險公司"。[19]

康錦祥　　民安（控股）有限公司董事　　1951年入行

康錦祥（右三）帶領民安保險的運動員，出席於1997年舉行的中國保險集團運動會。

民安的創辦：我1951年入行，在民安由低做起，最初負責派信。民安在1947年來港，是私營的，總公司在上海，香港的是分公司。1949年全國解放，所有金融都要停止運作，香港的民安要結束，之後註冊再成立另一家公司，正式註冊成立香港民安保險有限公司。

民安當時應該是屬於外貿部，等於現時華潤的前身。重新成立的公司，只沿用了民安這名稱，而前民安的沈日昌先生，負責成立新民安。

當時的華資公司成立了華商保險公會，特別之處是，誰人成為華商保險公會主席，就會承保東華三院的產業。民安亦曾有代表出任公會主席，但卻不能承保東華三院，是否因為民安的內地背景有所避忌就不得而知了。

華洋商保險公司特色：當時香港的保險主要分兩大類：一類的是華資，主要做火險。這些公司一向經營貨倉及出入口貿易，再兼營火險是很自然的事。另一種是洋商，主要從事水險。

火險的定價有個有趣的地方，就是如果同一棟大廈內，保費最高的是塑膠廠，即使投保的是一家製衣廠，費率也要跟隨塑膠廠的保費計算。當時又有兩個費率，一個是工廠的費率，另一個是高層附加費率，如果工廠大廈超過15層高，便要收取高層附加費率，因為當時救火車的雲梯最高只能到達15樓，16樓以上的火警風險相對較高。另外如果廠房存有天拿水，又要收取附加費。所以當時的塑膠廠很難購買保險，一些大公司例如於仁根本不想承保。

水險方面，只有高齡船隻附加費，另一種是戰爭險，即兵險，例如越戰時，要通過越南就要付出多點保費。

1960年代運往美國的每一千港元貨值，需要收取5港元的保費，現在變為每一千港元貨值付出5角的保費，只有以前的十分一，這是因為以往的搬運工人十分粗枝大葉，貨物很易損毀，加上以前較多虛假案件，盜竊嚴重，而且車船的意外亦較多，保費自然較高，到後來用貨櫃運送，安全性大大提高，碼頭的管理也較完善，損毀減少，保費亦相對大減。

香港中銀集團也是一家經營保險業的重要中資機構。1992年7月，香港中銀成立全資附屬的中銀集團保險，透過六家分行和兩家子公司中銀保險有限公司及中銀集團人壽開展保險業務，包括一般保險業務和長期保險業務。2004年，中銀集團保險錄得的綜合毛承保保費總額為38億港元，合併稅前利潤為2.655億港元。按毛承保保費計算，中銀集團保險為該年度香港最大的綜合保險公司；按財產和人身意外傷亡保險承保保費計算，該集團於1998至2004年連續七年名列香港第一。至2005年底，中銀集團保險的總資產為130億港元。[20]

中銀集團保險主要透過旗下的全資附屬公司中銀保險有限公司經營一般保險業務，包括意外及健康、汽車、貨運、財產損壞、一般法律責任及其他保險產品。中銀保險有限公司的前身為中銀集團保險的深圳分行，於2005年完成重組，並註冊為中銀保險有限公司。2005年12月，中銀保險獲中國保監會批准，在江蘇省開設其首家境內分行，在中國

香港中銀集團旗下的中銀保險，成立於1992年，至今已發展成最重要的中資保險公司之一，並獲准在內地開展一般保險業務。

內地發展一般保險業務。中銀集團保險主要透過旗下另一家公司中銀集團人壽提供長期保險產品，包括傳統與投資相連的個人人壽及團體壽險產品。截至2005年底，中銀集團人壽的毛承保保費總額為36.39億港元。[21] 2006年4月，中銀集團保險有條件地向中銀香港控股出售中銀集團人壽51%股權。[22]

另一家重要的中資保險公司是中國國際再保險有限公司，其前身是中國再保險（香港）有限公司。中再國際創辦於1980年9月，原有資本500萬港元，由中保（中國）、民安保險及太平保險分別持有40%、30%及30%股權，而所有公司股東均經營直接保險業務，並由中國人民保險公司實益擁有。1981年，人保參股增資至1,000萬港元，股權變為人保佔50%，中保20%，太平及民安各佔15%。其後多次增資，以配合業務發展需要。1999年，中國人民保險集團重組，將所有海外資產及業務包括香港、澳門及海外的保險業務和資產（其中包括中再國際的股權），全部轉讓予中國保險（控股）有限公司（簡稱中保控股），並由旗下的香港中保集團管理。當時，中再國際的資本已增至6億港元。

中再國際自創辦以來再保險業務迅速發展，營業額從1981年度的4,260萬港元增加至1999年度的6.44億港元。中再國際經營的再保險業務，地區範圍包括香港、澳門、與臺灣地區、中國內地、日本及亞洲其他國家以及歐洲、北美地區。1999年中再國際保費收入總額中，按地區分類，香港及澳門佔44%，中國內地及臺灣佔7%，日本佔10%，亞洲其他地區佔19%，歐洲佔15%，美國及加拿大佔3%；按所承接保險類別計，火險佔54.5%，水險佔14.6%，意外險佔30.3%，人壽保險佔0.6%。[23] 時任財經事務局局長的許仕仁在《1997年施政報告》的《政策綱領》中提出，政府將積極推廣再保險及專責自保保險業務。為配合香港政府促進香港成為國際再保險中心的政策，中再國際聯同集團內同系的保險公司如中保、民安、太平共同創辦華夏公司，為再保險市場提供經紀及顧問服務。1998年1月，中再國際獲標準普爾評定公司財務實力為"BBB+"級。其後於2001年底，提升至"A-"級（強）。1998年，中再國際佔香港專業再保險公司一般再保險保費總額的約20.6%，在市場高居第二位。

2000年，中再國際經過重組，成為新成立的控股公司中保國際控股有限公司的全資附屬子公司。重組後，中保國際控股持有再保險公司中再國際（香港）及再保險經紀及顧問

1980年，中國再保險（香港）有限公司於中環希爾頓酒店舉行開幕酒會，前排左起為公司總經理秦道夫、民安保險總經理沈日昌、中國保險香港分公司總經理徐紹之、中國人民保險公司總經理宋國華、公司董事長苑驊。

公司華夏（香港）全部權益。同年6月20日，中保國際控股在香港公開招股，發售價為每股1.43港元，公開發行面值為0.05港元的股票4,263萬股，集資約6,000萬港元。6月29日，中保國際控股在香港聯交所掛牌上市。上市後，中保控股通過香港中保集團持有中保國際控股55.25%股權，香港民安保險持有9.75%股權。中保國際控股有限公司是中保控股的境外上市旗艦，也是當時第一家在境外上市的中資保險企業。

在華商保險公司方面，在香港回歸後仍然活躍並具領導地位的華資保險公司當屬亞洲保險有限公司。亞洲保險創辦於1959年，創辦人是泰國盤谷銀行的大股東陳弼臣及其子陳有慶。1972年，亞洲保險在香港"四會"交易所上市，成為香港最早上市的華資保險公司之一。當時，亞洲保險的資本金增加至1,000萬港元，旗下員工達到60人。1976年及1989年，美國大陸集團及日本千代田火災海上保險公司（Chiyoda Fire & Marine Insurance of Japan）先後成為亞洲保險的股東之一。

1973年亞洲保險慶祝成立14周年，一眾員工合照留念。

根據亞洲保險執行董事兼行政總裁王覺豪的回憶，1962年他加入亞洲保險時，當時公司主要做財產保險，總部設在港島上環南北行街，並在中環、九龍設有分公司。亞洲保險創辦早期，公司的生意主要來源於三類客戶：一是與公司大股東關係密切的潮州商人，包括潮州商人開設的米舖、南北行等；二是旅港福建商人，包括當時與恒隆銀行、海外信託銀行、建南銀行等關係密切的福建商人；三是地道的香港本地華商，包括大生銀行以及滙豐銀行、美國銀行的華經理等本地客戶。

1980年代期間，國際保險經紀公司進入香港，亞洲保險因應形勢的發展，加強與國際經紀的合作，並且開始拓展亞洲市場，先後於1982及1983年在臺灣、澳門開設辦事處及分公司。1990年，亞洲保險與香港商業銀行合併，組成亞洲金融集團（控股）有限公司，並在香港上市。1995年，亞洲金融採用全新的公司標誌，旗下的香港商業銀行易名為亞洲商業銀行；同年，亞洲保險獲標準普爾給予財政實力"A-"的評級。

於2001年4月23日舉行的記者招待會上，亞洲商業銀行、浙江第一銀行、廖創興銀行、上海商業銀行、永亨銀行及永隆銀行代表及宣佈香港人壽保險有限公司正式成立。

1990年代以後，香港一般保險業務轉型，隨著製造業的北移，財產保險業務比重下降，而個人保險，包括家居、僱傭、汽車、旅遊等個人保險業務發展迅速，亞洲保險亦推動業務轉型，從直接業務轉向發展中介人業務及人壽保險業務。2001年，亞洲保險與廖創興銀行、上海商業銀行、浙江第一銀行、永亨銀行及永隆銀行等多家具50年歷史的香港本地銀行合組香港人壽保險有限公司，主要透過其股東銀行網絡近200家分行推廣保險產品，由銀行專業的理財顧問為客戶提供全面理財及保險等 "一站式" 服務，有別於其他以保險代理銷售的保險公司。2004年9月，亞洲保險與中國人民保險集團、廣東省粵電集團、日本財產保險公司、日本愛和誼保險公司，以及多家香港銀行合組中人保險經紀有限公司，該公司擁有全國性保險中介人牌照，經營包括保險經紀、再保險經紀、風險管理等業務。2006年，以保費收入計算，亞洲保險居本地一般保險公司的第五位，[24] 成為華資保險公司的佼佼者。

香港保險業對內地業務的拓展

1990年代，內地保險業有了長足的發展。1995年頒佈的《中華人民共和國保險法》、1996年頒佈的《保險代理人管理暫行規定》，以及1998年成立的中國保險監督管理委員會，標誌著中國保險業的發展進入一個新的階段，發展潛力巨大。1997年香港回歸後，香港保險業與內地保險業的聯繫得到進一步加強。

其實，早在1990年代初，香港保險業已開始積極拓展內地市場。1992年9月，美國友邦保險公司獲得中國政府頒發的營業牌照，獲准在上海開設分公司，經營人壽保險及非人壽保險業務。這是中國政府40多年來首次發放保險經營執照給外資保險公司。友邦原植根在中國，1919年創辦於上海，因此，再次獲得在上海的經營牌照，友邦認為是"回老家"，計劃在三年內爭取10%的市場佔有率。[25] 1992年11月，友邦保險培訓的第一代壽險代理人開展業務，這一代理人制度，引發了營銷理念的劇烈變革，壽險代理人制度迅速為內地壽險業所採用。

圖為於北京舉行的1999年內地、香港保險業務交流研討會上與會者的大合照。

1990年代，香港與內地的保險學術團體開始互訪。1995年4月，由香港保險業聯會主席黃寶亨率領的香港保險業聯會、香港保險學會代表團一行21人訪問中國內地，並與中國保險學會在4月3日至10日共同舉辦了學術研討會。該代表團還訪問了上海、南京等地，受到中國保險學會、上海保險學會、江蘇保險學會的歡迎。這次訪問是對1994年中國保險學會訪問香港的回訪。

2001年12月，中國加入世界貿易組織（WTO）。加入世貿以來，中國保險業市場環境的規管越來越嚴謹。中國政府制定了《中華人民共和國外資保險公司管理條例》，並於2002年2月1日起正式實行。全國人大常委會通過對《保險法》的修改，並於2003年1月1日起正式實施。中國保監會於2002年3月發佈了《關於修改〈保險公司管理規定〉有關條文的規定》，清理了與世貿原則和"入世"承諾不相符的有關條款。此基礎上對《保險公司管理規定》整體的修訂和完善工作已開始按計劃進行。

根據路透集團與畢馬威管理顧問公司（KPMG）聯合發表的一份研究報告顯示，中國13億人口，僅有4%的人投保個人保險，對外資保險業者而言，中國大陸是最大的保險市場，同時可能也是最具挑戰性的市場。隨著中國根據入世承諾逐步開放內地保險市場，外資

自1990年代開始，香港與內地的保險業交往頻繁，圖為中國保險監督管理委員會主席馬永偉（中）即席揮毫，恭賀香港保險業聯會新會址於2001年5月10日開幕，旁為保聯主席蔡中虎（左）及保險業監理專員鄧國斌（右）。

在內地的"保險大戰"亦一觸即發。繼友邦保險之後，1996年11月26日，加拿大宏利人壽保險公司亦獲准與中國外經貿信託在上海合資設立中宏人壽保險有限公司，這是中國保險市場對外開放以來，批准設立的第一家合資保險公司。中宏人壽計劃將公司在內地的業務拓展至內地15個城市。據統計，至1997年底，中國保險監管當局已批准了在內地經營的外資保險公司七家、中外合資保險公司五家。

踏入21世紀，跨國保險公司也加快了進入中國內地市場的步伐。瑞士裕利保險集團香港分公司與內地三大保險巨頭之一的太平洋保險合作，推出內地首創的綜合旅遊保險，為內地旅客提供包括醫療、法律、第三者責任險等保障。瑞士裕利行政總裁高錫富表示："我們在這次合作上並無多大的利潤，但關係是看長遠的，與內地保險公司建立的合作基礎，會帶來長遠的利益。"高錫富認為，內地保險市場極具發展潛力，以廣東省為例，業務開展後的首年將有60萬人次購買保險，總保費約6,000萬元人民幣，而不久的將來，市場規模可達5億元人民幣。[26]

2003年6月29日，香港特區政府與內地簽訂《內地與香港關於建立更緊密經貿關係的安排》（簡稱 CEPA），香港的保險業獲得以下的優惠：

—— 香港承保商透過策略合併組成的集團，按照中國入世承諾中的市場准入條件（集團總資產50億美元以上，其中任何一家香港保險公司的經營歷史30年以上以及任何一家香港保險公司設立代表處兩年以上），進入內地保險市場；

—— 香港的保險公司參股內地保險公司的最高股本限制從10%提高至不超過24.9%；

—— 具中國公民身份的香港居民取得中國精算師資格後，毋須預先批准，便可在內地執業；

—— 香港居民在獲得內地保險業從業員資格後，可以在內地執業，銷售國內保險公司產品。

業界人士認為，CEPA 為香港保險公司及保險從業人員在內地發展打開了方便之門。CEPA 促進了兩地在保險中介業務、技術和人才方面的交流；放寬港澳保險中介人士到內地從業的資格後，將使中小企港資保險中介公司得到更大的發展，同時也能為內地帶來管理經驗和人才，有效地緩解內地保險中介市場專業人才不足的局面。因此，隨著內地經濟的持續高速發展，北上創業的香港保險人員越來越多，香港保險業在內地發掘發展機會的同時，也將極大地促進內地保險業的發展。

CEPA 實施前，滙豐集團的全資附屬公司滙豐保險顧問集團已於2002年以6億美元認購中國平安保險股份有限公司股份，持股比例為10%，這是中國金融界外資參股中最大的一筆交易。2005年8月31日，滙豐保險增持平安保險股權至19.9%的交易正式完成，滙豐保險獲得平安保險第一大股東地位，這使滙豐集團也通過平安保險間接持有了內地的財險和壽險兩塊牌照。但這並不能讓滙豐集團滿足，它要跳到中國保險業的前台。對於保險牌照，財險、壽險、保險經紀，滙豐集團希望全攬經營各種業務，而不想失去任何一項。早在2003年10月，滙豐集團旗下的滙豐保險顧問集團就與上海華域資產管理公司及北京中科築邦工程技術有限公司組建了北京滙豐保險經紀有限公司，其中滙豐保險顧問集團持有24.9 %的股權。如果滙豐集團在合資壽險與合資財險公司上有所突破，滙豐集團在中國內地的保險版圖將趨於完整。無疑，滙豐集團看到了中國內地保險業的巨大市場前景，滙豐保險增持平安保險股權至19.9%後，當時滙豐集團主席龐約翰（John Reginald Hartnell Bond）即表示，滙豐集團對於中國保險業的前景持樂觀態度。

2005年，亞洲金融獲准與中國人民保險集團公司合作成立擁有全國性牌照的人壽保險公司——中國人民人壽保險股份有限公司。亞洲金融與泰國盤谷銀行，聯袂入股人保壽險兩成股份，人保壽險總投資為10億元人民幣，即亞洲金融與泰國盤谷銀行的投資額為2億元人民幣。人保壽險計劃在2007年底前成立29家省級分公司，以繼續擴闊其分銷網絡。中保國際控股有限公司總裁、中再國際行政總裁吳俞霖表示："香港從回歸中抓住了有利的發展機會。十年來，無論一般保險還是壽險，排名前十位的公司中差不多有八家都把注意力投向內地，不同程度、不同形式地參與內地市場。"

香港保險業聯會亦於2008年成立 CEPA 專責小組，向當局提出六點有關 CEPA 的建議，不過最後並未落實：

—— 開放廣東省作試點，讓香港保險公司經營人壽及一般保險；

—— 容許承保商經營任何險種；

—— 服務對象為港商，協助他們打入廣東省的服務行業；

—— 為內地保險從業員提供風險管理、核保、理賠及專業培訓；

—— 協助增加個人及商業保險的滲透率；

—— 研究能否訂定切合現實的門檻，容許香港保險公司進入廣東省經營，例如只要確保保險公司有充足的償付準備金，資本要求便可按實際營業額而調整。

香港民安先後於2004及2006年與本港近百名取得內地專業資格的代理人簽訂代理合同，成為在 CEPA 框架下首批在內地合法開展業務的香港代理人。

管胡金愛　　富勤保險（香港）有限公司董事及營運總裁

2008年9月30日，在慶祝保險業聯會成立20周年的酒會上，保聯主席管胡金愛（左三）與各主禮嘉賓合照，左起為保險業監理專員張雲正、候任立法會保險界功能組別議員陳健波、財政司司長曾俊華、保聯副主席王建國、立法會保險界功能組別議員陳智思及保聯行政總監譚仲豪一同為保聯新會徽揭幕。

加入保聯：2008年對我、對香港保險業聯會（保聯）、以至對整個保險業界來說，都是難忘的一年。我在2008年5月當上保聯第一位女主席，展開多姿多采的一年。保聯在2008年9月30日舉行酒會，慶祝成立20周年，當晚由財政司司長曾俊華太平紳士擔任主禮嘉賓，有300多位來自不同界別的嘉賓、業界前輩和業界代表見證了保聯新會徽的誕生。全新設計的保聯會徽義意深邃，英文字

2008年11月在香港舉行的第24屆東亞保險大會，作為東道主的香港保險業聯會，盡顯主人家的熱情與周到。

母 "i" 恍如正在燃燒的火炬，散發著溫暖和光芒，彰顯保聯以關懷為本的精神。薪火相傳又恰如保聯繼往開來，為保險業和香港社會謀求福祉。

2008年另一個重點項目是在11月舉行的第24屆東亞保險大會，這個四天會議吸引了來自11個會員城市和33個國家的1,100多位代表來港參加，是保聯至今舉辦過最大型的活動。這次會議就保險的發展方向和多項重要課題，進行討論與交流，同時也促進了東亞地區保險業的交流與發展，實在是一次寶貴的經驗。

不論是保聯20周年，還是東亞保險大會，都是經過我們多月的悉心安排和細意籌備，但是意料之外的事往往是會發生的，就像在同年9月橫掃全球的金融海嘯，令金融和保險業巨擘接連出現問題，導致不少市民對保險的信心動搖；作為香港保險公司的代表機構，我們與保險業監理專員並肩作戰，務求在艱難時刻穩定市場和維持消費者的信心，我們一方面向市民解釋提早取消保單的壞處，另一方面提醒所有保險代理人繼續堅守崗位，更主動向財政司司長提出訴求，包括為社會爭取個人保險減稅安排、為業界爭取內地放寬北上開業門檻、把保險納入"資本投資者入境計劃"中的獲許投資資產類別、希望改善保險業的營商環境，亦向政府建議對保單持有人保障基金提供過渡時期的墊支安排，這也是政府日後與保聯一起建議加快推出此保障基金的其中一大原因。

1. 此一事件影響了不同類別的保險公司，包括人壽保險、財產保險、責任保險公司等。據美國洛杉磯西來大學工商管理系主任陳岳雲教授的估計，受影響最大的應為各種財產保險公司。損失的兩幢世界貿易中心、四架波音飛機、部分國防大樓，都須財產保險賠償。總保額估計有幾百億美元。汽車財產保險公司的損失也應很大，兩幢世貿大廈估計有近兩萬輛昂貴的汽車，總賠償額估計至少幾億美元。另外，受影響較大的還有人壽保險公司。世貿大廈失蹤的六千多人，大都為高薪階層，估計大部分均購買壽險，若以50%投保，且每人投保額為100萬美元，則人壽險的賠償額為10億美元。若再加上幾百位在飛機上及在國防部大樓犧牲的人，人壽保險公司的損失可能更大。見陳岳雲：《"911事件"對保險業的影響》，香港《文匯報》，2001年10月26日。

2. 〈保險業〉，載《香港經濟導報》編：《香港經濟年鑑（2001年）》，第三篇，頁187。

3. 〈保險業〉，載《香港經濟導報》編：《香港經濟年鑑（2002年）》，第三篇，頁243-244。

4. 參見《民安（控股）有限公司配售新股及公開售股章程》，2006年，頁47-49。

5. 由於許多人不只購買一份保險，實際比重遠低於這一水平。2000年5月香港壽險總會副主席安德生（Roddy Anderson）就認為，全港購買人壽保險的人數不足四成。

6. 宏利新聞稿：〈宏利保單持有人"贊成"股份化計劃，獲98.5%贊成票〉，1999年7月29日。

7. 林文德：〈《香港保險業百年》林先生專訪——香港友邦十年回顧〉，2008年4月29日。

8. 參見〈網上保險活動調查〉，《保險專才》，2002年3月號，頁10。

9. 保險業監理處：《保險中介人規管制度的檢討諮詢文件》，2001年7月。

10. 同上註。

11. 陳妍齡：〈招聘門檻提高，保險經紀須中七畢業〉，《香港經濟日報》，2002年1月11日。

12. 韋樂、文浩：〈銀行營銷保險與傳統代理渠道之別：市場概況與優勢〉，《保險專才》，2002年7月號，頁7。

13. LIMRA:LIMRA Report 2007.

14. 同註12，頁9。

15. 〈保險業〉，載《香港經濟導報》編：《香港經濟年鑑（2003年）》，第三篇，頁244。

16. 〈保險業〉，載《香港經濟導報》編：《香港經濟年鑑（2004年）》，第三篇，頁259-260。

17. 參見《香港華商保險公會八十周年紀念（1903-1983）》，1983年，頁1、36。

18. 參見《民安（控股）有限公司2006年年報》，頁2。

19. 參見《民安（控股）有限公司配售新股及公開售股章程》，2006年，頁85。

20. 中銀國際：《中國銀行股份有限公司全球發售書》，2006年，頁149。

21. 同上註，頁148-149。

22. 同註20，頁99。

23. 參見《中保國際控股有限公司配售新股及公開售股章程》，2000年6月20日，頁70-71。

24. 參見《亞洲金融：致力於"保障與關懷"》，頁11。

25. 參見〈友邦保險獲中國頒發營業執照〉，《今日保險月刊》，1992年10月（第46期），頁6。

26. 〈保險業〉，載《香港經濟導報》編：《香港經濟年鑑（2005年）》，第三篇，頁261-262。

香港保險業的特點與展望

"在過去20年，保險業在壽險業務強勁增長的帶動下快速發展，整體年度保費收入的增幅達15倍之多，由1988年的130億港元上升至2007年超過2,000億港元，佔香港本地生產總值超過10%，而保險的重要性及價值得到社會各界認同。不論是個人或團體、商業或工業、中小企以至大型企業，保險業都能為他們提供風險及財富管理，安排適當的保障和優質的保險計劃。

"保險業現時聘任了超過8萬人，是香港金融業的中流砥柱，也是經濟體系的重要一環。作為代表136家保險公司的商會，保聯能夠實踐使命，在推廣保險方面取得顯著成績，教我們深感自豪。

"在保險業欣欣向榮，長足發展的同時，我們仍然不忘堅守承諾，積極履行自律監管的重任。"

——香港保險業聯會主席管胡金愛，見《香港保險業聯會二十周年特刊，1988-2008》，2008年。

保險業對香港經濟的貢獻

自1980年代開始，隨著中國內地的改革開放，香港經濟結構快速轉型，本地的製造業式
微，迄至2007年，製造業在本地生產總值（GDP）僅佔2.5%（1970年代約佔30%），另一
方面，服務業的比重則不斷上升，在2007年已高達92.3%。在各服務行業中，金融、保險、
地產及商用服務業尤其重要，所佔比率達29.1%，這反映了香港作為國際金融中心的角色。
至於保險業方面，2007年毛保費總收入為1,973億港元，佔香港本地生產總值12.2%；僱用
了46,231名員工，約佔總就業人數的1.3%。[1]

保險業為金融服務部門的一大支柱，其業務分為長期保險、一般保險及綜合保險業
務。由1982至2007年，香港的本地總生產值增加了7.2倍，而保險業的毛保費則增加了
41.9倍，滲透比率則由2.48%增至13.57%，增長快速（見表8.1）。

表8.1　1982-2007年香港本地生產總值、保險業的毛保費及其滲透比率（單位：百萬港元）

年期	本地生產總值（GDP）	毛保費	滲透比率（%）
1982	192,488	4,771	2.48
1985	271,655	8,760	3.22
1988	455,022	13,585	2.99
1991	668,512	23,083	3.45
1993	897,595	33,986	3.79
1996	1,210,925	46,273	3.82
1999	1,246,134	57,829	4.64
2001	1,298,813	76,294	5.87
2003	1,233,143	101,991	8.27
2006	1,474,329	200,066	13.57
2007	1,615,016	197,287	12.20

資料來源：香港政府統計處

由1997至2007年，保險業的生產總值依年增加了2.41倍，而附加值也增加了2.08倍。保險業的附加值在生產總值的比率，歷年均超過了六成。附加值對香港本地總生產值的貢獻約為1.5%（見表8.2）。

表8.2　1997-2007年香港保險業生產總值、附加值及對本地生產總值之貢獻（單位：百萬港元）

年期	生產總值	附加值	附加值佔生產總值比率	附加值對 GDP 之貢獻*
1997	16,806	11,300	67.2	0.9
1998	17,878	11,382	63.7	0.9
1999	19,276	12,322	63.9	1.0
2000	21,581	14,242	66.0	1.1
2001	23,054	14,951	64.9	1.2
2002	25,654	15,708	61.2	1.3
2003	27,057	17,784	65.8	1.5
2004	26,613	17,300	65.0	1.4
2005	29,170	17,290	59.3	1.3
2006	31,925	19,474	61.0	1.4
2007	40,433	25,537	58.2	1.5

資料來源：香港政府統計處：《服務業統計資料摘要》，2009年，表6.7。
*按生產成本計算；2005年8月香港政府統計處完成一項工作，採用新國際指引，處理銀行所提供的金融服務中介服務，估算香港國民所得。見《採用最新國際指引處理金融中介服務以編制香港國民經濟核算的統計數字》，香港政府統計處。

表8.3　1993-2007年香港保險業就業人數，淨保費、淨賠款及營運開支（單位：百萬港元）

年期	就業人數	淨保費	淨賠款	營運開支	就業人數平均淨保費
1993	25,120	19,935	10,413	2,830	0.79
1999	38,878	40,995	20,052	5,553	1.05
2000	37,868	52,785	27,658	5,741	1.39

年期	就業人數	淨保費	淨賠款	營運開支	就業人數平均淨保費
2001	40,487	60,395	29,000	5,637	1.49
2002	43,503	64,049	29,689	5,276	1.47
2003	41,910	72,999	28,096	5,324	1.74
2004	43,690	94,185	31,272	5,178	2.16
2005	46,060	110,306	36,617	6,262	2.39
2006	45,832	121,298	43,940	6,687	2.65
2007	46,231	150,665	54,361	7,990	3.26

資料來源：香港統計處：*Hong Kong Annual Digest of Statistics*（各年期）；《倉庫業、通訊業、銀行業、財務業、保險業及商用服務業按年統計調查報告》，2006年及2007年版，表3.2。

表8.3顯示，自1993至2007年，保險業的淨保費由199.4億港元增至1,560.7億港元，這段期間增長了6.83倍，至於就業人數平均淨保費則由1993年的79萬港元增至2007年的326萬港元，顯示保險業員工的平均生產力不斷提高。

香港保險業的基本特點

相對於大中華地區以至國際保險市場，香港保險業的特點主要有：

（1）保險公司數目眾多，保險市場日趨集中

目前，香港已成為亞洲地區，乃至全球市場最開放及保險公司密度最高的地區之一。截至2009年4月底，香港共有173家獲授權保險公司，其中108家經營一般業務，46家經營長期業務，其餘19家經營綜合業務。其中90家在香港註冊成立，其餘83家保險公司則在海外22個不同國家註冊成立，其中在百慕達註冊14家，在美國和英國註冊各13家。

另一方面，香港保險市場集中，以壽險為例，2007年香港十大人壽保險公司已佔去市場的74.2%的份額，即餘下的37家分配25.8%的市場份額。一般保險公司的情況是，前十大保險公司佔去市場的39.9%的份額，即餘下的102家分配60.1%的市場份額。由於保險公司最講求實力及信譽，相對集中經營才可以發揮更大的優勢，香港保險公司數目過多的現象，正代表中小型保險公司仍有生存空間，這可能是歷史遺留下來的原因。不過，隨著1980年代政府提高保險公司進入保險市場的門檻、1990年代全球保險公司收購合併潮的出現、市民對保險意識的日益增加，以及保險公司在劇烈競爭下汰弱留強，已令香港保險公司的數目不斷減少。在這個過程中，政府有責任協助規模較小的保險公司有秩序地離場，以免對投保人士及社會造成衝擊。

（2）保險密度及保險滲透率較高

2007年，香港保險的密度是3,373.3美元（亞洲第一，世界第十三），滲透率是11.8%（亞洲第三，世界第六），佔國民生產總值12.2%。比較之下，臺灣保險的密度是2,628美元（亞洲第四，世界第十九），滲透率是15.7%（世界第一）。以一個只有700萬人口的地

區，香港的成績殊不簡單，也證明香港是一個比較成熟的市場。

根據業界的分析，這與香港具有良好的司法制度及營商環境、作為一個國際城市擁有大量的流動人口及充裕資金，市民大眾對保險的認識較前提高（相信與強積金及人口老化有關），以及香港回歸中國後，不少國際保險公司紛紛進註香港等有利因素有關。特別是回歸十年間，香港毛保費總收入翻了2.8倍，由520億港元，增至2007年的1,973億港元，增幅是相當驚人的。

因此，如何保持高增長，維持香港在亞洲保險中心的地位，便是香港保險業界不能不面對的問題。

（3）人壽保險逐漸取代一般保險而成為保險業主要業務

1980年代中期以來，隨著香港製造業大規模的北移，服務業迅速發展，香港經濟轉型，本地保險業市場發生重要變化，水險、火險、勞工保險等一般保險市場增長大幅放緩，而人壽保險則獲得急速的成長。據統計，2004至2007年，香港一般保險業務的保費收入從229億港元增加至243億港元，三年間增長6.1%；而同期人壽保險業務的保費收入則從984億港元增加至1,730億港元，三年間增長76%。2007年，人壽保險保費收入較2006年增長30%，而一般保險保費收入只增長5.7%。至於勞工保險業務，基本上是長期處於虧蝕狀態，汽車保險的利潤也是十分微薄。不過，意外保及健康保在近幾年卻有雙位數的增長，主要是來自醫療保險，而旅遊保也有發展的空間。

（4）保險與投資相連而引致風險的提高

自從20世紀末銀行業轉型的需要，加上政府於2000年推出強積金供款計劃，導致大量資金流入市場，投資相連保險的險種於是興起，甚受普羅大眾歡迎。不過，由於不少投保人對存在的風險缺乏評估，個別人士更抱著高風險高回報的心態，已偏離保險是保障而非投資的原意。另一方面，作為保險公司，既要保本又要高回報以抵消通脹，如何調配資產，處理對沖匯率風險也是值得注意的問題。

上述情況與中國內地、臺灣以儲蓄為主，以至國際市場對保險的基本預期（2-3%的回報率）都是不相同的。此外，香港市場瞬息萬變，擅於捕捉商機，令新的保險品種層出不窮，也日益複雜，在對沖方面要求特別高，這些產品的風險配對亦創造了新的衍生產品市場，這些都是過去沒有的。如何在創新與穩健取得平衡，也是香港保險業今後要面對的問題。因此，政府及業界需要加強宣傳，讓公眾正確認識保險的作用乃長期穩定的資金投放，是相對低風險的計劃。

（5）保險業監管形成政府監管與業界自律並存的雙軌制

香港是少數地區以業界自律為主，並在政府監管的雙軌制下，逐步提高保險從業員的專業操守，從而保障受保人的權益（英國是由一獨立於政府以外的金融事務局監管，中國內地則是由保監會監管）。1990年，政府一改自由放任的政策，設立專責的保險業監理處（簡稱保監處，隸屬金融科）。不過，雙軌制的施行有利亦有弊，利是業界與政府可以保持良性互動互信關係，增加透明度及營商自由度，從而減低經營成本；弊端是要進行監管時，難免責任不清。此外，到底政府角色應擔當市場的主導，還是從旁推動市場發展的角色呢？

其實業界對政府角色的取態並不是一成不變的，好像早於2001年政府已開始考慮設立保單持有人保障基金的問題，並於2003年12月進行"香港設立保單持有人保障基金的可行性研究"，但未獲保險業界的支持，當時業界的理由是新增的成本最終必轉嫁至保單持有人，而過去20年來，只有在2001年發生過一次較大規模的保險公司無力償還事件（即澳洲興業保險、安興保險及FAI First Pacific Insurance清盤事件），似沒有必要成立保障基金。當然，財務穩健的保險公司要擔保有可能出現問題的公司，也涉及了是否公平的問題。相反，業界認為預防保險公司無力償還的問題應是政府的責任。

2008年，由美國引發並影響全球的金融海嘯，導致一直深受投資人信賴的投資大行相繼倒閉。此外，雷曼迷債事件，令市民對投資卻步，而美國國際集團陷入財困，更直接令投保人對保險公司的信心動搖。香港政府為了進一步鞏固市民對銀行體系的信心和保持銀行體系的穩定，在2008年10月運用外匯基金為存放於香港所有認可機構的客戶存款提供擔保。此舉雖然穩住了市民對存款的信心，但對保險業來說不只毫無幫助，更加令市民選擇存款而放棄保險。有見及此，保險業界於是再度研究和推動設立保單持有人保障基金，為投保人提供最終的保障後盾，以維繫公眾對保險的信心。

事實證明，作為亞洲的保險中心，特區政府強而有效的監管制度始終是責無旁貸的。唯有如此，才可提高市民對保險的信心，再輔以業界運作的透明度以及具有良好的專業和操守，才有助於香港保險業的發展。

陳志宏　　蘇黎世保險集團大中華／東南亞區行政總裁　　2005年入行

陳志宏在2008年11月於香港舉行的第24屆東亞保險大會上，向千多位參加者發言。

會計出身：我的本科專業是會計，自青少年開始在美國居住和讀書，在大學畢業後，加入了大型國際會計師行，於1987年與中國結緣，開始在中國服務，其後出任會計師行中國公司高級合夥人。在2005年，在蘇黎世保險集團誠邀之下加入了保險業，出任蘇黎世保險集團大中華／東南亞區行政總裁，對不同地區的保險市場現在都有點認識，讓我在這兒分享一下。

港人愛冒險：香港的投保人和其他亞洲地區的有點相似，就是著眼於投資和儲蓄，不太注重保險的保障功能，近年銀行一窩蜂推動銀行保險的發展，就是看準了香港人講求投資回報的特性，故此，提供金融保險一條龍服務，大力推動投資相連的壽險產品，以滿足客戶的需求。

香港的投保人不只愛投資和儲蓄，很多人更愛冒進和追求高風險回報，歐美人士的第一張壽險保單一定會以保障和保護為原則，但是香港投保人的第一張保單往往與投資掛鈎，而且都集中於高風險的項目，只在乎現在的回報，而沒有多少人關心日後保障的問題。其實，中國內地和臺灣近年都推出了很多投資相連的壽險產品，但是兩地投保人的心態都是以儲蓄為主，所以較喜歡保證回報較低的險種，如2%至3%，但對香港人來說，這些回報實在微不足道，他們傾向選擇風險和回報較高的產品。

但是經過2008年金融海嘯的洗禮，相信無論是保險公司還是投保人，都會還原基本步，把焦點放在提供回報較小的儲蓄壽險和基本保障的壽險保單。

政府監管與業界自律並行：說到香港保險業的特色，不得不提監管這一環。香港的保險業是政府直接監管和業界自律監管並行，兩者相輔相承，能夠即時對市場的問題和新趨勢作出回應，以及充分配合香港市場多變的環境。

香港的監管當局十分開放和公開，假如保險公司的管理層對市場有任何看法，可以主動直接向保險業監理處反映，他們的反應往往也很正面，而雙方的交流既互動又頻繁；綜觀其他地區的監管機構，它們都是比較講求原則性的，會面必先提早幾個月預約，又要預先提供所需討論的問題。在這方面，香港的監管部門做得相當好。

香港的優勢：香港保險業的滲透率及密度都比較高，相信與香港完善的司法系統不無關係，這兒是一個國際化的城市，來自內地和世界各地的流動人口都相當多，這些人在香港不論是長期居留，還是短期工作，都會因為信任香港的健全法制和保險制度，在這裡購買壽險保單，即使返回老家亦會保留在香港購買的壽險保單。

香港保險公司數目驚人：香港的保險公司數目之高，實在驚人，彈丸之地有170多家保險公司，可說是世界之最。這對消費者來說可能是好事，因為僧多粥少，很多保險公司，特別是一般保險公司必須割價求存。但是對業界，以至整體社會的長遠發展來說，卻有負面影響，因為保險公司在惡性競爭下，把保費降低至不切實際的水平，令公司年年虧損，最終只會落得倒閉的下場。屆時受影響的不只是保險公司的僱員，就是投保人，甚至整個社會也會廣受牽連。說到底，保險是一門理賠的學問，我們賣的是日後賠償的承諾，假如賠償儲備金不足，根本不應該參與這門生意。

未來展望

香港的保險業在過去的百多年當中，取得了驕人的成績，對香港的經濟發展作出了重要的貢獻。今天香港的保險業具有競爭力，與保險業從業員的專業水平不斷提高、新保險產品的推陳出新、對顧客服務水平的提高等不無關係。此外，有關政策／立法的推動，亦是不可或缺的原動力，從汽車第三者保險、勞工保險、海上保險、香港出口信用局的成立，到對保險公司資本額、保證金的要求、全面性保險公司法例、強積金計劃，以及剛於2009年推行的商船及建築物管理的第三者保險的實施等，都帶動了相關保險的普及。

當然，團隊以及各環節關係的建立也是同等重要的。以供應鏈管理運作模式而聞名於世的利豐集團主席馮國經博士最近撰文指出，供應鏈管理亦可應用在保險業上。事實上，保險業主管亦認識到，各保險公司的各個主要程序如何在供應鏈上成功地協調與整合，最終將決定其競爭力。保險業的中介人或經紀也明白他們不是一個獨立體，其競爭力越來越取決於整個行業供應鏈的結合上，以找出一個全面和良好的保險決定。[2]

香港政府統計處於2002年11月發表了一份《主題性住戶統計調查第九號報告書》，其中一部分是關於住戶對保險服務的需求及意見，調查結果顯示，香港市民對香港保險業持正面的態度，有助保險業的未來發展。這項調查訪問了18歲或以上的500多個市民，當中51.8%的市民曾購買不同類型的保險。在問及 "是否滿意所得到的保險服務" 時，52.0%的市民認為 "頗滿意／十分滿意"，43.3%答 "一般"，另有4.6%的市民則答 "頗不滿意／十分不滿意"。此外，在購買人壽保險方面，受教育程度越高的市民，購買的比率越高（受專上教育者達55.9%，中學／預科有43.3%）。可見，港人的教育水平越來越高，這對人壽保險業的未來發展應有積極的作用。

（1）私人醫療保險的發展空間

香港保險公司的業務，自1980年代以來，產險方面（包括廠房、機器設備、貨物等財產的安全保險）增長大幅放緩，主要原因是香港的製造業向北移，但壽險、個人意外及健康保險等則有可觀的增長，特別是醫療保險方面。香港的醫療體制基本上"以稅為本"，一般市民只需付低廉的費用即可享有高質素的公共醫療服務，這主要靠政府的補貼，而補貼額則達醫療成本的九成半以上（97%）。香港雖有私人醫療服務，但收費較高，因此一些中等收入以上者亦普遍使用"價廉質優"的公共醫療服務。由於香港市民對健康越來越重視，而公立醫院入院的排期需時長，因此越來越多中等收入以上的家庭購買私人醫療保險，這或是香港保險業未來發展的一個重要增長點。

由於香港公共醫療的成本越來越高，造成政府的財政不勝負荷，因此過去十多年來，香港政府一直在探討如何對醫療體制進行改革。2008年，香港特區政府又發表了一份新一輪的醫療改革諮詢文件，在醫療融資方面提出了六個方案，包括在職人士供款；增加醫療收費；強制開設醫療戶口；鼓勵自願購買醫療保；強制購買醫保；以及儲蓄及保險混合模式。醫療改革諮詢期現已過去，但政府仍未發表具體的建議方案。如果香港特區政府能在稅務上給予醫療保險若干優惠，相信私人醫療保險會更受歡迎，對醫療改革涵蓋私人自願購買醫保這項方案會更易推行，這對香港未來保險業的發展來說或許是一個亮點。

李少川　　美國萬通保險亞洲有限公司營運部副總裁　　1986年入行

李少川（後排左一）於1987年與美國友邦保險總公司營運部全人合照。

愛滋病的威脅：在1987至1988期間，大家開始認識到一種叫"愛滋病"的不治之症。由於愛滋病會傳染及死亡率非常高，香港的保險公司都十分緊張，因為會對公司的核保工作構成很大的挑戰。當時的香港保險業聯會便提出一系列的建議，包括要求購買25萬美元或以上保額的客戶須進行愛滋病血液測試等，協助業界面對愛滋病的影響。

亞洲金融風暴的影響：1997年發生了經濟亞洲金融風暴，經濟下滑，但對人壽保險的影響並非太大，因為壽險主要是依靠代理人去銷售，經濟差了，失業率上升，不少人便會投身保險業做代理人，保險公司招聘時也容易些；到了經濟轉好，雖然代理人可能會轉投其他行業，但客戶卻因為財政寬鬆了而增加保額。因此，經濟的衝擊對壽險業來說是比較輕的。

香港與內地交往頻繁：近年內地的經濟發展良好，香港與內地的關係日漸緊密，有更多的內地客戶會到香港購買保險，但由於文化及法例上的差異，保險公司須面對內地一些新的挑戰，包括加強監控以確保保單於香港銷售及講解，客戶須親身來港簽署有關申請等，以保障客戶的權益。

（2）正在崛興中的內地龐大市場

此外，業界人士亦瞄準生活水平不斷提升的內地龐大市場。2003年6月29日，中央政府和香港特區政府在香港簽署了《內地與香港關於建立更緊密經貿關係的安排》（簡稱 CEPA），並於2004年1月1日實施。根據 CEPA，香港的產品進入內地可享有零關稅外，亦可讓香港註冊的保險公司"經過整合或戰略合作組成的集團，按照市場進入的申請條件，進入內地保險市場"，同時亦"允許香港居民獲得保險從業資格後，在內地執業"。其後，香港與內地再次簽訂了五個"補充協議"，其中第四個補充協議准許保險中介人在香港的考試中心考取內地的保險資格，同時亦"允許香港保險代理公司在內地設立全資的保險公司為內地的保險公司服務"。今後，香港保險公司在內地發展，前景應該更為廣闊。

另一項最新和重要的發展是，國家發展和改革委員於2008年12月發表了一份題為《珠江三角洲地區改革發展規劃綱要（2008-2020年）》的重要文件（下簡稱為《規劃綱要》），勾劃未來12年港澳與珠三角地區的發展戰略。這份文件重要之處是國家首次把港、澳兩地納入未來珠三角地區發展藍圖的一部分。特別值得注意的是，《規劃綱要》提出了推進與港澳地區更密切的合作，並特別強調說："支持粵港澳合作發展服務業，鞏固香港作為國際金融中心、貿易、航運、物流、高增服務中心的地位……加大開展銀行、證券、保險……等領域從業資格互認工作力度，為服務業的發展創造條件"。香港作為主要國際金融中心之一，《規劃綱要》的實施，肯定會為香港的保險業帶來更大的發展。

張雲正　　香港特別行政區保險業監理處保險業監理專員

張雲正（前排左五）與粵、澳、深三地的保險監管官員合照。

近十年發展：香港保險業在過去十年平穩快速地發展，讓不少有能之士發揮所長，踏上青雲路。回歸十年，本地的整體保費翻了近三倍，由1997年的520億港元大幅上升至2007年的近2,000億港元，這良好勢頭不但反映出市民對保險這概念的接受程度日漸加大，也受惠於業界在市場推廣、產品研發、客戶服務、後勤配套等方面所投放的資源。雖然如此，過去香港保險市場的增長主要是由壽險業務帶動的，結構上並不太理想。勞動密集的工業北移令傳統產險需求萎縮，加上承保能力過剩使價格競爭日趨激烈，進而減低公司營利水平與償付能力，監管機構需要嚴肅處理這個問題。

面向祖國：自從 CEPA 在2003年起動後已為一眾香港服務提供者帶來龐大商機，但就保險界而言得益暫時似乎不多。在2008年7月簽署的 CEPA 補充協議中包含一個重要突破，就是容許某些措施在廣東省以"先行先試"形式實行，我們必須好好把握這個契機，深化兩地合作的成效。香港產險業務於1980年代後期製造工序開始北移後缺乏良好的增長動力，而內地則剛剛相反，產險業務滲透率顯著偏低，產品種類亦傾向以汽車保險為主，兩地存在不少互補的空間。如何在 CEPA 框架下適度降低門檻，讓香港具備豐富經驗和在華南地區擁有完善客戶網絡的中型產險公司，以試點形式在廣東省經營特定業務，將有助於改善失衡情況及推動內地市場持續發展。

市場波動：金融服務業各主要環節不斷加快整合，為我們既創造機遇，也帶來挑戰。保險產品必須緊貼經濟脈搏，充分迎合各種社會需要，才可以令市場健康穩定成長。過去數年投資相連保險大受歡迎，源自市民對財富管理及退休計劃的認知，這是成熟和理性的表現，但在市場波動幅度擴大，在匯率調整引發高通脹的陰影下，如何為投保者賺取合理回報將令中介人面臨考驗。此外，保險公司為迎合消費者取向而設計提供較高保證回報的產品，在資產組合和風險配對上存在一定要求，這也是監管機構需重點關注的事情。

在國際層面上，絕大部分跨國金融機構均經營多種不同業務，暴露在複雜的風險環境下。以美國國際集團（AIG）為例，其在亞太區的保險業務友邦保險向來十分健全，但因為母公司涉足次按債券和信貸掛鈎衍生產品而面對財政困難，嚴重打擊公眾信心。因此在監管層面上我們會致力加強與其他地區的聯繫，便利資訊流通和擴大協同效應，以維持審慎規管。我們要繼續放眼天下，以"背靠祖國，面向世界"為總體戰略，一方面參與推動內地保險市場發展，另一方面保持香港作為國際金融中心的優勢。環球金融風暴難免影響歐美發達國家的經濟增長，拖慢多邊貿易活動，但由中國帶動的亞洲復蘇力量將可有效填補這空間。

放眼未來：內地保險資產在2008年年中已突破30,000億人民幣，放寬投資渠道和分散潛在風險實在刻不容緩。香港是中國一部分，也具備了對外開放的市場環境，自然成為保險公司建立資產管理分支的首選平台。現在有五家這類型受香港證監會規管的機構正全面運作，為推動內地保險市場又快又好發展作出貢獻，香港應好好珍惜和充分利用這得天獨厚的條件。

1. 《香港年報》，2008年；《香港統計年報》，2008年。
2. Victor Fung, "Supply Chain Orchestration – Its Concepts and Relevance to the Insurance Industry," *Hong Kong Chamber of Insurance Intermediaries 2007 Yearbook.*

附錄一　　　參考書目

（中文）

《上海金融志》編纂委員會編：《上海金融志》，上海社會科學院，2003年。

《中國近代保險發展史》，http://hemiao.blog.hexun.com/1239850/d.html.

《民安（控股）有限公司配售新股及公開售股章程》，2006年。

《永安人壽保險有限公司金禧紀念特刊（1925-1975年）》，永安公司資料。

《先施公司成立及發展的經過》，載《明報》〈先施九十週年紀念特刊〉，1990年1月8日。

《先施保險置業有限公司史略》，先施公司資料。

〈香港的金融服務行業〉，載於 *Hong Kong Monthly Digest of Statistics*, April 2008.

《香港金融十年》編委會：《香港金融十年（1997-2007）》，中國金融出版社，2007年。

《香港華商保險公會百周年紀念，1903-2003》特刊。

BNP 百富勤：《中保國際控股有限公司配售新股及公開售股章程》，2000年6月20日。

Frank Welsh 著，王皖強、黃亞紅譯：《香港史》，中央編譯出版社，2007年。

H. A. L. Lockerell、Edwin Green 著，邵秋芬、顏鵬飛譯：《英國保險史》，武漢大學出版社，1988年。

M. Greeberg 著，陳曾年、樂嘉書譯：《怡和洋行—1842-1895年在華活動概述》，上海社會科學院出版社，1986年。

中國保險學會、中國保險報編著：《中國保險業200年（1805-2005）》，當代世界出版社，2005年。

中銀國際：《中國銀行股份有限公司全球發售書》，2006年。

元建邦編著：《香港史略》，中流出版社，1988年。

王熹浙：《香港保險業五十年來的演進》，2007年。

余繩武、劉存寬主編：《十九世紀的香港》，麒麟書業有限公司，1994年。

吳申元：《中國保險史話》，經濟管理出版社，1993年2月。

吳越主編：《中國保險史》上篇，中國金融出版社，1998年。

呂耀明：《中外合資企業：變遷、反思與前瞻》，中國金融出版社，2007年。

余德麟：《保險業的發展》，商務印書館（香港）有限公司，1997年。

宋明岷、朱旭東：〈香港保險監管體系的現狀及啟示〉，《亞太經濟》，2000年第4期。

李宗文編：《香港進出口貿易手冊》，工商觀察社，1954年。

怡富證券有限公司：《盈科保險集團有限公司配售、發售新股及售股建議》，1999年。

保險索償投訴局：《保險索償投訴局年報》，1996年度至2007／2008年度。

韋樂、文浩：〈銀行營銷保險與傳統代理渠道之別：市場概況與優勢〉，《保險專才》，2002年7月號。

香港出口信用保險局：《香港出口信用保險局年報》，1967／1968年度至2007／2008年度。

香港保險業監理處：《保險業監理處十周年紀念（1990年6月8日-2000年6月8日）》，2000年6月。

香港保險改革委員會：《香港保險改革委員會報告書》，1986年1月15日。

香港保險業監理處：《香港——理想的專屬自保中心》，1997年。

香港保險業監理處：《保險中介人規管制度諮詢文件》，2001年7月。

香港保險業聯會：《十年歲月1988-1998》，1998年。

香港保險業聯會：《承保商專業守則》，1999年3月。

香港保險業聯會：《保險代理管理守則》，2004年6月第6版。

香港保險業聯會：《香港保險業聯會年報》，1995／1996年度至2007／2008年度。

香港保險業聯會新聞稿：〈壽險總會制訂守則保障消費者〉，1994年9月28日。

香港保險業聯會新聞稿：〈壽險總會推出新措施助消費者評估保單利益〉，1998年5月5日。

香港保險業聯會壽險總會：《壽險轉保守則》，1994年12月。

香港保險業聯會壽險總會新聞稿：〈壽險總會提供冷靜期：消費者七月起可享權利於期內改變初衷〉，1996年6月27日。

香港政府統計處：*Estimates of Gross Domestic Product*，各年期。

香港華商保險公會：《香港華商保險公會八十周年紀念（1903-1983）》，1983年。

香港經濟導報編：《香港經濟年鑑》，1950至2007年。

徐朱琴：《一代宗師黃偉慶傳》，環球出版有限公司，2003年。

許晚成編：《香港工商通訊錄》，上海龍文書店，1940年。

陳連華主編：《香港金融理財產品手冊》，上海財經大學出版社，2006年。

陳寧生、張學仁編譯：《香港與怡和洋行》，武漢大學出版社，1986年。

高鴻志等：《中國近代史》，黃山書社，1989年。

張仲禮、陳曾年、姚欣榮著：《太古集團在舊中國》，上海人民出版社，1991年。

張曉輝：《香港近代經濟史（1840-1949）》，廣東人民出版社，2001年。

曹伯中：《南英保險公司服務香港一百周年》，香港《華僑日報》，1981年7月22日。

黃寶亨：〈為勞工保險訂定賠償上限？再保險商將於1995年起拒負無限責任〉，載香港總商會編：《工商月刊》，1994年8月，頁41。

葉春生編著：《香港商業法》，華南理工大學出版社，1997年。

馮邦彥：《香港英資財團（1840-1996）》，三聯書店（香港）有限公司，1996年。

馮邦彥：《香港金融業百年》，三聯書店（香港）有限公司，2002年。

馮邦彥：《香港華資財團（1840-1997）》，三聯書店（香港）有限公司，1997年。

經濟導報社編：《香港商業手冊》，香港：經濟導報社，1960年。

楊奇主編：《香港概論》上冊，三聯書店（香港）有限公司，1999年。

趙春梅：〈90年代香港保險市場的保險創新〉，《南開經濟研究》，1997年第5期。

趙蘭亮：《近代上海保險市場研究（1843-1937）》，復旦大學出版社，2003年。

劉茂山：〈香港保險市場與保險管理〉，《南開經濟研究》，1987年第1期。

聶寶璋編：《中國近代航運史資料》第一輯（上冊），上海人民出版社，1983年。

饒餘慶：《香港國際金融中心》，商務印書館（香港）有限公司，1997年。

（英文）

Alan Chalkley, *Adventure and Perils: The First Hundred and Fifty Years of Union Insurance Society of Canton, Ltd.*, 1985.

Ben T. Yu, *Institutional Development of the Insurance Industry*, Published for The Hong Kong Centre for Economic Research, The Hong Kong Economic Policy Studies Forum, City University of Hong Kong Press, 1997.

C. F. Joseph Tom, *The Entrepot Trade and the Monetary Standards of Hong Kong, 1842-1941*, K. Weiss, Hong Kong, 1964.

Chan Pui Leung, "The Strategic Importance of Information Technology in Hong Kong Insurance Industry", Master of Business Administration Thesis, University of Hong Kong, August 1998.

C. W. Yip, "An Analysis of Structure of Hong Kong Insurance Market and its Commercial Prospects for Foreign Insurance Companies," Master of Arts Thesis, School of Accounting, Banking and Economics, University of Wales, 1994.

Clive A. Brook-Fox, "Marketing Effectiveness in the Hong Kong Insurance Industry: A Study of the Elements of Marketing Strategy and Their Effect on Performance", Master of Business Administration Thesis, University of Hong Kong, March 1982.

G. C. Allen and Andrey G. Donnithorne, *Western Enterprise in Far Eastern Economic Development*, London. Allen and Unwin, 1954.

G. B. Endacott, *A History of Hong Kong*, Hong Kong Oxford University Press, London, New York, 1964.

Hongkong and Shanghai Banking Corporation Ltd, The Insurance Industry in Hong Kong, 1995.

Hong Kong Insurance Claims Training Board, Vocation Training Council, *Manpower Survey Report : Insurance Industry*, 1993.

HKFI, "Lowe, Bingham & Matthews Notes on the history of the firm as secretaries of the Insurance Associations", August 1962.

"Fire Insurance Association of Hong Kong", 31 July 1987.

"The Accident & Marine Insurance Associations of Hong Kong", 17 August 1987.

J. W. Matthews, "Hong Kong", in *Insurance Market of the World*, Swiss Reinsurance Company, 1964.

Jim H. Y. Wong,. "Hong Kong's Insurance Industry", in Ho, Richard Yan Ki, Scott, Robert Haney and Wong, Kie Ann,(eds.), *The Hong Kong Financial System*, Hong Kong: Oxford University Press, 1991.

Kwon Sze Ki, Louis, "A Study of The Profits of Local General Insurance Companies", Master of Business Administration Thesis, University of Hong Kong, August 1987.

Lombard Insurance Group, *Lombard Insurance Group 1836-1986*, 1986.

Lombard Insurance Group, *1986 Annual Report: Lombard 150 1836-1986*, 1986.

Maggie Keswick(ed.),*The Thistle and the Jade: A Celebration of 150 years of Jardine, Matheson & Co.*, Octopus Books (Ltd.), 1982.

M. Greenberg, *British Trade & the Opening of China 1800-1842*, Cambridge University Press, 1951.

Peter Pugh, "Absolute Integrity - The Story of Royal Insurance 1845-1995", Royal Insurance.

Retrospection: The History of insurance in Hong Kong spans more than 150 years.

The Manufacturers Insurance Company, South China Hong Kong and Macau 1898-1976, 1976.

The Directory of Insurance Companies in East Asia, East Asian Insurance Congress, 1983.

Tariff of The Fire Insurance Association of Hong Kong, Volume-I.

The Office of the Commissioner of Insurance, Review of the Regulatory System for Insurance Intermediaries, Consultation Document, July 2001.

The South British Chronicle, October 1964.

Terry C. S. Yeung, "A Strategic Study of the General Insurance Industry in Hong Kong", Master of Business Administration Thesis, University of Hong Kong, 1990.

Yuen Tak Tim, Anthony, "A Study on The Popularity of Utilizing Insurance Brokers by Industrial Concerns in Hong Kong for Management of Their Insurance Programme", Master of Business Administration Thesis, Department of Management Studies, Faculty of Social Science, University of Hong Kong, 20 May, 1986.

Y. C. Jao, "The Financial Structure", in David Lethbridge（ed.）, *The Business Environment in Hong Kong*, 2nd edition, Oxford University Press, 1984.

Victor Fung: "Supply Chain Orchestration—Its Concepts and Relevance to the Insurance Industry," in *2007 Yearbook of Hong Kong Chamber of Insurance Intermediaries*.

附錄二　　　圖表目錄

附錄三　　　香港保險業大事年記（1841-2008）

年份	發生大事
1801	外國商人在廣州聯合組織了一個臨時保險協會，對每艘船所載貨物提供保險，承保限額為1.2萬銀元。這是外商在華經營海上保險業務的開始。
1805	由東印度公司鴉片部經理達衛森（W. S. Davidson）發起，英商在廣州創辦諫當保安行（Canton Insurance Society）。
1824	一廣東富商在廣州城內開設張寶順行，兼營保險業務，主張承辦貨物保險，這是華商經營保險的最早記載。
1834	怡和洋行第一次派船載貨從廣州運往倫敦，488噸的"薩拉號"（Sarah）裝載價值超過400萬銀元的絲、絲織品、桂皮、大黃、中國根菜和雜貨，保險單就是由諫當保險行在廣州簽發的。
1835	寶順洋行退出諫當保險公司，在廣州成立於仁洋面保安行（Union Insurance Society of Canton），原始實收股本為5萬美元，原始股東除寶順洋行以外，還有怡和洋行（Jardine Matheson & Co.）、特納洋行（Turner & Co.）以及美資的其昌洋行（Russell & Co.）等。
1841	1月25日，義律率領英國東方遠征軍強行侵佔香港島。同年6月7日，代表香港殖民當局宣佈將香港開闢為自由港，允許船隻自由進出，香港開埠。
1842	8月29日，中英兩國簽訂《南京條約》，清政府正式將香港割讓給英國，並開放廣州、廈門、福州、寧波、上海五口通商。
1846	英國永福人壽保險公司（Standard Life Assurance Co.）在中國南方城市開辦保險業務，但被保者幾乎都是外國人，業務規模很小。
1859	美國商人在上海成立上海瓊記洋行（Augustine Heard & Co.），附設保險代理處，委託怡和洋行及寶順洋行代辦保險業務。
1862	美資其昌洋行（Russell & Co.）在上海創辦揚子保險公司（Yangtze Insurance Association），該公司總部設於上海，在香港註冊，實收資本417,880銀元，並在香港、倫敦、紐約、新加坡建分公司，在中國各口岸建代理處30多家。
1863	祥泰、履泰、太平、沙遜等四家洋行和匯隆銀行在上海聯合創辦保家行保險公司（North China Insurance Company Ltd.）。
1864	泰安保險公司（The China Fire Insurance Company）創辦。
1865	5月25日，閩粵華商德盛號在上海創辦義和公司保險行。這是中國最早創辦的華商保險企業。
	瓊記洋行在香港創辦保寧保險公司（British Traders' Insurance Company Ltd.）。該公司又稱中外眾國保險公司，資本為220萬銀元，實收60萬銀元，經營水火及意外險業務。
1866	洛布沙伊德（R.W. Lobscheid）編撰的《英華字典》在上海出版並在香港印行，該詞典的英文單詞譯音有廣東話和北京話對照，英文"保險"（Insurance）被譯為"燕梳"或"煙蘇"。

年份	發生大事
1866	怡和洋行在香港創辦香港火燭保險公司（Hong Kong Fire Insurance Company Ltd.），又稱香港火災公司，資本額為200萬港元，實收40萬港元。這是第一家在香港本地經營運作的火險公司，並擁有香港殖民地第一輛消防車。
1867	太古洋行在上海創辦。早期，它除了代理本集團屬下的公司保險業務外，還代理英國多家公司，包括英國皇家交易保險公司（Royal Exchange Assurance Co.）的保險業務。
1868	於仁保險在上海設立分支機構，並委派basie繆爾·布朗（Samuel Brown）擔任公司駐上海的首席代表。
1870	瓊記洋行與其昌、沙遜、也者士、法銀行、密士波克等6家外資洋行聯合投資創辦香港維多利亞保險公司（Victoria Ins. Co.），資本額為150萬銀元。該公司由瓊記洋行承辦保險業務。
	中華火險保險公司（The China Fire Insurance Company, Ltd.）創辦，實收資本200萬港元，經營水火及意外保險業務，由仁記洋行代理。
1871	華商保安公司（Chinese Insurance Company.）創辦，亦稱華商保險公司、中國保險公司。由中國一些買辦發起組織，資本150萬銀元，實收30萬銀元，華商佔其大半，因而被誤為華商公司，實係中外合資性質。
1872	諫當保險公司成為正式法人公司，取代了以往的一系列合夥制關係安排。
	南英保險公司創辦，總部設在紐西蘭首都奧克蘭。所謂"南英"，取意為英聯邦帝國的南疆區域。
1875	12月28日，輪船招商局創辦中國首家船舶保險公司——保險招商局，由於"投股逾額"，原訂股額15萬兩擴大至20萬兩，承保能力也有提高。
1876	7月，輪船招商局創辦仁和水險公司。保險業務及賬目均由招商局管理。
1878	4月，輪船招商局再招股20萬兩，成立濟和船棧保險局，不久增資至50萬兩，擴辦為濟和水火險公司。
1881	諫當保險正式改組為一家有限責任公司，總股本250萬美元，股本共計10,000股，每股250美元，已具備相當規模。
	南英保險進入香港，當時委託 George R. Stevens & Company 為香港代理，稍後並成立分公司，中文名稱為南英保險公司，又稱修付畢啫燕梳有限公司，英文名稱為 South British Insurance Co., Ltd.。
1882	10月24日，於仁保險改組為一家股份有限責任制公司，額定資本為125萬美元，分為500股，每股2,500美元。
1886	仁和與濟和兩家保險公司合併成仁濟和水火險公司，資本為100萬兩。
1889	永福人壽制訂了"1846－1900年中國人死亡經驗表"。
1891	萬安保險公司創辦，總公司設於香港。
1895	香港火險公會（The Fire Insurance Association of Hong Kong，簡稱 FIA）成立，當時為代理機構。 1903年，香港火險公會改組為公司。
1897	英商永年人壽保險公司（The China Mutual Life Assurance Co.）在上海成立，資本50萬兩，發5,000股，每股100兩。1924年，該公司與加拿大永明人壽保險公司合併。

年份	發生大事
1897	宏利保險開始在中國上海及香港經營業務。
1898	宏利保險在香港成立代理公司布蘭得利公司（Bradley and Co.）。當年12月23日，布蘭得利有限公司的 A‧H‧艾利斯（A. H. Ellis）在華南地區售出宏利保險的第一張人壽保單，該份保單是一份15年的承兌保險，編號為25042，投保者是一位31歲的中國男性，保險金額為2,000港元，年金為151.61港幣。
1903	華商保險公司成立保險同業公會——香港華商燕梳行。最早加入公會的華商保險公司有12家，1942年改名為香港華商保險公會。
1906	香港洋面保險公會（The Marine Insurance Association of Hong Kong）成立。
1909	其昌保險公司（China Underwriters, Ltd.）創辦，在香港註冊，同時在上海開展業務。
1912	4月14日，"泰坦尼克號"沉沒，造成逾1,500人命傷亡。於仁保險為沉沒的"泰坦尼克號"支付了4.2萬英鎊；英國保誠保險有限公司（Prudential Assurance Company Ltd.）也為此賠償了1.4萬英鎊。
1915	永安郭氏兄弟在香港創辦永安保險有限公司。
	先施保險實業有限公司創立，資本為120萬港元。
1919	12月，美國企業家史達爾（C. V. Starr）在上海創辦美亞保險公司（American Asiatic Underwriters）。美亞保險在百慕達註冊，總公司設在上海。
1921	史達爾在上海創辦友邦人壽保險公司（The Asia Life Insurance Company），成為第一家向當地中國人推廣人壽保險的外資公司。
1922	先施保險創辦先施人壽保險公司，資本額為200萬港元。
1925	永安郭氏兄弟向海外僑胞及香港各界人士集資150萬港元，創辦永安人壽保險公司。
1929	太平保險公司在上海創立，並在香港與東南亞成立分支機構，通過金城銀行代理業務，一度成為最大的華商保險公司。
1931	5月，宏利保險在香港開設南中國分公司，辦事處遷進香港會所大廈。
	史帶創辦美國國際集團（American International Group, Inc.，簡稱 AIG），而友邦成為集團的全資附屬公司。這一時期，史達爾先後在中國創辦了8家保險公司，包括在1931年創辦的英商四海保險公司（Sihai Insurance Co.）。
1941	12月7日，日本軍隊偷襲美國珍珠港，同時佔領中國上海租界，太平洋戰爭爆發。
1945	8月15日，日本戰敗，被迫宣佈無條件投降，太平洋戰爭結束。
	8月30日，由英國太平洋艦隊海軍少將 C. H. J. Harcourt 率領的英國皇家海軍特遣艦隊抵達香港維多利亞海港，恢復對香港的管治。香港經濟逐漸恢復，工商各業日趨繁榮，保險業的發展，又隨著時局的轉變進入一個新階段。
1946	香港意外保險公會（The Accident Insurance Association of Hong Kong）成立。

年份	發生大事
1947	民安物產委派專員沈日昌到香港籌設分公司,當年開業。
	9月29日,香港民安保險有限公司〔The Ming An Insurance(H.K.)Co. Ltd.〕在香港註冊成立,10月1日開業。當時,公司註冊資本100萬港元,實收資本50萬港元,首任董事長為梁次漁,總經理為石景彥,經理為沈日昌。
1949	民安物產香港分公司因股東權益內外變動關係,決定辦理結束。
	友邦保險成為戰後首家將公司總部遷往香港。
1950	於仁保險先後在多倫多、蒙特利爾、溫哥華、卡爾加里和溫尼伯開設辦事處,加強了公司在加拿大的業務聯繫。
1951	11月9日,香港總督葛量洪批准頒佈實施《汽車保險(第三者意外)條例》,該條例共20條,規定任何人使用汽車都要投保,目的是在對因使用汽車而引致的意外事件中的第三者提供保障。
	香港政府頒佈《第三者(向保險人索償權利)條例》(Third Party(Rights against Insurers)Ordinance)。
	於仁保險併購了歷史悠久的中國火災保險公司。
1953	揚子保險公司改名為北太平洋保險公司(North Pacific Insurance Company)。
	恒生銀號正式轉制為銀行,同年即在銀行設立保險部。
	12月,香港政府頒佈實施《勞工因公受傷賠償法案》,規定僱主必須為工人購買勞工保險,並規定了勞工保險的收費等級,工作的危險性越大,收費就越高。
	諫當保險公司改名為隆德保險公司。
1954	諫當保險正式關閉其在上海的辦事處,結束了公司在中國內地逾一個世紀的經營。
1955	於仁保險董事會主席C‧布萊克指出水險業務競爭的長期性,他稱水險"業務競爭激烈混亂、費率降低隨意"。
1959	香港本地港產品出口值達到22.8億港元,第一次超過轉口貿易值19.95億港元,標誌著香港已走社會工業化道路。
	南英聘請太平保險公司經理曹伯中任公司的地區經理,曹伯中積極拓展香港紗廠、布廠的保險業務,到60年代末,南英保險的生意相當興旺,其中最主要的是紗廠、布廠的保險業務,約佔當時整個市場的60%至70%。
	宏利保險南中國分公司改組為香港分公司,辦事處也搬到了於仁大廈17層樓。
	亞洲保險創辦,創辦人是泰國盤谷銀行的大股東陳弼臣、陳有慶、劉奇喆和其他華商。
1960	年初,香港火險通常保率,最低的為從千分之一點八,最貴的為千分之二三十也有,主要看環境及設備的情形而定;住宅商店的保率則視建築物本身而定,約為千分之六至千分之一點八不等。

年份	發生大事
1961	香港立法局通過《海上保險條例》（Marine Insurance Ordinance）。該條例以1906年英國制訂的《海上保險法令》為藍本。後者根據英國上議院首席法官曼斯菲爾德爵士編訂的海上保險法草案而制訂，其後成為以英國為中心的各國海上保險法的模範。
	6月，民安在九龍開設第一間分公司。
1962	"溫黛"颱風襲擊香港，造成120人喪生和大量財物的損失，"沙丁號"輪船在海浪中沉沒。在這次颱風中，擱淺或遇難的船隻共計20艘。保險公司要付出意外的一筆賠償費，據佔計為數約達好幾百萬港元。
1964	香港保險界達成一項固定保險費率的協議。
	隆德保險公司全資收購了澳洲保險公司 Thacker Company of Sydney，並在珀斯（1967）、墨爾本（1969）、昆士蘭（1972）和南澳（1973）等重要城市設立新的分支機構，其中一些分支機構是通過併購其他公司的代理點來設立的。
1965	1月15日，恒生銀行牽頭創辦專門從事保險業務的銀聯保險公司（Associated Bankers），其他股東還包括永隆銀行、永亨銀行和東亞銀行。銀聯保險公司的實收總資本為500萬港元。
	"貝齊"颱風衝擊香港，這場颱風使香港保險業遭受有史以來的最大單項承保災難。
1966	12月23日，香港出口信用保險局成立。香港出口信用保險局由政府投資，初期總資本額為1,000萬港元。
1967	香港發生政治騷亂，香港進出口貿易生意遲滯、紛亂，貨物投保水線也受到影響。特別是5月風暴後，港九工人聯合大罷工及海員大罷運，港口起卸貨混亂，水險生意更見疏淡。同年永明即撤出香港。
1968	蘇伊士運河被封鎖，世界海運業受到了新的衝擊。
1969	友邦保險將公司辦事處搬遷至港島司徒拔道1號自置物業——友邦大廈。
1970	5月，香港民安開始發展再保險業務，成立國外分保部專責辦理各種分保合約。
	香港政府訂立"勞工賠償修訂法案"，許多行業資方紛紛投保勞工險，推動了勞工險業務的發展。
	中國、平安、民安等三家中資保險公司聯合推出"益群壽險"，在年期縮短、費率降低、保單價值提高等方面作了革新。
1972	年初，一艘83,000噸的"海上學府"船隻，在香港海港裏進行修整時發生大火，損失約數千萬港元，成為保險歷史上有名的巨額賠償案件。不過，這艘船是在倫敦投保，香港只有一、二家保險公司曾接受小額的分保，對香港保險業影響不大。
	針對西方貨幣不穩、港元幣值轉弱，中國、平安、民安三家公司又推出以人民幣為保單本位幣的"人民幣壽險"，為期十年，八年繳費，可按保單期滿的牌價領回港元，能消除因當地貨幣不穩而產生貶值的損失。其後，三家公司再推出五年期"人民幣壽險"，特點是"年期短、領回快"，受到了市場的歡迎。
	香港車輛已達186,377輛，其密度已列為全世界第二名，僅次於摩納哥。由於路少車多，全年共發生車禍12,842宗，死亡人數達438名，突破400大關，為24年來最高數字。保險公司將汽車保險列為不受歡迎的險種。

年份	發生大事
1972	亞洲保險在香港"四會"交易所上市，成為香港最早上市的華資保險公司之一。當時，亞洲保險的資本金增加至1,000萬港元。
1973	太古集團與英國皇家保險集團（Royal Insurance Group）合作作創辦太古皇家保險公司，其中皇家保險集團擁有51%的股份，太古集團佔49%。
	中東石油危機促使西方國家經濟衰退，運輸萎縮，偷竊增加，對保險業不利；但香港涌貨膨脹仍促使保額、保費增加。
1974	受到石油危機的影響，香港進出口貿易萎縮，輸美輸英的紡織品出口配額出現大量剩餘，進口原材料減少，運輸保險貨值、貨量都下降。估計運輸保險的保費收入約減少30%左右。
	香港紗廠及新蒲崗渣打銀行先後各被搶走100萬港元，成為香港空前的最大現金搶劫案件；一家位於希爾頓酒店商場的珠寶公司，先後被搶劫四次。
1975	8月，香港出現轟動一時的恒生銀行運送現款途中被劫去700多萬港元的大案。
	負責監管保險業承保商的政府部門註冊總署署長召集保險業界領袖，著手研究發展透過立法、自律監管或雙管齊下形式運作的完善監管架構。
1976	鷹星集團（Eagle Star Group）與其保險代理穆勒公司（Mollers）合作在香港成立亞洲雄鷹保險公司（The Asian Eagle Insurance Company）。
1977	香港上海滙豐銀行將旗下絕大部分保險業務注入一家與馬來亞保險集團（Malayan Insurance Co., Inc.）合資組建的保險公司——獲多利保險（Wardley Insurance）。該公司其後被重新命名為嘉豐保險公司（Carlingford Insurance Company Ltd.）。
1978	2月，香港政府頒佈1978年《保險公司（規定資本額）條例》，規定除若干特殊情況外，所有根據公司條例成立或註冊的保險公司，其發行股本股額必須從過去的20萬港元提高到不少於500萬港元，並已用現金繳足，否則將不獲准開業經營。
	香港保險公司承保的水險業務中，有12艘船隻及其所載貨物報稱"沉沒"，但所有船隻均無傷亡報告，亦無任何遺跡或殘骸被發現，絕大多數船主或機房日記失蹤，而且有的案件的船主所報失事的天氣與天文台及附近船隻的報告不符。此外，船隻失事的地點都在深海，絕難打撈。
1979	民安參與了由香港怡和集團、滙豐銀行及英國倫敦保險經紀商鮑林（Bowring Group of London）發起創辦的再保險公司——香港宇聯再保險有限公司（East Point Reinsurance Company of Hong Kong Ltd.）。
	年底，向香港政府註冊的保險公司共有335家。其中，參加保險公會的有203家，在香港設立總、分公司的，產物保險有71家，人壽保險22家，共93家，其餘為在香港委託代理經營的保險公司。
	信諾環球保險即開始與銀行及信用卡公司合辦市場直銷活動，透過郵寄宣傳單張及電話銷售擴大自己的銷售網絡。
1980	9月，中再國際創辦，原有資本500萬港元，由中保（中國）、民安保險及太平保險分別持有40%、30%及30%股權，而所有公司股東均經營直接保險業務，並由中國人民保險公司實益擁有。

年份	發生大事
1980	12月10日，由香港102家保險公司共同組織的香港汽車保險局（Motor Insurers' Bureau of Hong Kong），經政府批准註冊成立。
	12月20日，政府在憲報刊登《人壽保險公司（修訂）條例》及《火險及水險保險公司保證金（修訂）條例》。該兩條例於1981年1月9日生效實施。該兩條例規定，所有經營人壽保險、火險或水險業務而未經豁免的公司，其實收資本最少須為500萬港元，而其資產須比負債額超出200萬港元（倘該公司同時經營人壽保險與火險或水險業務，則該額須達港幣400萬元）。
	中國再保險公司成立。
1981	2月1日，香港汽車保險局與香港政府簽署了《第一份基金協議書》。
	11月6日，九龍大南西街廣隆泰、胡金祥、金馬三座大廈火災，歷時12小時，27家工廠損失逾億港元。
	12月9日，保險業界成立了推動各公會合併的籌備委員會，計劃組織一個保險局（Insurance Council），當時中文名稱尚未確定，或稱為香港保險總會或香港保險聯會。
1982	2月，香港政府成立"保險業法例工作小組"；同年5月7日公佈了一個包括各類保險業務的全面性保險公司法例——《保險公司條例》，以取代以前的一些有關條例和法案。
	6月，香港保險總會（General Insurance Council of Hong Kong）成立，其章程及架構由當時所有香港公會，包括剛成立的人壽保險公會組成的策劃小組制訂。
	約翰遜·哈金斯（香港）有限公司〔Johnson & Higgins（H.K.）Ltd.〕成功獲得了他們在香港的第一個代理客戶——九廣鐵路公司；同期，馬氏麥里南東南亞有限公司（Marsh & Mclennan South East Ltd.）與香港的新鴻基公司合作創辦合資公司進軍本地保險經紀業務。
	香港民安以2,000萬港元購入國際大廈14樓全層作為公司總部，並於同年在中國深圳開設分公司，成立第一家在國內經濟特區開設分公司的香港保險公司。
1983	4月，香港保險公司開始改用倫敦保險市場自1982年初開始使用的新海上保單條款，以取代沿用了200多年的舊式保單。
	6月30日，香港政府正式頒佈實施《保險公司條例》（Insurance Companies Ordinance）。
	7月1日，香港政府頒佈新《僱員賠償（修訂）條例》。
	紐西蘭保險全資收購南英保險。
	香港政府成立保險業諮詢委員會，旨在對有關保險公司條例的管理及保險業務的經營，向政府提供諮詢意見。
	香港華商保險公會成立80周年紀念。
1984	10月15日，中國人壽保險股份有限公司香港分公司成立。
	香港壽險總會（Life Insurance Council of Hong Kong）成立。
	香港醫療保險協會（Medical Insurance Association of Hong Kong）委員會成立，目的是要提高及維護經營醫療保險業務的保險公司的權益。

年份	發生大事
1985	11月1日，香港汽車保險局與香港政府簽訂《無償債能力基金協議書》，成立無償債能力基金。
1986	1月，由政府委任的法律改革委員會工作小組就曾提出報告《香港法律改革委員會報告書》，重點探討了引入一套管控保險經紀及代理人活動的制度是否可行的問題。
	6月，澳大利亞第二大保險集團澳洲國衛收購先衛保險（Sentry Life Insurance〔Asia〕Ltd.）在香港的業務，並將其易名為香港國衛保險（亞洲）有限公司。
1987	5月15日，香港保險經紀公會（The Hong Kong Society of Insurance Brokers）成立。
	亞洲電視大廈火災，損失高達1,000萬至1,500萬港元。
1988	8月8日，香港保險業聯會（The Hong Kong Federation of Insurers，簡稱保聯 HKFI）宣告成立。保聯的創立，是香港保險業發展的重要里程碑，其宗旨是推動及促進香港保險業的發展。
	9月，東亞保險業代表大會在香港舉行第13次會議。
1989	11月，香港保險業聯會成立教育基金，資助本地大學生修讀與保險有關學科。
1990	2月20日，由香港保險業聯會積極推動的保險索償投訴局（Insurance Claims Complaints Bureau）宣佈成立。
	4月1日，香港意外保險公會、香港火險公會及香港洋面保險公會加盟香港保險業聯會秘書處旗下。
	4月，香港保險業聯會批准香港醫療保險協會委派代表加入一般保險總會。
	4月，香港消費者委員會公開點名批評香港三家保險顧問公司，包括金狄斯（國際）保險顧問公司、威信國際（保險顧問）和雪鐵龍國際保險顧問。
	5月16日，大新人壽保險有限公司正式成立，成為大新金融集團有限公司之全資附屬機構。
	7月，香港政府將原來由註冊總署管轄的保險業監理處擴大規模，轉為一獨立部門，成為金融科轄下的保險業監理處（Office of the Commissioner of Insurance）。
	亞洲保險與香港商業銀行合併，組成亞洲金融集團（控股）有限公司，並在香港上市。
1991	法國於仁保險（UPA）在香港拓展人壽保險業務。
	海裕國際收購紐西蘭保險〔The New Zealand Insurance Life（Bermuda）Ltd.〕，並易名鵬利保險（百慕達）有限公司。
1992	9月，美國友邦保險公司獲得中國政府頒發的營業牌照，獲准在上海開設分公司，經營人壽保險及非人壽保險業務。這是中國政府40多年來首次發放保險經營執照給外資保險公司。
	美國全美人壽保險公司（Transamerica Occidental Life Insurance Company）在香港開設分公司。
1992	澳洲資本的國衛保險在香港集資上市。
1993	1月，保險代理登記委員會成立，其職責包括負責登記具有合法資格的保險代理、負責人、業務代表，同時處理針對上述人士的投訴，就這些人士的違規經營行為，為保險公司及投保人提供申訴的途徑。

年份	發生大事
1993	1月，《保險代理管理守則》正式實施。
	2月18日，應香港政府的要求，香港的兩個保險業經紀組織——成立於1979年的香港保險經紀協會（Hong Kong Insurance Brokers Association），以及成立於1985年的香港保險經紀公會（Hong Kong Society of Insurance Brokers Ltd.），經過一段時期的醞釀和磋商，合併成為香港保險顧問聯會（The Hong Kong Confederation of Insurance Brokers）。
	全美人壽在香港設立亞洲區總部，並在北京設立辦事處，希望透過香港拓展中國的業務。
1994	1月，《僱員賠償條例（修訂）法案》生效實施，大幅提高法定賠償額。
	2月，香港保險中介人商會成立。
	6月，鵬利保險被盈科集團旗下在新加坡上市的盈科亞洲拓展收購控制性股權。
	7月，《保險公司（修訂）（第3號）條例》在立法局三讀通過，並將於1995年6月正式實施。
	9月28日，香港保險業聯會屬下的壽險總會宣佈該會將於1994年12月1日起實行《壽險轉保守則》，以防止"誘導轉保"的情況發生。
	10月，鷹星保險集團以香港為區域總部，成立亞洲業務部，名為鷹星亞洲。
	12月29日，以保聯為共同秘書處，香港保險業各業界組織經過四年以保聯為共同秘書處的合作後，決定以保聯為組織架構正式註冊為有限公司，進一步鞏固、簡化組織結構，並成為獲得香港政府全面認可的保險業代表機構。
1995	1月，力寶美衛人壽保險有限公司在香港開業。
	4月，由香港保險業聯會主席黃寶亨率領的香港保險業聯會、香港保險學會代表團一行21人訪問中國，並與中國保險學會在4月3日至10日共同舉辦了學術研討會。
	10月1日，《中華人民共和國保險法》正式實施。
	《保險公司（修訂）（第二號）條例》生效實施，要求一般保險公司有足夠的本地資產照應業務上的債務責任，同時要求人壽保險公司提高其償債能力。
	瑞士豐泰人壽保險有限公司的全資附屬公司——瑞士豐泰個人理財服務的創辦，可以說是銀行保險業務在香港全面起動的開始。
	亞洲金融採用全新的公司標誌，旗下的香港商業銀行易名為亞洲商業銀行；同年，亞洲保險獲標準普爾給予財政實力"A-"的評級。
	香港政府財政司曾蔭權在1996年度財政預算案中表示，香港政府有意推動保險業務的多元化發展，已於年內成立工作小組，積極研究拓展香港作為亞太區內的再保險中心的可行性，並探討香港發展"專屬自保"的機會。
1996	6月27日，香港保險業聯會屬下的壽險總會宣佈，從1996年7月1日起，總會將為購買新壽險保單的投保人提供"冷靜期"的權益。

年份	發生大事
1996	7月，中國人民保險公司改組為中國人民保險（集團）公司。
	7月，中再國際創辦華夏公司，為再保險市場提供經紀及顧問服務。
	10月，香港保險總會改名為一般保險總會。
	11月26日，加拿大宏利人壽保險公司獲准與中國外經貿信託在上海合資設立中宏人壽保險有限公司，這是中國保險市場對外開放以來，批准設立的第一家中外合資保險公司。
1997	5月1日，香港政府正式通過實施《1997年保險公司（修訂）條例》，為香港及跨國公司在香港成立專屬自保保險公司提供規管上的寬免。
	7月1日，香港回歸中國，成為中華人民共和國的特別行政區。
	3月24日，由香港保險業聯會倡議成立的聯席會議就1998年香港特別行政區立法會的產生辦法向特區政府籌委會提交建議書，指出保險業作為香港金融業不可或缺的一環，在金融市場上擔當極其重要的角色。
	國際信貸評級機構標準普爾宣佈，給予香港壽險業務前景正面評價，而對一般保險前景則為負面。
1998	香港成功度過亞洲金融危機，捍衛了港元聯繫匯率制度，在與內地政府經濟部門的聯手抗擊下，保障了香港的經濟安全和穩定。
	保險業聯會在香港特別行政區首屆立法會成功取得保險業有史以來的首個獨立功能議席。由陳智思先生出任首位代表保險業的立法會議員。
1999	4月28日，盈科宣佈將鵬利保險改名盈科保險有限公司，並籌組上市。
	宏利人壽保險公司向其保單持有人推行股份化計劃，並籌備在香港聯合交易所作第二市場上市。同年7月29日，宏利人壽保險公司在加拿大多倫多總部舉行合資格保單持有人日報會議，結果其股份化計劃獲得合資格保單持有人以98.5%的壓倒性票數通過，宏利繼續推行其股份化計劃，並轉制成為由股東擁有的上市公司。
	嘉安集團被法國安盛保險（AXA）收購。
	中國人民保險集團重組，將所有海外資產及業務包括中再國際的股權，全部轉售予中國保險（控股）有限公司旗下的香港中保集團。當時，中再國際的資本已增至6億港元。
	大新人壽保險有限公司榮獲香港通用公證行有限公司頒授之國際品質標準認可，成為全港首間獲得ISO9001品質認證的壽險公司，以確認其品質管理系統能有效地為客戶提供優質產品及服務。
	香港保險業發生全城矚目的"蔡女事件"。
2000	2月，特區政府經過長期醞釀，終於正式推出強積金計劃，開始接受合資格人士申請。政府立法規定，從2000年10月起，香港所有僱員和僱主都須定期向私營的退休金計劃作出供款。
	為確保保險中介人有足夠的保險知識和服務水準，香港保險業監理處推出一項全新的素質保證計劃——保險中介人素質保證計劃。根據該計劃，香港所有保險中介人，包括保險代理、保險經紀及其行政總裁或負責人、業務代表，除非獲豁免，否則必須通過由香港職業培訓局主辦的資格考試，才能符合登記或獲得授權的資格。

年份	發生大事
2000	中國保險決定加快香港一般保險業務發展，將該集團其他兩家成員公司中國保險及太平保險在香港的分公司的一般保險業務合併於香港民安旗下。
	6月20日，中保國際控股在香港公開招股，發售價為每股1.44港元，公開發行面值為0.05港元的股票4,263萬股，集資約6,000萬港元。6月29日，中保國際控股在香港聯交所掛牌上市，成為中國保險業首家上市公司。
2001	3月，澳大利亞的 HIH Insurance Ltd. 及其在本地的17家公司被澳洲法院敕令臨時清盤，受此影響，該集團在香港的三家附屬公司——澳洲興業保險有限公司、安興保險有限公司及 FAI First Pacific Insurance Company Ltd. 被指未能符合償付能力。
	7月，香港保險業監理處推出一份名為《保險中介人規管制度檢討諮詢文件》，對自1995年以來實施的保險中介人自律規管制度進行了檢討。
	9月11日，美國發生震動全球的"九一一"恐怖襲擊事件，美國兩架民航客機被恐怖分子劫持，成功撞毀紐約兩幢世界貿易中心。事件對全球一般保險業務構成了極為嚴重的打擊。據估計，全球保險業損失達500億至700億美元，當中的主要部分由再保險公司承擔。
	9月24日，香港特區政府立法會財務委員會通過決議，為香港三家航空公司、機場管理局及透過機管局的相關服務提供者，就戰爭、劫機和其他嚴重危險事故所引起的第三者保險，政府在每宗事故所承擔的最高賠償額達620億港元，為期一個月。
	12月，中國加入世界貿易組織（WTO）。加入世貿 以來，中國保險業市場環境不斷走向規範。中國政府制定了《中華人民共和國外資保險公司管理條例》，並於2002年2月1日起正式實行。
	亞洲保險與廖創興銀行、上海商業銀行、永亨銀行、永隆銀行及浙江銀行等多家具50年歷史的香港本地銀行合組香港人壽保險有限公司，主要透過其股東銀行網絡近200家分行推廣保險產品。
	香港保險業監理處擬訂並發出《網上保險活動指引》。
2002	1月1日，保險中介人資格考試兩年過渡期結束，兩年前未獲豁免但仍然從事保險代理業務的10,663名登記人士中，有9,213名代理通過資格考試，佔總數的86%。
	3月中國保監會發佈《關於修改〈保險公司管理規定〉有關條文的規定》，清理了與世貿原則和入世承諾不相符的有關條款。
	滙豐集團的全資附屬公司滙豐保險集團以6億美元認購中國平安保險股份有限公司股份，持股比例為10%，這是中國金融界外資參股中最大的一筆交易。
	宏利附屬公司中宏人壽保險有限公司獲批准在廣州正式開設分公司。這是中國保監會向中外合資壽險公司發出的首個分公司牌照。
	大新人壽保險有限公司再獲頒授由國際標準組織（ISO）創立的ISO9001：2000證書，以確認其品質管理系統已達國際性標準。
	香港保險業監理處擬訂並發出《獲授權保險公司的公司管治指引》。

年份	發生大事
2003	2月，由保險業界籌組的保險公司（僱員補償）無力償債局正式成立，從4月1日起每份僱員補償保險合約須繳付毛保費的1%，作為賠償基金供款，以處理因承保僱員補償業務的保險公司無力償債所引起的賠償。
	6月29日，香港特區政府與內地簽訂《內地與香港關於建立更緊密經貿關係的安排》（簡稱 CEPA）。
	10月，滙豐集團旗下的滙豐保險顧問集團就與上海華域資產管理公司及北京中科築邦工程技術有限公司組建了北京滙豐保險經紀有限公司，其中滙豐保險顧問集團持有24.9 %的股權。
	11月，中國人保在香港掛牌上市，成為中國第一家在境外上市的國內金融企業。
	12月18日，中國人壽保險股份有限公司在香港聯合交易所掛牌上市。該公司於2003年6月30日在中國註冊成立，通過其控股的中國人壽資產管理有限公司為中國最大的保險資產管理公司之一，並為中國最大的機構投資者之一。
	香港受到"非典"（SARS）病毒的襲擊，全港有超過1,750人受到感染需要入院治療，其中有300人死亡。"非典"疫症對保險業造成了相當大的衝擊。
	香港保險業監理處擬訂並發出《與有關連公司安排再保險的指引》。
	特區政府應立法會的要求，著手研究在香港設立中央僱員補償制度問題。當時，香港保險業聯會作為保險公司的代表，也立即對設立中央僱員補償制度的可行性進行研究，並提交意見書。
	宏利金融在香港創辦宏利大學。這是首家專為保險業管理人員而設的培訓機構。
	宏利在內地合資公司中宏人壽保險有限公司獲批准在北京正式開設分公司。
2004	5月10日，香港民安獲中國保監會批准，將深圳分公司重組為民安保險（中國）有限公司。
	6月，中國平安在香港上市，成為中國第一家以集團形式在境外上市的金融保險企業。
	9月，亞洲保險與中國人民保險集團、廣東省粵電集團、日本財產保險公司、日本愛和誼保險公司，以及多家香港銀行合組中人保險經紀有限公司，該公司擁有全國性保險中介人牌照，經營包括保險經紀、再保險經紀、風險管理等業務。
	加拿大第二大保險集團永明金融宣佈以現金5.6億加拿大元（約35億港元），收購澳大利亞聯邦銀行在香港的保險、退休金及強積金業務，包括康聯亞洲及恒富金融服務。
	香港保險業監理處擬訂並發出《獲授權保險公司的資產管理指引》。
	香港西醫工會與亞洲保險合作，推出較廉價的專業責任保險（即診治令病人蒙受傷害或損失而衍生的責任及賠償問題）計劃。
2005	8月31日，滙豐保險增持平安保險股權至19.9%的交易正式完成，滙豐保險獲得平安保險第一大股東之位，這使滙豐集團也通過平安保險間接持有了內地的財險和壽險兩塊牌照。
	香港保險業監理處擬訂並發出《有關僱員補償及汽車保險業務保險負債的精算檢討指引》。
	香港保險業監理處擬訂並發出《防止洗黑錢及恐怖分子籌資活動指引》。

年份	發生大事

2005　　亞洲金融獲准與中國人民保險集團公司合作成立擁有全國性牌照的人壽保險公司——中國人民人壽保險股份有限公司。

宏利在內地合資公司中宏保險獲中國保監會批准，將其中國經營牌照的業務範圍擴展至包括團體人壽及醫療保險以及免稅福利退休金業務。此外，中宏保險亦獲發廣東省省級牌照（不包括深圳）、獲准於寧波及南京經營分公司，以及於佛山、東莞及杭州經營分銷辦事處。

2006　　5月，民安（中國）取得中資保險公司地位，獲准全面參與中國財產保險市場。

6月，香港民安保險先後與中國保險的全資附屬公司香港中國保險（集團）有限公司、長江實業集團，以及中保國際控股有限公司訂立買賣協議，進行股權交易。交易完成後，香港中國保險、長江實業集團及中保國際分別擁有香港民安66.1%、29%及4.9%股權。

12月22日，香港民安保險有限公司以民安（控股）有限公司名義在香港聯合交易所掛牌上市。上市後，香港中國保險、長江實業集團及中保國際持有的民安股權分佈減至49.6%、21.7%及3.7%股權。

國衛（香港）人壽保險有限公司亦宣佈斥資5.75億澳元（約33億港元），收購萬誠保險旗下香港及印尼的全部業務。

香港保險公司向內地來的遊客所發出的新造保單保費大約為28.03億港元，佔2006年香港地區個人業務的總新造保單保費大約532.59億港元的5.3%。

2007　　香港保險公司向內地到香港的"遊客"發出的新保單保費收入共計52.48億港元，佔2007年香港保險業個人業務整體新保單保費（806.15億港元）的6.5%。

香港保險業聯會邀請暨南大學經濟學院院長馮邦彥教授和嶺南大學副校長饒美蛟兩位知名學者，合力進行深入的研究，編撰全面的香港保險業發展史《厚生利群——香港保險史》，內容涵蓋自1841至2008年香港保險業歷史沿革。該著作分別出版中文版和英文版。

2008　　1月31日，43名香港人參加捷旅假期旅行社的10天團前往埃及旅行，在紅海度假區的公路上失事翻車，造成14人死亡、30人受傷。43人中有1人未購買旅遊保險，其餘42人的保險則由九家保險公司負責。保險業界估計，埃及大車禍涉及的意外賠償，賠償額高達3,000萬至5,000萬港元。

9月16日，美國聯邦儲備委員會發表聲明，將為在美國次貸危機中陷入破產邊緣的美國國際集團（AIG）提供總額850億美元的兩年期緊急貸款；作為回報，美聯儲將獲得 AIG 79.9%的股份，以及撤換 AIG 高級管理層的權力。美國國際集團危機，觸發其香港子公司友邦保險（AIA）出現客戶退單潮。

附錄四　　香港獲授權保險公司名單（截至2008年10月13日）

保險公司名稱	註冊地點	業務類型	在香港的主要營業地址
安達保險有限公司 ACE Insurance Ltd.	中國香港	一般	香港灣仔港灣道6－8號瑞安中心25樓
美國國際集團聯合保險（亞洲）有限公司 AIG United Guaranty Insurance（Asia）Ltd.	中國香港	一般	香港銅鑼灣勿地臣街1號時代廣場第一座4201－4203室
安聯保險（香港）有限公司 Allianz SE（HK）Ltd.	中國香港	一般	香港鰂魚涌太古灣道12號太古城中心第四座403－411室
安聯全球企業與特殊保險（法國） Allianz Global Corporate & Specialty（France）	法國	一般	香港銅鑼灣禮頓道29號華懋禮頓廣場1203室
哥倫布美國家庭壽險公司 American Family Life Assurance Company of Columbus	美國	人壽	香港筲箕灣興民街68號海天廣場706室
美安保險公司 American Home Assurance Company	美國	一般	香港灣仔司徒拔道1號友邦大廈
美國友邦保險（百慕達）有限公司 American International Assurance Company（Bermuda）Ltd.	百慕達	綜合	香港北角183號電氣道友邦廣場43樓
美國友邦保險有限公司 American International Assurance Company Ltd.	中國香港	綜合	香港灣仔司徒拔道1號友邦大廈
星輝保險有限公司 Anglo Starlite Insurance Company Ltd.	中國香港	一般	香港銅鑼灣威菲路道18號萬國寶通中心27樓
亞洲保險有限公司 Asia Insurance Company Ltd.	中國香港	綜合	香港中環德輔道中19號環球大廈16樓
安順再保險有限公司（清盤中） Asian Area Reinsurance Company Ltd.	中國香港	一般 (R)	NA
忠利保險 Assicurazioni Generali Società Per Azioni	意大利	綜合	香港銅鑼灣勿地臣街1號時代廣場蜆殼大廈35樓
Assuranceforeningen Gardgjensidig	挪威	一般	香港中環雲咸街60號3505室
荷蘭安卓信用保險公司 Atradius Credit Insurance N.V.	荷蘭	一般	香港灣仔港灣道18號中環廣場4306室
英傑華人壽保險有限公司 Aviva Life Insurance Company Ltd.	中國香港	人壽	香港鰂魚涌英皇道1111號太古城中心第一期1701室

保險公司名稱	註冊地點	業務類型	在香港的主要營業地址
國衛（香港）人壽保險有限公司 AXA（Hong Kong）Life Insurance Company Ltd.	中國香港	人壽	香港灣仔告士打道151號國衛中心地下
國衛保險（百慕達）有限公司 AXA China Region Insurance Company（Bermuda）Ltd.	百慕達	綜合	香港灣仔告士打道151號國衛中心地下
國衛保險有限公司 AXA China Region Insurance Company Ltd.	中國香港	綜合	香港灣仔告士打道151號國衛中心地下
安盛保險（中國）有限公司 AXA General Insurance China Ltd.	中國香港	一般	香港鰂魚涌英皇道979號太古坊電訊盈科中心30樓
安盛保險有限公司 AXA General Insurance Hong Kong Ltd.	中國香港	一般	香港鰂魚涌英皇道979號太古坊電訊盈科中心30樓
安盛人壽保險有限公司 AXA Life Insurance Company Ltd.	中國香港	綜合	香港灣仔告士打道151號國衛中心地下
安盛再保險 AXA RE	法國	一般（R）	香港中環康樂廣場8號交易廣場第一座39樓
安盛財富管理（香港）有限公司 AXA Wealth Management（HK）Ltd.	中國香港	人壽	香港灣仔告士打道151號國衛中心地下
中銀集團保險有限公司 Bank of China Group Insurance Company Ltd.	中國香港	一般	香港中環德輔道中71號永安集團大廈9樓
銀和再保險有限公司 BC Reinsurance Ltd.	中國香港	一般（R）	香港德輔道中45號永隆銀行大廈17樓
東亞人壽保險有限公司 BEA Life Ltd.	中國香港	人壽	九龍觀塘道418號創紀之城第五期東亞銀行中心29樓
Berkley Insurance Company	美國	一般（R）	香港灣仔港灣道18號中環廣場6708室
藍十字（亞太）保險有限公司 Blue Cross（Asia-Pacific）Insurance Ltd.	中國香港	綜合	九龍觀塘觀塘道418號創紀之城第五期東亞銀行中心29樓
中銀集團人壽保險有限公司 BOC Group Life Assurance Company Ltd.	中國香港	人壽	香港中環德輔道中134－136號中銀保險大廈1321樓
英國海事盧森堡有限公司 British Marine Luxembourg S.A.	盧森堡	一般	香港中環夏慤道10號和記大廈7樓
保柏（亞洲）有限公司 BUPA（Asia）Ltd.	中國香港	一般	香港鰂魚涌華蘭路25號大昌行商業中心18樓

保險公司名稱	註冊地點	業務類型	在香港的主要營業地址
農銀國際保險有限公司 CAF International Insurance Company Ltd.	中國香港	一般	香港金鐘紅棉道8號東昌大廈5樓
加州保險有限公司 California Insurance Company Ltd.	中國香港	一般	香港德輔道中141號中保集團大廈1607－1608室
加拿大人壽有限公司 Canada Life Ltd.	英國	人壽	香港北角電氣道169號宏利保險中心31樓
加拿大保險有限公司 Canadian Insurance Company Ltd.	中國香港	一般	香港中環擺花街18－20號嘉寶商業大廈2301室
其士保險有限公司 Chevalier Insurance Company Ltd.	中國香港	一般	九龍九龍灣宏開道8號其士商業中心22樓
中國交銀保險有限公司 China BOCOM Insurance Company Ltd.	中國香港	一般	香港灣仔告士打道231－235號交通銀行大廈16樓
中國國際再保險有限公司 China International Insurance Company Ltd.	中國香港	綜合（R）	香港金鐘道95號統一中心29A室
中國人壽保險（海外）股份有限公司 China Life Insurance（Overseas）Company Ltd.	中國香港	人壽	香港灣仔軒尼詩道313號中國人壽大廈22樓
招商局保險有限公司 China Merchants Insurance Company Ltd.	中國香港	一般	香港上環干諾道中168－200號信德中心招商局大廈18樓
中國海外保險有限公司 China Overseas Insurance Ltd.	中國香港	一般	香港灣仔軒尼詩道139號中國海外大廈29樓
中國太平洋保險(香港)有限公司 China Pacific Insurance Co.,（H.K.）Ltd.	中國香港	一般	香港中環德輔道中121號遠東發展大廈203－208室
中國平安保險（香港）有限公司 China Ping An Insurance（Hong Kong）Company Ltd.	中國香港	一般	香港灣仔告士打道108號大新金融中心11樓
創興保險有限公司 Chang Hing Insurance Company Ltd.	中國香港	一般	香港上環干諾道西181號匯港中心8樓
信諾環球保險有限公司 CIGNA Worldwide General Insurance Company Ltd.	中國香港	一般	香港銅鑼灣希慎道10號新寧大廈25樓
信諾環球人壽保險有限公司 CIGNA Worldwide Life Insurance Company Ltd.	中國香港	人壽	香港銅鑼灣希慎道10號新寧大廈25樓
Clerical Medical Investment Group Ltd.	英國	人壽	香港中環皇后大道中9號2408室

保險公司名稱	註冊地點	業務類型	在香港的主要營業地址
CMI Insurance Company Ltd.	馬恩島	人壽	香港中環皇后大道中9號2408室
中海石油保險有限公司 CNOOL Insurance Ltd.	中國香港	一般	香港北角電氣道148號37樓1A室
Compagnie Francaise D'Assurance Pour Le Commerce Exterieur	法國	一般	香港銅鑼灣希慎道10號新寧大廈8樓
合群保險有限公司 Concord Insurance Company Ltd.	中國香港	一般	香港中環砵甸乍街37－43號嘉寶商業大廈22樓
Continental Insurance Company－The	美國	一般（R）	香港鰂魚涌基利路36號南豐新村三座26樓D室
全球保險股份有限公司 Cosmic Insurance Corporation Ltd.	新加坡	一般	香港銅鑼灣勿地臣街1號時代廣場一座3912－3913室
Crown Life Insurance Company	加拿大	人壽	香港灣仔港灣道6－8號瑞安中心210－212室
大新保險有限公司 Dah Sing Insurance Company Ltd.	百慕達	一般	香港北角英皇道510號港運大廈13樓
大新人壽保險有限公司 Dah Sing Life Assurance Company Ltd.	百慕達	人壽	香港北角英皇道510號港運大廈20樓
道亨保險有限公司 Dao Heng Insurance Co., Ltd.	中國香港	一般	香港中環德輔道中71號永安集團大廈23樓
德信理財保險集團 Desjardins Sécurité Financière, Compagnie d'Assurance Vie (Desjardins Financial Security Life Assurance Company)	加拿大	人壽	香港灣仔港灣道6－8號瑞安中心210－212室
香港宇聯再保險有限公司 East Point Reinsurance Company of Hong Kong Ltd.	中國香港	一般（R）	香港鰂魚涌英皇道1111號太古城中心第一期1701室
Euler Hermes Kreditversicherungs－Aktiengesellschaft	德國	一般	香港鰂魚涌太古灣道12號太古城中心第四期403－11室
FAI First Pacific Insurance Company Ltd. （清盤中）	中國香港	一般	NA
富勤保險（香港）有限公司 Falcon Insurance Company（Hong Kong）Ltd.	中國香港	一般	香港鰂魚涌華蘭路25號大昌行商業中心6樓
美國聯邦產物保險股份有限公司 Federal Insurance Company	美國	一般	香港灣仔告士打道39號夏慤大廈24樓

保險公司名稱	註冊地點	業務類型	在香港的主要營業地址
第一美國業權保險公司 First American Title Insurance Company	美國	一般	香港中環雲咸街19－27號威信大廈 1303－1305室
FM Insurance Company Ltd.	英國	一般	九龍旺角太子道西193號新世紀廣場第 一座1601室
Försäkringsaktiebolaget INSA（publ）〔INSA Insurance Corporation（publ）〕	瑞典	一般（R）	NA
富通保險（亞洲）有限公司 Fortis Insurance Company（Asia）Ltd.	百慕達	人壽	香港上環干諾道中111號永安中心28樓
英國友誠國際有限公司 Friends Provident International Ltd.	馬恩島	人壽	香港金鐘道88號太古廣場第二座 1203－1211室
GAN Assurances IARD Compagnie Francaise D'Assurances Et De Reassurances Incendie, Accidents Et Risques Divers	法國	一般	香港灣仔駱克道33號中央廣場匯漢大廈 26字樓
忠利國際有限公司 Generali International Ltd.	格恩西	人壽	香港銅鑼灣勿地臣街1號時代廣場蜆殼 大廈35樓
Groupama Transport	法國	一般	香港灣仔駱克道33號中央廣場匯漢大 廈26樓
GT Insurance（H.K.）Company, Ltd.	中國香港	一般	香港鰂魚涌英皇道太古坊康橋大廈7樓
恒生財險（香港）有限公司 Hang Seng General Insurance（Hong Kong） Company Ltd.	中國香港	一般	九龍九龍灣宏照道38號企業廣場第五期 第二座32樓
恒生保險有限公司 Hang Seng Insurance Company Ltd.	中國香港	綜合	九龍長沙灣深旺道1號滙豐中心第一座 18樓
恒生人壽保險有限公司 Hang Seng Life Ltd.	中國香港	人壽	九龍長沙灣深旺道1號滙豐中心第一座 18樓
德國漢諾威安興保險公司 Hannover Rückversicherung AG	德國	綜合（R）	香港灣仔港灣道30號新鴻基中心20樓 2008室
HDI－Gerling Industrie Versicherung AG	德國	一般	香港灣仔港灣道18號中環廣場5202室
安興保險有限公司（清盤中） HIH Casualty and General Insurance （Asia）Ltd.	中國香港	一般	NA
澳洲興業保險有限公司（清盤中） HIH Insurance（Asia）Ltd.	中國香港	一般	NA

保險公司名稱	註冊地點	業務類型	在香港的主要營業地址
香港華人保險有限公司 HKC Insurance Company Ltd.	中國香港	一般	香港金鐘道89號力寶中心第一座43樓4301室
香港人壽保險有限公司 Hong Kong Life Insurance Ltd.	中國香港	人壽	香港上環皇后大道中183號中遠大廈15樓
香港按揭證券有限公司 The Hong Kong Martgage Corporation Ltd.	中國香港	一般	香港中環金融街8號國際金融中心第二期80樓
香港印刷業商會 The Hong Kong Printers Association	中國香港	一般	香港灣仔莊士敦道48－50號2樓
香港再保險有限公司 Hong Kong Reinsurance Company Ltd.	中國香港	一般（R）	香港鰂魚涌太古城英皇道1111號太古城中心第一期1701室
滙豐保險（亞洲）有限公司 HSBC Insurance（Asia）Ltd.	中國香港	綜合	九龍長沙灣深旺道1號滙豐中心第一座18樓
滙豐人壽保險（國際）有限公司 HSBC Life（International）Ltd.	百慕達	人壽	九龍長沙灣深旺道1號滙豐中心第一座18樓
安泰保險有限公司 ING General Insurance Company Ltd.	中國香港	一般	香港中環德輔道中308號安泰金融中心7樓
安泰人壽保險（百慕達）有限公司 ING Life Insurance Company（Bermuda）Ltd.	百慕達	人壽	香港中環德輔道中308號安泰金融中心28樓
丹麥保險公司 International Health Insurance Danmark Forsikringsaktieselskab	丹麥	一般	香港鰂魚涌華蘭路25號大昌行商業中心18字樓
德國科隆再保險公司 Kölnische Rückversicherungs－Gesellschaft AG（Cologne Reinsurance Company Plc）	德國	綜合（R）	香港灣仔港灣道18號中環廣場6801－6803室
工安保險有限公司 Kono Insurance Ltd.	中國香港	一般	香港上環干諾道中148號粵海投資大廈22樓
利寶國際保險有限公司 Liberty International Insurance Ltd.	中國香港	綜合	香港鰂魚涌華蘭路25號大昌行商業中心13樓
利寶互助保險歐洲有限公司 Liberty Mutual Insurance Europe Ltd.	英國	一般	香港鰂魚涌英皇道979號太古坊德宏大廈1611－1612室
勞合社保險人 Lloyd's Underwriters	英國	綜合	香港中環金鐘道88號太古廣場第二期1220室

保險公司名稱	註冊地點	業務類型	在香港的主要營業地址
倫敦保險協會有限公司 London Steam－The Ship Owners' Mutual Insurance Association Ltd.	英國	一般	香港灣仔愛群道32號愛群商業大廈1505室
中華保險集團 Malayan Insurance Company（Hong Kong）Ltd.	中國香港	一般（R）	香港中環皇后大道中41－47號501B室
中華保險集團 Malayan International Insurance Corporation Ltd.	巴哈馬群島	一般	香港中環皇后大道中41－47號501B室
宏利人壽保險公司 The Manufacturers Life Insurance Company	加拿大	人壽	香港北角電氣道169號宏利保險中心31樓
宏利人壽保險（國際）有限公司 Manulife（International）Ltd.	百慕達	人壽	香港北角電氣道169號宏利保險中心31樓
美國萬通人壽保險公司 Massachusetts Mutual Life Insurance Company	美國	人壽	N.A.
美國萬通保險亞洲有限公司 Mass Mutual Asia Ltd.	中國香港	人壽	香港灣仔告士打道38號美國萬通大廈12樓
富邦大都會人壽保險有限公司 Metlife Fubon Ltd.	中國香港	人壽	香港鰂魚涌太古城太古灣道14號太古城中心第三期20樓
美商大都會人壽保險香港有限公司 Metropolitan Life Insurance Company of Hong Kong Ltd.	中國香港	人壽	香港鰂魚涌太古城太古灣道14號太古城中心第三期20樓
閩信保險有限公司 Min Xin Insurance Company Ltd.	中國香港	一般	香港中環紅棉路8號東昌大廈17樓
民安保險（中國）有限公司 The Ming An Insurance Company（China），Ltd.	中國	一般	香港銅鑼灣新寧道8號民安廣場19樓
香港民安保險有限公司 The Ming An Insurance Company（Hong Kong），Ltd.	中國香港	一般	香港銅鑼灣新寧道8號民安廣場19樓
三井住友海上火災保險（香港）有限公司 Mitsui Sumitomo Insurance Company（Hong Kong）Ltd.	中國香港	一般	香港中環夏慤道12號美國銀行中心23樓
日本三井住友保險有限公司 Mitsui Sumitomo Insurance Company, Ltd.	日本	一般	香港中環夏慤道12號美國銀行中心23樓

保險公司名稱	註冊地點	業務類型	在香港的主要營業地址
三井住友保險（香港）有限公司 MSIG Insurance（Hong Kong）Ltd.	中國香港	一般	香港太古城英皇道1111號太古中心第一期9樓
慕尼黑再保險 Münchener Rückversicherungs —Gesellschaft（Munich Reinsurance Company）	德國	綜合（R）	香港中環紅棉路8號東昌大廈11樓
國聯保險公司 National Union Fire Insurance Company of Pittsburgh, Pa	美國	一般	香港灣仔司徒拔道1號友邦大廈
美亞保險公司 New Hampshire Insurance Ltd.	美國	一般	香港灣仔司徒拔道1號友邦大廈
新印度保險有限公司 The New India Assurance Company, Ltd.	印度	一般	香港中環雲咸街15－17號萬祥大廈6樓
紐約人壽環球保險有限公司 New York Life Insurance Worldwide Ltd.	百慕達	人壽	香港銅鑼灣告士打道311號皇室大廈紐約人壽大樓33樓
日本興亞保險（亞洲）有限公司 Nipponkoa Insurance Company（Asia）Ltd.	中國香港	一般	香港灣仔菲林明道8號大同大廈19樓
日生同和保險有限公司 Nissay Dowa General Insurance Company, Ltd.	日本	一般	香港灣仔告士打道39號夏愨大廈1001－1003室
英國耆衛保險（南非）有限公司 Old Mutual Life Assurance Company（South Africa）Ltd.	南非	人壽	香港中環皇后大道中5號衡怡大廈24樓
太平洋保險有限公司 The Pacific Insurance Company, Ltd.	中國香港	一般	香港灣仔皇后大道東43－59號東美中心10樓
太平洋人壽保險有限公司 The Pacific Assurance Company, Ltd.	中國香港	人壽	香港灣仔皇后大道東43－59號東美中心22字樓
寶豐保險（香港）有限公司 Paofoong Insurance（Hong Kong）Company Ltd.	中國香港	一般	香港鰂魚涌太古灣道14號太古城中心第三期15－17樓
Partner Reinsurance Company Ltd.	百慕達	一般（R）	香港灣仔港灣道30號新鴻基中心3706室
中國人民保險（香港）有限公司 The Peoples Insurance Company of China（Hong Kong）Ltd.	中國香港	一般	香港干諾道中148號粵海投資大廈15樓
Phoenix & London Assurance Ltd.	英國	人壽	香港中環康樂廣場1號怡和大廈4603－1609室

保險公司名稱	註冊地點	業務類型	在香港的主要營業地址
Phoenix Life Ltd.	英國	人壽	香港中環康樂廣場1號怡和大廈4603－4609室
信孚保險有限公司 Pioneer Insurance and Surety Corporation	菲律賓	一般	香港上環干諾道中200號信德中心西座2701室
柏偉（亞洲）按揭保險有限公司 PMI Mortgage Insurance Asia Ltd.	中國香港	一般	香港中環畢打街11號置地廣場告羅十打大廈3405－3406室
柏偉按揭保險公司 PMI Mortgage Insurance Company	美國	一般	香港中環畢打街11號置地廣場告羅士打大廈3405－3406室
美國信安保險有限公司 Principal Insurance（Hong Kong）Company Ltd.	中國香港	人壽	香港灣仔港灣道18號中環廣場1001－1003室
英國保誠保險有限公司 The Prudential Assurance Company Ltd.	英國	綜合	香港中環交易廣場第一座25樓
保誠人壽美國公司 The Prudential Insurance Company of America	美國	人壽	香港金鐘花園道3號中國工商銀行大廈505－506室
昆士蘭聯保保險有限公司 QBE Hong Kong & Shanghai Insurance Ltd.	中國香港	綜合	香港鰂魚涌英皇道979號太古坊和域大廈西翼17樓
Radian Insurance Inc.	美國	一般	香港中環交易廣場第一座39樓
美國再保險公司 RGA Reinsurance Company	美國	人壽（R）	香港鰂魚涌英皇道979號太古坊康橋大廈4樓
萊斯基亞人壽保險有限公司 Royal Skandia Life Assurance Ltd.	馬恩島	人壽	香港中環皇后大道中5號衡怡大廈24樓
皇家太陽聯合保險有限公司 Royal & Sun Alliance Insurance Plc	英國	一般	香港鰂魚涌英皇道979號太古坊多盛大廈32樓
瑞士再保險有限公司 Schweizerische Rückversicherungs－Gesellschaft AG（Swiss Reinsurance Company Ltd.）	瑞士	綜合（R）	香港灣仔港灣道18號中環廣場61樓
法國再保險（亞洲）有限公司 SCOR Reinsurance Company（Asia）Ltd.	中國香港	一般（R）	香港灣仔港灣道6-8號瑞安中心1603-1606室
Scottish Mutual International Ltd.	愛爾蘭共和國	人壽	香港中環康樂廣場怡和大廈2319－2320室
Scottish Provident International Life Assurance Ltd.	馬恩島	人壽	香港中環康樂廣場怡和大廈2319－2320室

保險公司名稱	註冊地點	業務類型	在香港的主要營業地址
船東責任互保協會（盧森堡） The Shipowners' Mutual Protection and Indemnity Association（Luxembourg）	盧森堡	一般	香港灣仔皇后大道東1號太古廣場第三座28樓
先施保險置業有限公司 The Sincere Insurance and Investment Company, Ltd.	中國香港	一般	香港銅鑼灣禮頓道77號禮頓中心1505－1513室
先施人壽保險有限公司 The Sincere Life Assurance Company Ltd.	中國香港	人壽	香港銅鑼灣禮頓道77號禮頓中心1505－1513室
日本財產保險（香港）有限公司 Sompo Japan Insurance（Hong Kong）Company Ltd.	中國香港	一般	香港鰂魚涌英皇道979號太古坊林肯大廈1901室
日本財產保險公司 Sompo Japan Insurance Inc.	日本	一般	香港鰂魚涌英皇道979號太古坊林肯大廈1901室
日本財產再保險有限公司 Sompo Japan Reinsurance Company Ltd.	中國香港	一般（R）	香港灣仔告士打道56號東亞銀行港灣中心22樓
標準人壽保險（亞洲）有限公司 Standard Life（Asia）Ltd.	中國香港	人壽	香港銅鑼灣勿地臣街1號時代廣場第一座40樓
健峯保險（亞洲）有限公司 Summit Insurance（Asia）Ltd.	中國香港	一般	香港中環雪廠街2號聖佐治大廈1103－1106室
新鴻基地產保險有限公司 Sun Hung Kai Properties Insurance Ltd.	中國香港	一般	香港灣仔港灣道30號新鴻基中心2309－2316室
香港永明金融有限公司 Sun Life Hong Kong Ltd.	百慕達	人壽	香港中環交易廣場20樓
先寶保險有限公司 Symbol Underwriters Ltd.	中國香港	一般	香港銅鑼灣禮頓道77號禮頓中心1505－1513室
泰加保險有限公司 Target Insurance Company, Ltd.	中國香港	一般	九龍旺角亞皆老街39-41號金山商業大廈1樓
東亞再保險有限公司 The Toa Reinsurance Company, Ltd.	日本	一般（R）	香港金鐘夏慤道18號海富中心第一期801室
東京海上日動火災保險有限公司 Tokio Marine & Nichido Fire Insurance Company, Ltd.	日本	一般	香港金鐘金鐘道95號統一中心27樓
東京海上火災保險（香港）有限公司 The Tokio Marine and Fire Insurance Company（Hong Kong）Ltd.	中國香港	一般	香港金鐘金鐘道95號統一中心27樓

保險公司名稱	註冊地點	業務類型	在香港的主要營業地址
全美人壽（百慕達） Transamerica Life（Bermuda）Ltd.	百慕達	人壽	香港銅鑼灣時代廣場蘇格蘭皇家銀行大廈3001－3006室
全美人壽保險公司 Transamerica Life Insurance Company	美國	人壽	香港銅鑼灣時代廣場第一座3001－3006室
大西洋再保險公司 Transatlantic Reinsurance Company	美國	一般（R）	香港銅鑼灣希慎道33號利園3303室
遠洋保險有限公司 Trans-Qean Insurance Company Ltd.	中國香港	一般	香港中環德輔道中31號中國聯合銀行大廈501室
三聯保險有限公司 Trinity General Insurance Company Ltd.	中國香港	一般	香港西環干諾道西186－191號香港商業中心1001室
英國聯運互保有限公司 TT Club Mutual Insurance Ltd.	英國	一般	香港銅鑼灣告士打道255－257號信和廣場1201－1204室
德高保險有限公司 Tugu Insurance Company, Ltd.	中國香港	一般	香港灣仔港灣道1號會展廣場辦公大樓第一座44樓
建安保險有限公司 Untited Builders Insurance Company, Ltd.	中國香港	一般	香港灣仔洛克道20－24號金星大廈10樓
UK保險協會（百慕達）有限公司 The United Kingdom Mutual Steam Ship Assurance Association（Bermuda）Ltd.	百慕達	一般	香港銅鑼灣告士打道255－257號信和廣場1201－1204室
大華保險香港有限公司 UOB Insurance（H.K.）Ltd.	中國香港	一般	香港中環德輔道中19號環球大廈16樓
西英倫保險服務（盧森堡）有限公司 The West of England Ship Owners Mutual Insurance Association（Luxembourg）	盧森堡	一般	香港灣仔告士打道38號美國萬通大廈1302室
永亨蘇黎世保險有限公司 Wing Hang Zurich Insurance Company Ltd.	中國香港	一般	香港鰂魚涌太古灣道14號太古城中心第三期15－17樓
永隆保險有限公司 Wing Lung Insurance Comany Ltd.	中國香港	一般	香港中環德輔道中45號10樓
永安水火保險有限公司 Wing On Fire and Marine Insurance Company Ltd, The	中國香港	一般	香港上環德輔道中71號永安集團大廈2401－2404室
The World－Wide Marine and Fire Insurance Company Ltd .	中國香港	一般	香港西環德輔道西9號23樓

保險公司名稱	註冊地點	業務類型	在香港的主要營業地址
XL Insurance Company Ltd.	英國	一般	香港灣仔告士打道108號大新金融中心18樓1808室
蘇黎世人壽 Zurich Assurance Ltd.	英國	人壽	香港鰂魚涌太古灣道14號太古城中心第三期15－17樓
蘇黎世保險 Zurich Insurance Company	瑞士	一般	香港鰂魚涌太古灣道14號太古城中心第三期15－17樓
蘇黎世國際人壽保險 Zurich International Life Ltd.	馬恩島	人壽	香港鰂魚涌華蘭路18號港島東中心24樓
蘇黎世人壽 Zürich Lebensversicherungs－Gesellschaft（Zurich Life Insurance Company Ltd.）	瑞士	人壽	香港鰂魚涌太古灣道14號太古城中心第三期15－17樓

資料來源：香港保險業監理處
*本名單包括最新獲授權但已停止在香港或從香港承接保險業務的保險公司。
**（R）代表專業再保險公司

附錄五　　　圖片出處

出處	頁數
Robert Blake, *Jardine Matheson Traders of the Far East*, The Orion Publishing Group Ltd., 1999.	23、38
Antony Wild, *The East India Company Trade and Conquest from 1600*, Harper Collins, 1999.	24
高添強	25、27、31、32、36、39、43、44、46、47、48、70、74左、85、93、94、99、113、115、120、139、157、181、186、198、213、228、283、343
中國保險學會、中國保險報編：《中國保險業二百年(1805-2005)》，北京：當代世界出版社，2005年。	28、29、41、68、178
Maggie Keswick (ed.), *The Thistle and the Jade: A Celebration of 150 Years of Jardine, Matheson & Co.*, Octopus Books (Ltd.), 1982.	33
馮邦彥著：《香港金融百年》，香港：三聯書店，2004年。	35、121左
香港歷史博物館	40、49、65、66、69、71、72、73、75、80、82、84、101
香港保險業聯會	37、64、67、110、180、194、203、204、205、207、211、257、259、262、276、297、298、348、349、352、353
宏利人壽保險（國際）有限公司	51、171、290
吳昊、卓伯棠等編：《都會摩登》，香港：三聯書店，1994年。	61
先施保險置業有限公司	74右、76
《永安八十週年紀念》特刊，永安百貨公司，1987年。	77、79
永安水火保險有限公司	78
亞洲保險執行董事兼行政總裁王覺豪	87、345
Alan Chalkley, Robin Barrie, *Adventures and Perils: The First Hundred and Fifty Years of Union Insurance Society of Canton, Ltd.* Ogilvy & Mather Public Relations (Asia) Ltd., 1985.	96
香港特區政府新聞處	103、163、217
《成報》	104、105、106、107上、109、112、162、165

作者簡介

馮邦彥，廣東鶴山人，暨南大學經濟學教授、博士研究生導師。曾任暨南大學特區港澳經濟研究所所長（2000至2007年）、暨南大學經濟學院院長（2005至2008年）。現擔任的社會及學術職務包括：廣東省政府參事、深圳大學中國經濟特區研究中心學術委員會主任委員、廣東經濟學會副會長、廣東港澳經濟研究會副會長等。其研究成果深受有關當局、學界與業界的肯定與重視。

馮教授曾於1987至1994年期間應聘赴香港，任香港東南經濟信息中心有限公司經濟分析員等職，長期從事香港經濟、香港資本財團、香港經濟史研究。主要著作有：《香港英資財團》（1996年）、《香港華資財團》（1997年）、《澳門概論》（1999年）、《香港地產業百年》（2001年）、《香港金融業百年》（2002年）、《香港產業結構研究》（2002年）、《百年利豐——從傳統商號到現代跨國集團》（2006年）和《香港企業購併經典》（2008年）等，並主編《CEPA 與"泛珠三角"發展戰略》（2005年）和《經濟全球化格局下的兩岸產業分工與合作》（2006年）。曾在《經濟研究》、《世界經濟》、《經濟學動態》、《當代亞太》等學術期刊發表150多篇學術論文。

饒美蛟，畢業於香港中文大學，獲社會科學學士（優異），旋獲福特基金獎學金負笈美國范德堡（Vanderbilt）大學，獲經濟學碩士學士，再往加拿大繼續深造，獲英屬哥倫比亞大學（UBC）工商管理碩士及西蒙菲莎（Simon Fraser）大學哲學博士學位。

1977至1995年期間在香港中文大學任教，曾擔任管理學系系主任，工商管理本科及碩士課程主任以及商學院副院長等職，1992年晉升為管理學講座教授。1983至1984年間曾在英聯邦大學協會研究計劃下前往英國愛丁堡大學商學院擔任博士後研究員一年。1995至2008年任嶺南大學副校長兼香港商學研究所所長，2008年榮休後獲聘為榮休管理學講座教授。

饒教授長期專注策略管理、跨文化管理及工業的研究，曾發表之中英文著書逾20本（包括主編）；論文120多篇，散見歐美各學術期刊如 *Journal of International Business Studies*, *Strategic Management Journal*, *Journal of Applied Psychology* 及 *Journal of Management Studies* 等。

書名解說：厚生，出自《書經·大禹謨》，意指令民生計溫厚，衣食豐足；利群，對社群有益之事。寓意保險對社會大眾的功能與作用。

作者聲明：本書由香港保險業聯會委託，馮邦彥及饒美蛟獨立研究及撰寫，書中內容及觀點概由作者負責。

責任編輯　許麗卡

圖片編輯　李安

設計總監　AllRightsReserved

書籍設計　黃沛盈

錄音整理　劉佩玲、譚燕瑜、李靄蘭、章瑞茵、羅彥芯

書　　名　厚生利群：香港保險史（1841-2008）

策　　劃　香港保險業聯會

著　　者　馮邦彥、饒美蛟

出　　版　三聯書店（香港）有限公司

　　　　　香港鰂魚涌英皇道一〇六五號一三〇四室

　　　　　Joint Publishing (Hong Kong) Co., Ltd.

　　　　　Rm. 1304, 1065 King's Road, Quarry Bay, Hong Kong

香港發行　香港聯合書刊物流有限公司

　　　　　香港新界大埔汀麗路三十六號三字樓

印　　刷　中華商務彩色印刷有限公司

　　　　　香港新界大埔汀麗路三十六號十四字樓

版　　次　二〇〇九年九月香港第一版第一次印刷

　　　　　二〇一〇年一月香港第一版第二次印刷

規　　格　大十六開（195mm × 230mm）四一六面

國際書號　ISBN 978-962-04-2855-5

　　　　　© 2009 Joint Publishing (Hong Kong) Co., Ltd.

　　　　　Published in Hong Kong

厚生利群：
香港保險史 (1841-2008)